KB023423

The Grieving Brain

사랑하는 이를 잃었을 때,
뇌에선 무슨 일이 일어날까

The
Grieving
Brain

사랑과 상실의 뇌과학

Mary-Frances
O'Connor

메리-프랜시스 오코너 지음 ——————— 이한음 옮김

학고재

～ 차례 ～

강 | 마주하기 | 자신의 생각을 억누르면 그 생각은 다시 돌아온다 | 상
실의 무의식적 처리 | 사랑

사랑하는 이를 잃었을 때,
뇌에선 무슨 일이 일어날까

지구상에 인간관계가 존재한 세월만큼, 우리는 사랑하는 이와 사별한 뒤 찾아오는 압도적인 비애에 빠져 허우적거려 왔다. 시인, 소설가, 미술가는 도저히 말로 표현하기 어려운 이 상실의 본질을 감동적으로 묘사했다. 자신의 일부가 잘려 나간다거나 무거운 망토처럼 자신을 짓누른다고 표현하기도 했다. 우리는 한 인간으로 그 상심의 무게를 지닌 채 살아간다는 것이 어떤 것인지를 설명하기 위해 애써 왔다. 20세기에 정신의학자들(지그문트 프로이트, 엘리자베스 퀴블러-로스 등)은 사람들이 비애에 잠겼을 때 어떤 심정인지를 객관적인 관점에서 기술하기 시작했고 그들에게 나타나는 중요한 양상과 유사점을 찾아냈다. 그 결과, 비애가 "무엇"인지를 탁월하게 기술한 과학적인 문헌들이 나왔다. 즉, 비애가 어떤 느낌인지, 어떤 문제로 비애가 생기는지, 몸은 어떻게 반응하는지 등을 기술했다.

하지만 나는 줄곧 단지 비애가 무엇을 가리키는지가 아니라 비애의 이유를 이해하고 싶었다. 비애는 왜 그렇게 우리를 아프게 할까? 사별, 즉 자신과 끈끈한 관계였던 누군가의 영구적인 부재가 왜 그렇게 통렬한 감정을 불러일으키고, 자기 스스로도 이해할 수 없는 행동과 믿음을 낳는 것일까? 나는 그 답의 일부를 뇌에서 찾을 수 있을 거라고 확신했다. 우리의 생각과 감정, 동기, 행동이 자리한 곳에서 말이다. 비애에 잠겼을 때 뇌가 무엇을 하는지를 지켜볼 수 있다면, 아마 그 감정이 어떻게 생기는지를 알아낼 수 있을 거고 그러면 그 이유를 이해하는 데에도 도움이 되지 않을까?

나는 "어떤 동기로 비애를 연구하게 되었고, 비애 연구자가 되었냐"는 질문을 종종 받는다. 대개는 그저 호기심에서 비롯된 질문이겠지만, 아마 나를 신뢰할 만한 사람인지 알고 싶은 마음도 얼마간 담겨 있을 것이다. 이 책을 읽는 당신도 내가 말하고 연구하는 주제를 내 자신이 죽음과 상실이라는 컴컴한 밤을 직접 겪어서 아는 것인지 여부가 궁금할지도 모른다. 내가 겪은 비애가 내가 상담한 이들의 비애보다 더 통렬한 것은 아니다. 어떤 상실을 겪었고 그 뒤에 삶이 어떻게 파탄 났는지를 내게 말해준 이들 말이다. 그래도 나는 상실이 어떤 것인지를 안다.

내가 중학교 2학년 때, 어머니가 유방암 4기라는 진단을 받았다. 유방절제술로 잘라낸 모든 림프절에 암세포가 들어 있어, 의사는 암세포가 이미 온몸으로 퍼졌다는 것을 알았다. 당시 나는 겨우 13세였기에, 어머니가 그해를 넘기지 못할 것이라는 말을 들었다는 사실을 오랜 세월이 지난 뒤에야 알았다. 그러나 온 식구가 슬픔에 잠겨 집안이 엉망이 되어 가고 있다는 것은 알아차렸다. 게다가 부모님은 이미 별거 중이었고, 어머니는 우울증에 시달리고 있었다. 우리 집은 로키산맥 북부 대륙 분수계 인근 고지대에 있었다. 작은 대학이 있는 시골 소도시였다. 아버지는 그 대학에서 학생들을 가르쳤다.

어머니를 진료한 종양학자는 어머니를 자신이 본 "최초의 기적"이라고 말했다. 무려 13년을 더 사셨으니까. 십대인 두 딸(

언니와 나)을 위해 세상이 집행 유예를 선고한 셈이다. 그러나 이 세계에서 나는 어머니의 정서적 강장제, 기분 안정제 역할을 해야 했다. 나는 대학에 들어가면서 집을 떠났다. 내 자신의 성장이라는 측면에서는 바람직한 일이었지만, 어머니의 우울증은 악화되었다. 따라서 비애를 이해하려는 내 욕구는 내가 26세 때 어머니가 세상을 떠난 뒤에 겪은 사적인 경험에서 나왔다기보다는, 회고하는 입장에서 어머니의 비애와 고통을 이해하고 어머니를 돕기 위해 무엇을 했어야 했는지를 알고 싶은 욕망에서 비롯된 것이다.

나는 시카고 외곽에 있는 노스웨스턴 대학교에 들어갔다. 시골 생활에서 벗어나고 싶어서였다. 그 곳은 한 블록에 사는 사람들만 해도 내 고향 소도시 인구 전체보다 많았다. 내가 기능자기공명영상fMRI이라는 말을 처음 접한 것은 1990년대 초에『신경과학 입문』교과서를 읽으면서였다. 겨우 몇 줄 나와 있는 정도였다. 당시 fMRI는 전 세계에서 극소수의 연구자만 접할 수 있던 새로운 기술이었다. 나는 무척 흥미를 느꼈다. 비록 그런 장치를 직접 접할 수 있을 것이라고 상상조차 하지 않았지만, 과학자들이 뇌의 블랙박스를 들여다볼 가능성을 상상하며 흥분했다.

10년 뒤 나는 애리조나 대학교 대학원에서 비애의 진료를 다룬 연구로 박사학위를 받았다. 그때 논문 심사위원이었던 한 정신의학자가 비애가 뇌에서 어떻게 나타나는지를 볼 수 있는 좋은 기회라면서, 박사 논문의 연구 대상자들을 초청해서 fMRI를 찍어보면 어떻겠냐고 권했다. 나는 몹시 갈등했다. 임상심리학 박사학위를 받는 데 필요한 모든 일을 이미 끝낸 상태였으니까. 뇌 영상은 신기술이었기에 배우는 데 꽤 많은 시간과 노력을 쏟아야 했다. 하지만 때로 어떤 일을 하게끔 모든 조건이 딱 들어맞는 행운이 찾아오기도 한다. 우리는 함께 세계 최초로 비애의 fMRI 연구를 시작했다. 그 정신의학자는 리처드 레인Richard Lane이었는데, fMRI 영상을 분석하는 기법을 최초로 개발한 런던 유니버시티칼리지에서 안식년을 보낸 바 있었다. 레인은 그 분석 기법을 내게 기꺼이 가르쳐주겠다고 했지만, 내게는 여전히 넘을 수 없는 벽처럼 느껴졌다.

그러나 행운은 내 편이 되어주었다. 일이 잘 되려고 그랬는지, 마침 독일 정신의학자 하랄트 귄델Harald Gündel이 미국으로 오고 싶어 한다는 소식이 들렸고, 레인은 그에게도 뇌 영상 분석 기법을 가르치기로 했다. 귄델과 나는 2000년 3월에 만나자마자 서로 동질감을 느꼈다. 우리는 뇌가 우호적인 인간관계를 어떻게 유지하는지에 관심이 많았고, 관계를 상실했을 때 어떤 일이 일어날지 호기심을 갖고 있었다. 태어난 나라도 다르고 열 살이나 차이가 나는 두 연구자가 관심사가 그렇게 똑같으리라고 누가 생각이나 했겠는가? 마침내 연구에 필요한 조각들이 끼워 맞추어졌다. 나는 내 박사 학위 연구 대상자들 중에서 기꺼이 뇌 영상을 찍을 사람들을 알고 있었다. 퀸델은 뇌의 구조와 기능에 해박했다. 레인은 영상 분석 기법에 능통했다.

나머지 장애물 하나를 극복하려면 또 한 차례 행운이 필요했다. 퀸델이 미국에 체류할 수 있는 기간은 한 달에 불과했다. 나는 2001년 7월에 임상 수련의 과정을 시작하러 UCLA로 갈 예정이었다. 그러니 그 사이에 공동 연구를 해야 했다. 문제는 우리가 애리조나 툭손에 함께 있을 수 있는 바로 그 기간에 대학교 의료 센터가 자기공명영상 스캐너를 교체한다는 점이었다. 하지만 모든 공사 계획은 동일한 문제에 시달리기 마련이다. 바로 일정 지연이다. 2001년 5월에 새 스캐너 설치 계획이 미루어지면서, 기존 스캐너를 쓸 수 있는 기회가 생겼다. 최초의 비애 자기공명영상 연구[1]는 4주 동안 진행되었다. 아마 모든 연구 과제 중에서 가장 빨리 끝낸 축에 들었을 것이다. 이 책에는 그 연구와 그 뒤에 이루어진 많은 연구의 결과가 담겨 있다.

UCLA로 옮긴 뒤에 내 과학 연장통에 또 다른 분야의 전문 지식을 끼워 넣을 기회를 얻었다. 나는 1년 동안 병원과 진료실에서 임상 수련의 과정을 거치면서 다양한 정신 건강과 의학 문제를 안고 있는 환자들을 접했다. 임상 수련의 과정을 끝낸 뒤에는 심리신경면역학PNI 박사후 연구원 과정을 시작했다. 면역 기능이 심리학 및 신경과학 분야에서 밝혀낸 내용과 얼마나 들어맞는지를 연구하는 분야이다. 나는 연구원에서 교수로 직위를 바꾸면서 10년 동안 UCLA에 머물렀다가, 이윽고 애리조나 대학교로 돌아왔다. 그곳에서 〈비애, 상실, 사회적 스트레스GLASS〉 연구실을 꾸려서 대학생과 대학원생을 가르치고 임상 실습 프로그램을 운영할 수 있어서였다. 지금은 매우 다양한 일을 하면서 시간을 보내고 있다. 연구 자료들을 읽고 불쑥불쑥 찾아오는 비애의 메커니즘을 탐구할 새로운 실험을 설계하면서 많은 시간을 보낸다. 크고 작은 강좌를 열어서 대학생들을 가르친다. 또 세계의 임상심리학자들과 협력하면서 비애 연구 분야가 나아갈 방향을 모색한다. 대학원생들도 지도한다. 그들이 나름의 과학 모형을 개발하고, 자신의 발견을 알릴 논문을 쓰고, 지역 사회에서 강연을 하도록 돕는다. 물론 가장 중요한 일은 학생들이 과학적 사고 능력을 함양하고 과학의 안경을 통해 나름의 독특한 세계관을 펼치도록 장려하는 일이다.

비록 연구자, 멘토, 교수, 저술가로 일하느라 더 이상 진료실에서 환자를 만나지는 못하지만, 연구를 하면서 많은 이들과 면담을 하기에 그들로부터 비애에 관한 이야기를 들을 수 있다. 나는 온갖 질문을 하면서, 기꺼이 자신의 이야기를 털어놓는 친절하면서 관대한 그들의 말에 귀를 기울이려고 애쓴다. 그들은, 자신의 경험을 과학에 제공한다면 나중에 사랑하는 이를 잃는 비통한 일을 겪을 누군가에게 도움이 되리라 기대한다고 말했다. 그 모든 분들에게 감사를 드리며, 이 책에서 그분들이 어떤 기여를 했는지 전달하고자 최선을 다했다.

신경과학은 비애를 생각할 때 딱히 머릿속에 떠오를 만한 분야가 아니다. 내가 연구를 시작할 당시에는 더욱더 그랬다. 여러 해를 조사하고 연구한 뒤에야 비로소 나는 사랑하는 이가 세상을 떠났을 때 뇌는 해결해야 할 문제를 하나 안게 된다는 사실을 깨달았다. 이 문제는 사소한 것이 아니다. 내게 하나밖에 없는 존재를 잃었을 때 우리는 무너진다. 사랑하는 이는 물과 음식 못지않게 우리에게 꼭 필요하기 때문이다.

다행히도 뇌는 문제를 해결하는 데 뛰어나다. 사실 뇌는 바로 그 기능을 위해 존재한다. 수십 년 동안의 연구 끝에, 나는 사랑하는 이가 살아 있는 동안 뇌가 그 사람이 어디에 있는지를 지도로 작성하는 일에 많은 노력을 쏟는다는 것을 알아차렸다. 우리가 필요로 할 때 찾을 수 있도록 말이다. 그리고 뇌는 새로운 정보보다는 기존 습관과 예측을 선호한다. 그러다보니 사랑하는 이의 부재처럼 무시할 수 없는 새 정보를 배우는 데 어려움을 느낀다. 애도는 삶을 함께 헤쳐 나아가는 데 썼던 기존 지도를 내버리고 세상을 떠난 이와의 관계를 수정하는 어려운 일을 하라고 뇌에게 요구한다. 다시 말해 애도는 사랑하는 이가 없는 상태에서 의미 있는 삶을 살아가는 법을 배우라는, 궁극적으로 학습의 한 유형이다. 우리는 평생에 걸쳐 학습하므로, 애도를 학습이라고 보면 더 친숙하고 납득할 만할 것이다. 그리고 이 놀라운 과정이 펼쳐지도록 우리는 인내심을 가지고 학습해 나갈 수 있을 것이다.

나는 학생이나 임상의, 심지어 비행기에서 옆에 앉은 사람과도 비애에 관해 이야기를 나눈다. 그들의 마음속에서 비애에 관한 온갖 질문들이 끓어오르고 있음을 알아차린다. 비애가 우울증과 같은 건가요? 비애를 드러내지 않는 사람들은 비애를 부정하기 때문일까요? 배우자보다 아이를 잃는 것이 더 심란한가요? 그러다가 그들은 내게 이런 질문을 할 때가 많다: 내가 아는 사람의 엄마/형제자매/절친/남편이 세상을 떠났는데요. 6주/4개월/18개월/10년이 지났는데도 비애에 젖곤 해요. 이게 정상인가요?

여러 해가 지난 뒤에야, 그런 질문들이 비애 연구자들이 자신이 알아낸 것을 널리 알리지 못했다는 사실을 보여주는 사례라는 생각이 내 머릿속에서 어렴풋이 떠돌기 시작했다. 내가 이 책을 쓸 마음을 먹은 것도 바로 그 때문이다. 심리학자이자 비애 연구자인 조지 버내노George Bonanno는 이 분야를 "사별의 새로운 과학the new science of bereavement"[2]이라고 이름 붙였는데, 나도 공감한다. 나는 이 책에서 배우자, 자녀, 절친 등 자신과 가까운 누군가를 잃은 사람이 느끼는 비애에 주로 초점을 맞출 것이다. 또 일자리 상실이나 열렬히 좋아하지만 결코 만난 적이 없는 유명인이 사망했을 때 느끼는 아픔 등 다른 상실도 살펴볼 것이다. 슬퍼하는 사람의 주위에 있는 사람들이 어떻게 행동해야 할지도 이야기할 것이다. 이 책은 조언을 담은 실용서가 아니지만, 이 책의 초고를 읽은 많은 이들은 자기 나름의 상실 경험에 적용할 수 있는 많은 것을 배웠다고 평했다.

뇌는 언제나 우리의 관심을 끌어왔지만, 우리가 이 블랙박스를 들여다볼 수 있게 된 것은 새로운 연구 방법들 덕분이다. 이 방법들 덕분에 오래된 질문들의 답일 가능성이 있는 것들을 감질나게 찔끔찔끔 엿볼 수 있다. 나는 평생을 신경생물학이라는 렌즈를 통해 비애를 들여다보는 일에 몰두했지만, 비애의 신경과학적 관점이 사회적이나 종교적, 또는 인류학적 관점보다 더 낫다고는 믿지 않는다. 그러나 신경생물학적 렌즈를 통한 비애의 이해가 우리의 전반적인 이해도를 높이고, 전체적 관점에서 비애를 볼 수 있게 하고, 비애가 가져올 고통과 두려움을 새로운 방식으로 대하는 데 도움을 줄 수 있다고 믿는다. 물론 신경과학은 우리 시대의 대화에 으레 등장한다. 비애의 다양한 측면을 이해하기 위해 즉 뇌 회로, 신경전달물질, 행동, 감정 등이 어떻게 관여하는지를 상세히 규명하는 데 초점을 맞춤으로써, 신경과학은 현재 고통을 겪는 이들의 심정에 새로운 방식으로 감정 이입을 할 기회를 제공한다. 우리 스스로 그 비애를 느낄 수 있게 그리고 남들 또한 그 비애를 느낄 수 있게 함으로써, 애도가 어떤 경험인지를 이해할 수 있도록 돕는다. 더욱더 연민과 희망을 품게 함으로써다.

당신은 여기서 내가 비애grief와 애도grieving라는 두 용어를 쓴다는 점을 눈치챘을 것이다. 흔히 두 용어를 바꿔 쓰기도 하지만 나는 다르게 본다. 비애는 파도처럼 밀려들어 완전히 압도하며 휩쓸어가는 무시할 수 없는 강렬한 감정이다. 비애는 그 감정이 계속해서 재연되는 순간을 가리킨다. 그러나 이런 한 순간 찾아오는 감정은 내가 애도라고 부르는 것과 구별된다. 나는 애도를 비애의 순간이 아니라 그 과정을 가리키는 데 쓴다. 애도는 나름의 궤적을 그린다. 비애와 애도는 분명히 관련이 있다. 상실 경험을 가리킬 때 두 용어를 혼용해서 쓰는 이유가 바로 그 때문이다. 하지만 두 용어에는 중요한 차이점이 있다. 비애는 결코 끝나지 않으며, 상실에 따른 자연스러운 반응이다. 평생토록 잃은 사람을 떠올릴 때마다 비애의 고통을 느낄 것이다. 상실을 겪은 지 여러 해가 지나서 충족되고 의미 있는 삶을 살아갈 수 있을 만치 회복되어도, 여전히 비애에 휩싸이는 순간을 겪을 것이다. 그러나 우리가 비애라는 인간의 보편적인 감정을 영구히 겪긴 하겠지만, 시간이 흐르면서 애도를 통해 그 경험은 달라진다. 즉 우리는 적응한다. 비애의 물결을 처음 100번쯤 겪을 때, 이렇게 생각할지 모른다. "결코 이겨내지 못할 거야. 견딜 수가 없어." 101번째가 되면 이렇게 생각할 수도 있다. "너무 싫어. 난 이걸 원하지 않아. 그래도 이제 익숙해지니까 이 순간을 이겨낼 거야." 비애라는 감정은 동일할지라도, 그 감정과의 관계는 달라진다. 상실 뒤 여러 해 동안 비애를 느낀다면, 과연 자신이 정말로 적응하고 있는 것인지 의구심이 들 수도 있다. 그러나 그 감정과 적응 과정을 서로 다른 것이라고 생각한다면, 오랜 세월 애도해왔다고 해도 그 비애를 겪는 것 자체는 별 문제가 안 된다.

이 책은 일련의 수수께끼를 하나하나 해결하면서 나아가는 여행이다. 1부는 비애를 중심으로, 2부는 애도를 중심으로 얼개를 짰으며, 각 장은 구체적인 질문을 다룬다. 1장의 질문은 이것이다. 사랑하는 이가 사망했고 영구히 떠났다는 사실을 왜 그렇게 받아들이기 어려운가? 나는 인지신경과학의 도움을 받아서 이 문제를 다룰 것이다. 2장에서는 묻는다. 비애는 왜 그렇게 많은 감정을 불러일으킬까? 왜 그렇게 강한 슬픔, 분노, 비난, 죄책감, 갈망을 느낄까? 여기서는 애착 이론을 써서 설명을 할 것이다. 우리의 신경 애착 체계도 언급할 것이다. 3장에서는 앞의 두 장에서 내놓은 답을 토대로, 사랑하는 이가 영구히 떠났다는 사실을 받아들이기까지 왜 그렇게 오래 걸릴까 묻는다. 나는 우리 뇌에 든 다양한 유형의 지식들을 통해서 이 수수께끼를 살펴볼 것이다. 4장에서는 이렇게 쌓은 배경 지식을 토대로 근원적인 질문을 파고들 예정이다. 비애에 잠길 때 우리 뇌에 대체 어떤 일이 일어날까? 그러나 이 질문의 답을 이해하려면 고려할 문제가 더 있다. 역사적으로 볼 때 사별 과학이 발전하는 동안 비애를 이해하는 방식은 어떻게 달라져왔을까? 5장에서는 사랑하는 이를 잃었을 때 어떤 이들은 어떻게 남보다 더 잘 적응하는가라는 미묘한 문제를 살펴보면서 질문을 던진다. 복합 비애는 무엇 때문에 복잡한 양상을 띨까? 6장에서는 사랑하는 이를 잃었을 때 왜 그렇게 고통스러운지 이유를 살펴본다. 사랑이 어떻게 작동하며, 관계를 심화시키는 유대감을 우리 뇌가 어떻게 빚어내는지를 다룰 것이다. 7장에서는 비애에 빠져 있을 때 무엇을 할 수 있는지를 논의한다. 나는 임상심리학을 토대로 이 질문의 답들을 깊이 파헤칠 것이다.

2부에서는 애도라는 주제로 넘어가서, 어떻게 하면 의미 있는 삶을 회복할 수 있는지를 논의한다. 8장의 질문은 이것이다. 사랑하는 이를 잃은 뒤에 우리는 왜 그렇게 그 사람을 계속 떠올리고 또 떠올릴까? 우리가 많은 시간을 쓰면서 떠올리고 또 떠올리는 대상을 바꾸면 우리의 신경 연결을 바꿀 수 있고, 의미 있는 삶을 살아가는 법을 배울 가능성도 커진다. 그러나 초점을 과거가 아닌 현재로 돌리고자 할 때, 9장에서 살펴볼 질문과 맞닥뜨린다. 현재가 비애로 가득하다면, 굳이 현재의 삶에 신경 쓸 이유가 있을까? 우리는 현재 이 순간에만 기쁨을 비롯한 인간다운 속성들을 경험할 수 있고, 생존해 있는 사랑하는 이들에게 사랑을 표현할 수 있다. 10장에서는 과거와 현재를 떠나 미래를 내다보면서 이렇게 묻는다. 누군가가 결코 돌아오지 못한다면, 비애란 것이 어떻게 바뀔 수 있단 말인가? 하지만 우리 뇌는 놀라운 능력을 지니며, 이 능력을 잘 다스린다면 미래를 무한히 상상할 수 있다. 11장에서는 인지심리학을 통해서 애도를 학습의 한 형태로 이해할 수 있다는 점을 설명할 것이다. 애도가 학습의 일종이며 누구나 늘 학습을 하고 있다는 마음자세를 채택한다면, 비애의 힘겨운 고갯길이 더 친숙하고 희망적으로 보일 수 있다.

이 책에 세 주역이 등장한다. 가장 중요한 주인공은 우리 뇌다. 경이로운 능력과 수수께끼 같은 작동 방식을 지닌 존재다. 뇌는 우리의 일부로서 사랑하는 이가 세상을 떠났을 때 어떤 일이 일어나는지 보고 듣고, 어떻게 해야 할지를 고심한다. 우리 뇌는 이 이야기의 중심에 있으며, 긴 세월에 걸친 진화와 수십만 시간에 걸친 개인적인 사랑과 상실의 경험을 통해 빚어진 기관이다. 두 번째 주역은 사별 과학이다. 카리스마 넘치는 과학자들과 임상 의사들이 활약하는 한편으로, 여느 과학 분야들과 마찬가지로 첫 발을 잘못 내디딘 사례들과 흥분되는 발견들로 가득한 신생 분야다. 세 번째이자 마지막 주역은 바로 나, 비애에 잠긴 자이자 과학자다. 나는 당신이 나를 믿고 안내자로 삼기를 바라기 때문이다. 내 상실 경험이 딱히 특별한 것은 아니지만, 당신이 내 평생에 걸친 연구에 힘입어서 새로운 렌즈를 통해서 삶을 볼 수 있기를 바란다. 뇌 덕분에 우리가 사랑하는 이를 여생 동안 가슴에 품은 채로 살아갈 수 있다는 것을 말이다.

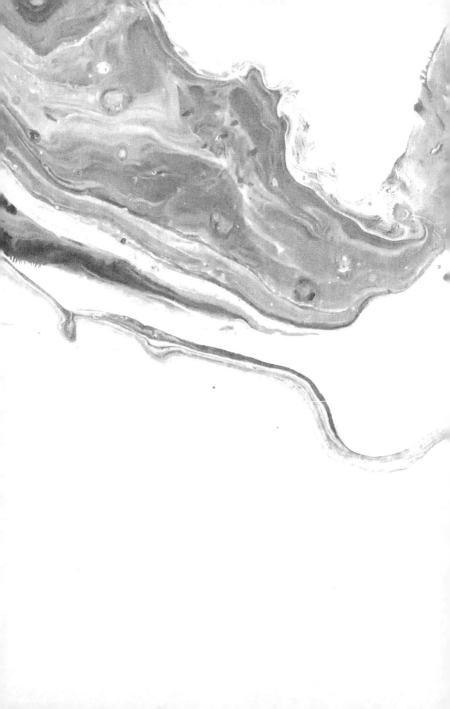

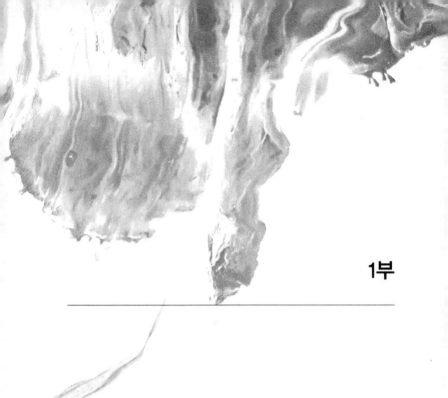

1부

여기, 지금, 가까이에서
일어난
가슴 아픈 상실

1장

어둠 속을 걷다

사랑하는 이가 영구히 떠났다는 사실을
받아들이는 게 왜 그렇게 어려운가

자, 먼저 하나의 전제를 받아들이자.

누군가가 당신의 식탁을 훔쳐갔다고 하자.

당신은 한밤중에 목이 말라 깼다. 잠자리에서 일어나 물을
마시러 주방으로 향한다. 컴컴한 가운데 주방으로 가다보면 으
레 식탁의 딱딱한 모서리에 엉덩이가 부딪치기 마련이다. 그런
데 어? 왜 아무런 느낌이 없지? 아무것도 없다. 그 자리에 엉덩
이 높이에 있어야 할 것이 전혀 느껴지지 않는다. 당신이 알아

차리는 것은 바로 그 점이다. 무언가, 특정한 무언가가 느껴지지 않는다는 것이다. 당신의 주의를 끄는 것은 무언가의 부재다. 따지고 보면 좀 이상하다. 우리는 대개 존재하는 무언가가 우리의 주의를 끈다고 생각하니까. 어떻게 없다는 것이 우리의 주의를 끌 수 있을까?

사실 당신은 이 세계에서 실제 걷고 있는 것이 아니다. 아니 더 정확히 말하자면, 당신은 대부분의 시간에 두 세계에서 걷고 있다. 한 세계는 전적으로 머릿속에서 작성한 가상현실 지도다. 우리 뇌는 자신이 창조한 가상 지도에서 자신의 형체를 움직이고 있다. 어둠 속에도 꽤 쉽게 집 안을 돌아다닐 수 있는 이유가 바로 그 때문이다. 즉 당신은 바깥 세계를 활용해서 돌아다니는 것이 아니다. 자신의 뇌 지도를 써서 이 친숙한 공간을 돌아다니며, 몸은 이윽고 뇌가 보내는 곳에 다다른다.

뇌 속의 이 가상 세계 지도는 머릿속에 있는 구글 지도라고 생각할 수 있다. 자신이 어디로 차를 몰고 있는지 그다지 주의를 기울이지 않은 채 내비게이션의 음성 지시를 따라가는 경험을 한 적이 있지 않은지? 그러다가 우회전하라는 말을 듣고 돌다가 인도로 들어설 뻔한 일도 있었을 것이다. GPS와 현실 세계가 반드시 일치하지 않을 수도 있기 때문이다. 구글 지도처럼 우리 뇌 지도도 해당 지역에 관한 사전 정보에 의존한다. 그러나 안전을 담보하기 위해서 뇌에는 오류 검출을 전담하는 영역이 있다. 뇌 지도와 현실 세계가 일치하지 않는 상황을 인지하는 일을 하는 영역이다. 오류를 검출하면 뇌는 들어오는 시각 정보 쪽으로 주의를 옮긴다(밤이라면 전등을 켤 것이다). 우리가 뇌 지도에 의지하는 이유는 익숙한 집 안에서 뇌 안의 세계 지도를 따라 몸을 움직이는 편이 마치 처음 접하는 양 걷는 것보다 계산할 필요성이 훨씬 적기 때문이다. 후자라면 매번 문과 벽, 가구와 마주칠 때마다 어떻게 가야할지 판단해야 한다.

아무도 탁자를 누가 훔쳐 가리라고 예상하지 못한다. 그리고 사랑하는 이가 죽는다고 아무도 예상하지 못한다. 당사자가 아주 오랜 기간 앓았다고 해도, 그 사람이 없는 세상을 헤쳐 나가야 한다는 생각은 누구도 하지 못할 것이다. 과학자로서 나는 뇌의 관점에서, 즉 자신의 삶에서 가장 중요한 사람을 잃었을 때 뇌가 대처하려고 애쓴다는 관점에서 비애를 연구해 왔다. 비애는 뇌가 해결해야 하는 가슴 에이는 고통스러운 문제이며, 애도는 자신이 몹시 사랑하는 사람, 자신의 세계 이해에 깊이 스민 누군가가 없는 상태에서 세상을 살아가는 법을 배우는 과정을 수반한다. 이는 뇌의 관점에서는 사랑하는 이가 사라진 동시에 존속하고 있다는 의미이며, 자신이 두 세계를 동시에 걷고 있다는 뜻이다. 우리는 사랑하는 사람을 잃었다는 사실 즉, 도무지 납득할 수 없는 전제를 안고서 삶을 헤쳐 나아가고 있고 그래서 혼란스러운 동시에 심란하다.

뇌는 상실을 어떻게 이해할까

뇌는 어떻게 우리에게 두 세계를 동시에 걷게 하는 것일까? 식탁이 사라져서 엉덩이가 부딪치지 않을 때, 어떻게 이상하다는 느낌을 일으킬까? 우리는 뇌가 어떻게 가상 지도를 만드는지 꽤 많이 알고 있다. 해마(뇌 깊숙한 곳에 자리한 해마 모양의 구조)에서 뇌 지도가 저장된 곳도 찾아냈다. 우리는 뇌 즉, 회백질의 작은 컴퓨터가 무슨 일을 하는지를 이해하고자 할 때 동물 연구에 기대곤 한다. 동물의 기본적인 신경 과정은 사람의 것과 비슷하며, 동물도 뇌 지도를 써서 돌아다닌다. 우리는 감지기를 써서 생쥐의 뇌에서 신경세포 하나가 발화할 때의 전기 신호까지 포착할 수 있다. 생쥐의 머리에 장치를 씌우고 돌아다니게 하면서, 개별 신경세포가 발화할 때 그 신경세포가 뇌의 어디에 있는 것인지 기록한다. 그러면 신경세포가 어떤 이 정표에, 어디에서 반응하는지 알 수 있다.

노르웨이 신경과학자 에드바르 모세르Edvard Moser와 마이브리트 모세르May-Britt Moser는 쥐를 매일 상자가 있는 곳까지 데려가면서 신경세포 발화 양상을 기록하는 획기적인 연구를 수행했다. 상자에는 특이한 것 하나가 들어 있었을 뿐이다. 레고 블록으로 만든 새파란 탑이었다. 쥐는 매일 약 20번 이 작은 상자를 방문했고, 이윽고 연구자들은 생쥐의 머리에 씌운 장치를 통해서 쥐가 이 파란 탑과 마주칠 때 어떤 신경세포들이 발화하는지를 알아냈다. 그들은 이 세포를 대상 세포object cell라고 했다. 쥐가 그 대상 가까이에 있을 때 발화하기 때문이다. 쥐가 대상 가까이에 있을 때 대상 세포가 발화한다는 증거는 명백했지만, 그 신경세포는 대체 왜 발화하는 것일까? 파란 탑의 감각적 측면(높이, 파란색, 단단함)을 인식해서 발화하는 것일까, 아니면 "흠, 전에도 여기서 봤어"처럼 다른 측면을 반영해서 발화하는 것일까? 이 신경세포에 경험의 역사가 담겨 있다면 더욱 흥미로울 것이다.

그래서 연구진은 파란 레고 탑을 상자에서 제거한 뒤, 쥐가 며칠 더 방문하도록 했다. 놀랍게도 쥐가 파란 탑이 원래 있던 곳에 갈 때에만 발화하는 신경세포들이 있었다. 이 신경세포들은 대상 세포와 다른 세포 집단이었기에, 연구진은 이 세포를 대상흔적 세포object-trace cell[1]라고 했다. 대상흔적 세포는 쥐의 체내 가상 지도에 따라 파란 탑이 있어야 할 장소의 유령 같은 흔적에 발화했다. 더욱 놀라운 점은 이런 대상흔적 세포가 파란 탑을 제거한 지 5일 뒤까지도 계속 발화했다는 사실이었다. 파란 탑이 돌아오지 않는다는 것을 쥐가 서서히 알아차리는 기간이었다. 가상현실은 현실 세계에 맞게 갱신되어야 했지만, 시간이 걸린다.

따라서 이 대상흔적 세포 연구 결과에 비추어보자면, 우리에게 가까운 누군가가 사망했을 때, 우리 신경세포는 사랑하는 이가 방에 있다고 예상할 때마다 여전히 발화할 것이다. 그리고 이 신경 흔적은 사랑하는 이가 다시는 우리의 물질세계에 존재하지 않으리라는 것을 납득할 수 있을 때까지 지속된다. 우리는 새로운 삶의 지도를 제작함으로써 가상 지도를 갱신해야 한다. 그러니 슬픔을 견디고 새 경험을 쌓으면서 다시금 살아가는 법을 배우는 데 여러 주 여러 달이 걸리는 것도 당연하지 않을까?

지도의 한 가지 의문

대개 과학자는 눈에 보이는 것을 가장 단순하게 설명할 방법을 찾으려 애쓰는데, 지도가 우리가 사물의 위치를 찾는 가장 단순한 방법이라고는 할 수 없다. 파란 탑이 특정한 위치에 있다는 것을 어떻게 배우는지를 단순한 조건 형성으로, 즉 훈련된 연합 학습으로 설명하는 연구자도 있다. 그러나 이 과정에는 연합 학습보다 더 복잡한 일도 일어난다. 그 사실을 안 것은 대상흔적 세포를 발견한 연구자들의 스승인 신경과학자 존 오키프John O'Keefe 주도로 이루어진 연구 덕분이다. 오키프와 린 네이들Lynn Nadel(현재 애리조나 대학교에서 나와 함께 재직하고 있는)은 1970년대에 혁신적인 개념을 내놓았다.

그들은 두 개념, 즉 연합 학습과 심상 지도를 비교하는 실험을 설계했다. 한 가설은 쥐가 출발점에서부터 보상인 먹이가 있는 곳까지 갈 때 어느 모퉁이를 어떻게 돌았는지를 기억함으로써 먹이의 위치를 알아낸다고 본다. 이는 단서 학습cue learning이다. 즉 쥐가 앞서 보았던 단서들에 반응하여 연합을 학습한다는 뜻이다. 다른 가설은 쥐가 뇌(더 구체적으로 말하면 해마)에 세계의 지도를 담고 있으며, 뇌 지도에 적혀 있는 곳으로 감으로써 맛있는 먹이를 찾아낸다는 것이다. 단서 학습이 아니라, 장소 학습place learning이다.

오키프와 네이들은 일정한 간격으로 구멍을 뚫은 상자를 만들었다. 상자 입구에 풀어놓은 쥐는 오른쪽으로 돌아서 구멍 두 개를 지나면 세 번째 구멍에 먹이가 있다는 식으로, 경로를 쉽게 학습할 수 있었다. 그러나 쥐가 이런 단서들만을 학습하는 것이라면, 연구진이 쥐를 상자의 다른 입구에 풀어놓을 때 그 단서들은 무용지물이 될 것이다. 오른쪽으로 돈 뒤에 구멍 두 개를 지났을 때 세 번째 구멍에 맛있는 먹이는 없을 것이다. 반면에 쥐가 상자 전체의 뇌 지도를 지닌다면, 어느 입구에 풀어놓아도 개의치 않을 것이다. 상자 전체에서 먹이가 놓인 구멍이 어디에 있는지 알기에 거리낌 없이 그곳을 찾아갈 것이다.[2]

실험을 하자, 쥐가 영역 전체의 지도를 지닌다는 것이 드러났다. 그 실험은 쥐가 단서 학습이 아니라 장소 학습을 한다는 것을 보여주었다. 실제로 상자의 각 지점에 다다를 때마다 각기 다른 특정한 신경세포가 발화한다. 각 위치를 표시하는 일종의 코드가 있다. 이 각각의 신경세포를 장소 세포place cell라고 한다. 장소 세포는 우리가 세상의 어디에 있는지를 계속 추적하는 데 도움을 주는 한편으로, 먹이가 늘 있는 곳처럼 세상에서 중요한 것들이 있는 위치를 찾아내는 데에도 쓰인다. 같은 맥락에서 사람도 냉장고의 장소 세포를 지니고 있다. 집의 정문으로 들어오든 뒷문으로 들어오든 간에, 우리는 뇌 지도를 써서 곧장 냉장고를 찾아갈 수 있다.

우리에게 사랑하는 사람은 음식물 못지않게 중요하다. 지금 당신의 남자 친구나 여자 친구가 어디 있냐고, 아이를 태우러 어디로 가냐고 물으면, 당신은 아마 그들이 어디에 있는지 꽤 정확히 짚을 것이다. 우리는 뇌 지도를 써서 사랑하는 사람을 찾아내고, 그들이 어디에 있는지 예측하고, 보이지 않을 때 어디를 찾을지 알아낸다. 비애에 잠길 때 생기는 한 가지 주된 문제점은 우리가 사랑하는 이를 찾을 때 늘 쓰던 가상 지도와 현실이 어긋난다는 것이다. 그 사람이 사망한 뒤에는 시공간에서 더 이상 찾을 수 없기 때문이다. 그 사람이 지도에 아예 없다는 있을 법하지 않은 상황은 우려와 혼란을 일으키며, 그것이 바로 우리가 비애에 짓눌리는 이유 중 하나다.

진화는 땜장이

최초로 이동성을 갖춘 생물은 생명의 필수 조건인 먹이를 찾을 필요가 있었다. 신경 지도는 아마 그 욕구를 충족시키려면 어디로 가야 할지를 알아내기 위해서 발달했을 것이다. 나중에, 특히 포유류가 발달함에 따라서 다른 욕구도 출현했다. 종의 다른 구성원들을 돌보고 보호하고 그들과 짝을 지으려는 욕구다. 바로 우리가 애착 욕구라고 부르는 것이다. 우선 먹이 욕구와 사랑하는 이를 향한 욕구(애착)를 포유류가 해결해야 하는 비슷한 문제들이라고 생각해보자. 그런데 먹이와 사랑하는 이는 분명히 다르다. 먹이도 늘 같은 곳에서 찾을 수 있는 것은 아니지만, 사랑하는 이는 자신의 마음을 지니고 있기에 더욱 예측하기 어렵다.

사랑하는 이가 어디 있는지 찾기 위해 뇌 지도를 어떻게 사용하는지 알아보자. 먼저 단순한 포유동물을 살펴보자. 텔레비전 프로그램 〈미어캣 매너Meerkat Manor〉[3]는 칼라하리사막에 사는 미어캣의 생활을 보여준다. 미어캣은 작은 설치류다. "위스커" 미어캣 가족은 플라워라는 노련하고 사나운 우두머리 암컷이 이끈다. 플라워 가족은 매일 딱정벌레, 전갈 등 사막이 그들의 생존을 위해 제공하는 먹이들을 찾아 나선다. 일부 구성원은 집에 남아서 새끼를 돌보고 지킨다. 새끼는 완전히 무력하다. 미어캣들은 아주 멀리까지 돌아다니면서 먹이를 찾지만, 매일 밤 새끼와 보모가 있는 집으로 어김없이 돌아온다. 또 먹이를 싹 잡아먹은 곳으로는 시간이 얼마나 흐른 뒤에 다시

가는 편이 좋은지도 안다. 미어캣 가족은 며칠마다 다른 굴로 옮기면서도, 이렇게 먹이를 찾아 돌아다니고 집을 찾아오는 일을 아무 문제없이 해낸다. 이런 굴은 수백 개가 있으며, 미어캣은 포식자, 경쟁자, 벼룩, 잡다한 문제 들을 피하기 위해서 정기적으로 옮겨 다닌다. 이 작은 포유동물의 해마에 들어 있는 가상 지도는 아주 방대할 것이 틀림없다. 그들은 돌아다니다가 전혀 어려움 없이 언제나 집을 찾아온다.

사회적 동물은 진화를 통해서 자기 환경의 지도를 작성하고, 좋은 먹이가 있는 곳이 어디인지 알아내고, 그곳의 먹이를 싹 잡아먹은 뒤에 언제쯤 다시 돌아가는 편이 좋은지를 계산할 능력을 갖추었다. 그러나 진화는 땜장이다. 어떤 새로운 욕구가 출현하면, 진화는 새로운 뇌 체계를 개발하기보다는 이미 있는 기구를 고쳐서 쓴다. 따라서 먹이를 찾기 위해 신경세포로 구성한 뇌 지도는 포유류가 새끼를 숨겨둔 장소를 표시하고, 하루 일을 끝내고 다시 돌아갈 길을 찾는 데에도 쓰일 가능성이 높아 보인다. 플라워가 새끼들이 숨어 있는 굴 위를 맴돌고 있는 위험한 매를 보고서 재빨리 굴로 돌아가는 것처럼, 위급할 때 굴로 돌아가는 데에도 쓰일 것이다. 사람인 우리는 세 차원에서 머릿속에 있는 가상 지도를 써서 사랑하는 이가 있는 곳을 찾는다. 그중 두 차원은 우리가 식량을 찾는 데 쓰는 차원들과 직접적인 관련이 있다. 바로 공간(어디에 있는가)과 시간(언제 가는 것이 좋은가)이다. 나는 세 번째 차원을 친밀함closeness이라고 부르고자 한다. 사랑하는 이를 더 예측 가능하게 만드는 한 가지 방법은 결속을 이용하는 것이다. 그 사람이 우리가 집으로 돌아오기를 기다리거나 돌아오지 않으면 찾아 나서고 싶어진다면, 그 사람을 찾을 가능성은 더 높아진다. 이 보이지 않는 밧줄, 친밀함이라는 결속이 바로 영국 정신의학자 존 볼비John Bowlby가 애착attachment이라고 부르는 것이다.[4] 친밀함을 하나의 차원으로 본다는 것은 새로운 개념이며, 거기에 남긴 의미는 2장에서 더 자세히 살펴보기로 하자. 여기서는 이 세 차원을 전반적으로 살펴보기로 하자: 여기here, 지금now, 가까이close.

애착 결속

여기, 지금, 가까이라는 차원을 우리는 어떻게 배울까? 갓 태어난 아기는 보호자와 접촉하고 있을 때 안전하고 편안하다고 느낀다. 아기는 엄마와 살을 맞대고 있을 때 편안하고 행복하다. 신체 접촉을 하고 있을 때와 그렇지 않을 때의 차이를 알

정신적 능력을 충분히 지니고 있다. 이 시기의 아기는 자기 자신과 말 그대로 자신과 몸이 닿아 있는 사람을 반드시 구분할 수 있는 것은 아니지만, 접촉을 원할 때 울음을 터뜨리는 타고난 본능을 지니고 있다. 아기는 접촉이 없으면 울음을 터뜨려서 엄마의 접촉을 다시 이끌어내는 법을 터득한다. 접촉이 이루어지는 순간 아기는 놀라울 만치 기분이 좋아진다. 아기의 뇌가 좀 더 발달하면, 이제 아기는 거리가 좀 있을 때에도(공간 차원) 애착 결속을 느낀다. 방에 있는 엄마를 보거나 옆방에서 엄마의 소리가 들릴 때, 아기는 애착 욕구가 충족되는 것을 느낀다. 이제 아기는 신체 접촉만이 아니라 시각이나 청각 단서를 토대로 엄마의 심상, 즉 첫 가상현실을 지니게 된다. 보이지 않는 밧줄처럼 공간을 가로지르는 애착 결속이다. 엄마는 방 저쪽에 있으면서도 아기를 달랠 수 있고, 아기는 안전하다고 느끼기에 자신이 하고 싶은 행동을 원하는 대로 할 수 있다.

좀 더 자라면 아기는 이제 시간 차원도 배운다. 첫돌이 되기 전 어느 시점부터 아기는 엄마가 사라지면 울기 시작한다. 엄마와의 정서적 결속이 발달해 이런 행동을 한다고 보는 사람들이 대부분이지만, 그것이 전부는 아니다. 엄마가 사라졌을 때 아기가 누구도 달랠 수 없게끔 울어대려면, 먼저 아기의 뇌가 특정한 방식으로 발달해야 한다. 아기에게 필요한 것은 작업 기억working memory이다. 뇌의 영역들 사이에 새로운 신경 연결이 이루어지면서 아기의 작업 기억 능력이 생겨난다. 이제 아기는 30~60초 전에 있었던 일의 기억(엄마가 여기 있었어)과 지금 일어나고 있는 일(엄마가 여기 없어)을 연관 지어서 마음 상태를 유지할 수 있다. 안타깝게도 아기는 엄마의 부재가 초래하는 불확실한 상황에 아직 대처할 수 없다. 그래서 현재가 과거의 변형임을 인식할 만치 뇌가 발달하기는 했지만, 엄마가 소리를 듣고 돌아오기를 바라면서 우는 것밖에 할 수 있는 일이 없다.

이윽고 경험이 쌓이면서 아기는 엄마가 사라진다고 해도 언제나 다시 돌아온다는 것을 알아차린다. 이제 걸음마를 뗀 아기는 〈세서미 스트리트〉를 한 편, 아니면 두 편 보면서 기다리면 엄마가 분명히 돌아올 것이고 모든 일이 다 잘 되리라는 것을 알아차린다. 이제 엄마는 설령 보이지도 않고 목소리도 들리지 않을 때에도, 아기의 마음속 가상현실에 계속 존재한다. 애정과 안전을 위한 접촉 욕구는 이제 덜 강렬하다. 아기는 엄마가 돌아올 것이라고 달래주는 지식에 기댈 수 있기 때문이다. 따라서 애착 결속은 이제 시간적으로도 아기와 엄마를 묶

는다.[4]

　뇌가 먹이를 찾을 때 쓰는 공간과 시간이라는 차원은 이렇게 전용되어 왔다. 이 차원들을 보호자를 찾는 데 적용한 포유류는 살아남아서 유전자를 후대로 전달했다. 어미가 보이는 공간 안에 머물러 있는 새끼는 포식자에게서 살아남았고, 더 자랐을 때 어미가 먹이를 갖고 돌아올 때까지 기다린 새끼는 더 잘 먹고 더 튼튼하게 자랐다. 애착은 포유류의 새로운 집단이 진화할 때 뇌가 한 문제의 해결책을 다른 문제에 적용함으로써 발달했다.

여기, 지금, 가까이 차원이 더 이상 적용되지 않을 때

　애착 욕구, 즉 사랑하는 이에게 위안과 안도감을 얻으려는 욕구는 우리에게 그 사람이 어디에 있는지 알라고 요구한다. 나는 대학원에 들어갈 때, 다른 도시에 있는 새로운 대학교에 지원했다. 어머니는 불안한 마음에 내가 새로 옮긴 곳을 살펴보고 싶어 했다. "네가 있는 곳을 꼭 봐야겠어." 그 방문으로 어머니는 나와 더 가까이 있다는 느낌을 받았을 것이고, 나는 어머니가 내가 있는 곳의 지도를 작성함으로써 내 빈자리를 볼 때의 그리움이 좀 약해졌을 것이라고 생각한다.

우리가 뇌의 가상 지도에서 여기, 지금, 가까이라는 이 세 차원을 써서 사랑하는 이의 위치를 파악하고 추적한다면, 죽음은 유달리 지독한 문제를 야기한다. 우리는 갑자기 자신이 사랑하는 이를 더 이상 시공간에서 찾을 수 없다는 말을 듣는다(그리고 인지적인 수준에서는 그렇게 믿게 된다). 그러나 다른 수준에서는 받아들이지 못한다. 뇌는 이 가능성을 예측하지 못한다. 뇌의 경험 바깥에 있기 때문이다. 누군가가 그냥 더 이상 존재하지 않는다는 개념은 뇌가 평생에 걸쳐서 배운 규칙을 따르지 않는다. 식탁은 마법처럼 사라지지 않는다. 사랑하는 이가 사라진다면, 우리 뇌는 그 사람이 다른 어딘가에 있고 나중에 나타날 것이라고 가정한다. 그 사람의 부재에 반응하여 요구되는 행동은 아주 단순하다. 그 사람을 찾아 나서서 부르거나 문자나 전화나 다른 가능한 수단을 써서 주의를 끄는 것이다. 뇌의 입장에서 보자면, 그 사람이 그냥 이 차원 세계에 더 이상 존재하지 않는다는 개념은 부재를 설명하는 논리적인 답이 아니다.

앞에서 나는 애착 욕구를 먹이 욕구에 비교할 수 있다고 말했다. 이제 아침에 일어나서 요리를 한 뒤, 식탁 앞에 앉아서 먹으려 하는데 접시에 아무것도 없다고 상상해보자. 커피 잔도

텅 비어 있다. 요리법을 따라서 그대로 요리를 했는데 말이다. 이유는 딴 데 있었다. 간밤에 세상이 바뀌어서 먹을 것이 모조리 사라졌기 때문이다. 식당에서 주문을 하면, 종업원은 주방으로 갔다가 빈 접시를 갖고 온다. 이런 기이한 상황은 대단히 낯설면서 혼란스럽다. 그런데 사랑하는 이가 사망했다는 말을 들었을 때에도 그와 같은 상황이 벌어질 것이다. 이런 혼란이 죽음을 부정하면서 빚어지는 것이라고 흔히 말하곤 하지만, 그렇게 단순하지가 않다. 이는 급성 비애 상황에 처한 이들이 겪는 극심한 혼란 상태다.

내가 미친 것일까

내가 처음으로 심리치료를 한 환자는 비애에서 헤어 나오지 못한 사람이었는데, 자신이 "미쳐가고" 있다고 확신했다. 그녀는 20대 초반이었는데, 지독한 사고로 갑작스럽게 아버지를 잃었다. 그녀는 그 사고 이후에 그 도로에서 늘 하던 스카프를 두른 아버지를 보았다고 확신했고, 어떤 말을 해도 그 확신은 흔들리지 않았다. 그녀는 아버지를 보았다고 진정으로 믿으면서도, 그런 일이 불가능하다는 것도 알고 있었다. 설상가상으로 그녀는 치명적인 부상으로 아버지의 모습이 엉망이었을 것이라고 심란해하면서도, 아버지를 다시 보기를 바랐다.

사랑하는 이가 세상을 떠난 뒤에도 그 사람을 찾으려는 행동은 아주 흔하다. 그들이 가까이 있다고 느끼고자 유품을 간직하고 냄새를 맡곤 하는 일도 아주 흔하며, 미쳐간다는 의미는 결코 아니다(할리우드 영화에서 뭐라고 떠들어대든 간에). 중요한 것은 자신의 의도다. 세상을 떠난 남편을 향한 그리움이 왈칵 밀려들 때, 그를 떠올리게 하고 함께 지낸 시간을 상기시키는 무언가를 찾아보려는 행동은 아무런 문제도 없다. 그러나 딸이 세상을 떠난 지 여러 해가 흘렀는데도 딸의 방을 세상을 떠난 그날의 모습 그대로, 그 불행한 날에 딸이 어질러놓고 외출한 당시의 모습 그대로 간직한 채 딸의 생전 모습을 떠올리려고 애쓰면서 그 방에서 시간을 보내곤 한다면, 문제가 될 수 있다. 어떤 차이가 있을까? 첫 번째 사례에서는 자신이 현재에 있으면서 과거를, 즉 사랑한 사람과 함께했을 때의 모든 고통과 슬픔과 달콤쌉쌀함을 떠올린다. 두 번째 사례에서는 마치 시간이 멈춘 양, 과거 속에서 살아가고자 애쓴다. 게다가 아무리 바라고 갈망하고 애쓴들, 우리는 결코 시간을 멈추지 못한다. 우리는 결코 과거로 돌아갈 수 없다. 언젠가는 딸의 방에서 나와 현실을 직시해야 한다.

내게 심리치료를 받던 그 여성은 "미치지 않았으므로 아버지의 환영을 보았다고 입원할 필요는 없다"는 말을 듣자, 비로소 자신의 슬픔을 토로하기 시작했다. 그녀는 아직 너무 젊고 앞으로 무슨 일이 닥칠지 몰라 여전히 아버지가 절실히 필요하다고 말할 수 있었다. 여러 면에서 볼 때, 그 슬픔의 핵심에 놓인 것은 바로 이 갈망이다.

어둠 속에서 탐색하기

오랜 세월 세계의 종교들은 세상을 떠난 사랑한 사람을 시간과 공간 차원에서 찾으려는 욕망을 존중해왔다. 그 사람은 어디로 갔을까? 그 사람을 다시 보게 될까? 사랑하는 사람의 죽음 후, 우리는 그 사람에게 다다르고 싶은 강력한 충동에 휩싸이며, 이 때 삶의 의미와 우주에서의 자기 위치를 이해하고자 종교에 귀의하곤 한다. 종교는 사별한 이들을 달래고 위로하는 답을 제공한다. 대개 종교는 죽은 이가 현재 살고 있는 장소(천국, 극락, 스틱스강 너머 지하 세계)와 그들을 다시 볼 시간(망자의 날, 추석, 심판일)을 묘사한다. 많은 문화에서는 죽은 이를 가까이에서 느끼고 그들과 이야기를 나누고 그들에게서 조언을 얻고자 묘지에 가거나 집에 마련한 제단을 찾는다.

아주 많은 문화가 그렇게 장소와 시간에 관해 확실한 답을 제공한다는 사실은 사랑하는 이가 어디에 있는지 찾고 그곳을 지도에 담고 싶은 강한 욕망(그들을 여기에서 그리고 지금 보려는 욕망)이 생물학적 토대를 지닌다는 것을 시사한다. 이 생물학적 증거는 뇌의 어딘가에 들어 있을 것이다. 찾는 법을 안다면 좋겠지만 말이다.

물론 사랑하는 이가 어디에 있는지를 알려주는 지도는 중요하며, 그로부터 몇 가지 경험적인 의문이 생긴다. 죽은 이가 어디에 있는지 물을 때, 살아 있는 사랑하는 이가 어디에 있는지 물을 때와 같은 가상 지도를 쓸까? 이 지도는 해마에 있을까? 더 중요한 의문은 이러할 것이다. 그가 어디에 있으며, 훗날 그 사람을 만나게 될 것이라는 확신이 상실 뒤에 위안을 줄까? 우리는 그렇다는 신경과학적 증거를 전혀 지니고 있지 않다(아직은!). 그러나 사별한 이들의 스트레스 반응과 그들의 종교 신앙을 살펴본 한 흥미로운 연구는 이런 질문들에 시사하는 바가 있다.

첫째, 우리가 흥분할 때 혈압은 올라가며 편안함을 느낄 때 정상으로 돌아온다는 점을 기억하자. 그런데 사별한 사람은 애도 과정에 있지 않은 비슷한 사람에 비해 평균 혈압이 더 높게 나온다. 미시건 대학교의 사회학자 닐 크라우스Neal Krause는 사랑하는 이를 잃고 반복해서 화가 솟구치곤 할 때, 종교 신앙과 의식이 마음을 달래고 대처하는 데 도움이 될 효과적인 방법을 제공한다고 보았다. 마음을 달래는 반응은 혈압과 고혈압(높은 혈압이 지속되는 현상)에서 가시적으로 나타난다. 크라우스는 탁월한 연구 방법을 고안했다. 그 연구진은 일본 노인들을 인터뷰했는데, 그중에는 사랑하는 이와 사별한 사람들도 있었다. 죽은 이가 사후에 잘 살고 있다고 믿는 이들은 3년 뒤에도 고혈압이 나타나지 않았다. 이 믿음이 그들을 보호하는 듯했다. 흥미롭게도 사별을 겪지 않은 일본 노인들은 행복한 사후 세계를 믿는다고 해도 고혈압이 덜 나타나지는 않았다. 이 믿음은 사별의 스트레스에 대처하는 이들, 그리고 이 지식으로부터 마음을 달랠 위안을 받을 필요가 있는 이들에게서만 혈압을 정상으로 유지했다.

종교적 믿음이 옳은지 여부를 판단하는 것은 신경과학자의 역할이 아니다. 우리는 그보다는 사회적 결속이 자신의 몸과 마음의 건강에 영향을 미치는지 여부에 더 관심이 있다. 뇌가 한 문제(살아 있는 사랑하는 이를 추적하는 것)에 대처하는 방식과 다른 문제(이제 더 이상 만날 수 없는 사랑하는 이와 연결 상태를 유지하는 것)에 대처하는 방식 사이에는 유사점이 있을 것이다. 종교 가르침의 진실 여부에 상관없이, 신경과학은 우리 뇌가 우리에게 삶이라는 이 경이로운 경험을 어떻게 안겨주는지를 더 깊이 이해하는 데 도움을 줄 것이다. 사랑하는 이가 세상을 떠났음에도 여전히 떠난 이를 찾으려는 이들의 마음을 달래주는 것이 무엇인지를 이해한다면, 사별한 이들을 위로할 새로운 방법이 나올 수 있을 것이다. 위안을 줄 방법을 찾아낸다면 상실에 따른 극도의 스트레스를 겪고 있는 이들의 뇌와 마음을 진정시킬 수 있지 않을까.

틈새 메우기

뇌는 광역 가상 지도를 지닐 뿐 아니라, 놀라울 만치 뛰어난 예측 기계라는 점에서도 경이롭다. 뇌 피질의 상당수는 정보를 받아들이고 그 정보를 이전에 일어났던 사건, 경험 학습을 통해서 일어나리라고 예상하는 사건과 비교하는 일을 한다. 그리고 뇌는 예측 능력이 탁월하므로, 실제 없는 정보를 그냥 알아서 채우곤 한다. 즉 우리가 볼 것이라고 예상하는 패턴을 완성한다. 예를 들어, 뇌가 그렇게 틈새를 채우기에 우리는 구름에서 구운 빵에 이르기까지 모든 사물에서 사람의 얼굴을 볼 수 있다. 우리는 사람만큼 패턴을 완성하는 데 뛰어난 인공 지능을 만들려고도 노력한다. 더 나아가 신경세포에 든 이 예측 능력을 측정할 수도 있다. 뇌가 기대한 것에서 조금이라도 어긋나는 무언가를 지각하면 특정한 신경세포 발화 패턴이 나타나는데, 우리는 이를 뇌파도electroencephalogram, EEG로 검출할 수 있다. 뇌파도는 사람의 머리 피부에 전극을 붙여서 뇌가 어떤 어긋난 일이 일어난 지 몇 밀리초 뒤에 그 "어긋남"을 알아차릴 때 생기는 전압 변화를 검출한다. 한밤중에 걸어가는데 늘 부딪치던 식탁에 엉덩이가 부딪치지 않는다면, 신경세포의 전압은 한순간 달라진다.

예측은 거의 모든 인간 행동의 열쇠다. 우리는 식탁에 엉덩이가 부딪칠 것이라는 예측을 감각 신경을 통해 들어오는 느낌의 부재와 비교한다. 그러나 뇌가 자신이 감지했다고 생각하는 것을 이미 기록했다는 점에 주목할 필요가 있다. 감각 정보는 아주 빠르게 처리되며, 예측을 통해 걸러진다. 즉 식탁이 사라진 공간을 걸어갔을 때, 뇌는 사실상 식탁을 느낀다. 그런 뒤 예상한 감각 패턴과 기록된 감각 패턴의 차이를, 실제로 어떤 일이 일어났는지를 알아차린다. 여러 해째 매일 오후 6시에 퇴근해서 귀가하는 아내를 둔 남편이 있다고 하자. 그런데 아내와 사별한 뒤에도 6시에 시계가 울리는 소리를 들으면, 그의 뇌는 차고 문이 열리는 소리도 자동적으로 떠올린다. 그 순간 그의 뇌는 아내가 집에 도착했다고 믿는다. 그런 뒤에야 현실을 자각하면서 슬픔이 새롭게 밀려든다.

이렇게 사건들의 순서를 신경으로 계산하는 것이 바로 뇌가 학습하는 방식이다. 캐나다 신경과학자 도널드 헵Donald Hebb의 유명한 표현이 있다. "함께 발화하는 신경세포들은 함께 배선된다." 한 감각(소음을 듣는 것)과 뒤따르는 사건들(아내가 문으로 들어온다)이 신경세포 수천 개의 전기적 발화를 촉발한다는 의미다. 이런 신경세포들은 서로 가까이에서 발화할 때, 물리적으로 더 연결된다. 신경세포는 물리적으로 변한다. 더 많이 연결된 신경세포일수록 다음번에 함께 발화할 가능성이 더 높다. 어떤 경험이 반복된다면, 뇌는 매번 같은 신경세포들을 함께 발화시키는 법을 배운다. 그래서 "오후 6시의 시계 소리"는 "아내가 집에 온다"는 생각을 촉발한다.

아내가 더 이상 살아 있지 않으며 차고 문을 열 리가 없다고 알려주는 것은 뇌의 다른 영역들이며, 그 영역들에서 정보를 받는 데에는 시간이 좀 더 걸린다. 그 사이에 이미 기록된 것(아내가 문으로 들어오고 있다)과 참이라고 알고 있는 것(아내는 세상을 떠났다)의 불일치는 고통스러운 슬픔의 물결을 일으킨다. 때로는 이 모든 일이 너무나 빠르게 진행되는 바람에 의식의 문턱을 넘지 못하기도 한다. 그럴 때 우리는 까닭 모르게 갑자기 슬픔이 북받치면서 눈물이 왈칵 솟구치는 것을 느낀다. 따라서 사랑하는 사람이 사망한 뒤로도, 특히 사망한 직후에 그 사람을 "보고 느낀다"고 해도 그리 놀랄 일은 아니다. 우리 뇌는 주변에서 오는 정보 중에 빈 곳이 있으면 스스로 채운다. 지금껏 죽 사건들이 그런 순서로 믿을 만하게 진행되었기에, 그 다음에 어떤 사건이 일어날지 연상하기 때문이다. 사랑하는 이가 세상을 떠난 뒤에도 그 사람을 보고 느끼는 일은 아주 흔하며, 결코 자신에게 뭔가 문제가 있다는 증거가 아니다.

게다가 우리의 예측은 천천히 변한다. 뇌는 한 번의 사건을 토대로 예측 계획을 통째로 갱신하는 것이 바람직하지 않다는 점을 알기 때문이다. 두 번의 사건, 열두 번의 사건도 마찬가지다. 뇌는 어떤 일이 일어날 확률을 계산한다. 당신은 며칠, 몇 주, 몇 달, 몇 년째 매일 아침 눈을 떴을 때 사랑하는 이가 옆에 누워 있는 모습을 보았다. 이는 신뢰할 만한 삶의 경험이다. 누구든 언젠가는 죽는다는 지식처럼 추상적인 지식은 삶의 경험과 같은 대우를 받지 못한다. 우리 뇌는 삶의 경험을 토대로 예측을 하고 그 예측을 신뢰한다. 아침에 일어났는데 사랑하는 이가 옆에 없을 때, 그 사람이 사망했다는 생각은 확률적으로 볼 때 그냥 참이 아니다. 뇌의 관점에서는 사망한 지 하루, 이틀, 아니 여러 날이 지난 뒤에도 참이 아니다. 뇌가 새로운 예측을 하려면 새로운 삶의 경험이 충분히 쌓여야 하며, 그러려면 시간이 걸린다.

시간의 경과

뇌는 우리가 학습하려는 의도가 있는지 여부에 상관없이 계속 학습을 한다. "시리야"라고 말할 때까지 참을성 있게 기다리는 것이 아니라, 다음에 어떤 일이 벌어지든 간에 일단 기록하기 시작한다. 뇌는 모든 감각을 통해 들어오는 정보를 계속해서 기록하면서 확률과 가능성의 값들을 모은 방대한 저장소를 구축하고, 사건들 사이의 연관성과 유사성을 파악한다. 우리가 자각하지 못한 상태에서도 이런 지각 작용이나 연합이 이루어진다. 이런 의도하지 않은 학습에는 장단점이 있다. 학습이 우리의 의도와 상관없이 이루어지므로, 뇌는 우리가 무시하거나 의식적으로 주목하지 않을 때에도 세계에서 진짜 우연히 벌어지는 일들까지도 학습한다. 뇌는 사랑하는 이가 날이 가도 계속 보이지 않는다는 사실을 계속해서 알아차릴 것이고, 그 정보를 토대로 그 사람이 내일 보일지 예측을 갱신한다. 세월이 약이라고 말하는 이유가 바로 그 때문이다. 그러나 사실 그 일은 세월보다는 경험과 더 관련이 있다. 자신이 한 달 동안 혼수상태에 빠졌다면, 깨어난 뒤에 남편이 곁에 없을 때 무엇을 어떻게 해야 할지 아무것도 배우지 못한 상태일 것이다. 그러나 그 한 달 동안 일상생활을 유지했다면, "애도"라고 볼 수 있는 행동을 전혀 하지 않았음에도 아주 많은 사항들을 배우게 된다. 31번 아침을 먹지 않았다는 사실을 알아차릴 것이다. 들려줄 재미있는 이야기가 있을 때, 남편이 아니라 가장 친한 친구에게 전화를 할 것이다. 빨래를 했을 때, 남편의 서랍에 넣을 양말이 전혀 없다는 사실도 알아차릴 것이다.

즉, 우리는 뇌의 가상 지도를 식량을 찾는 데 쓸 뿐 아니라, 아마 사랑하는 이를 추적하는 데에도 쓰도록 진화한 듯하다. 죽음을 통해 상실을 경험할 때, 우리 뇌는 처음에는 사랑하는 이가 어디 있는지 찾을 때 쓰는 차원들이 더 이상 들어맞지 않는다는 사실을 이해하지 못한다. 그래서 자신이 제정신이 아닌 것 같다는 느낌을 좀 받으면서도 그를 찾아보려고 할 것이다. 천국 같은 추상적인 장소라고 해도 그가 있는 곳을 안다고 느낀다면, 우리가 결코 가본 적이 없는 시공간도 그냥 포함시키는 쪽으로 가상 지도를 갱신함으로써 위안을 느낄 수도 있다. 이 갱신에는 사랑하는 이의 모습, 소리, 감촉이 빠지면서 생긴 틈새를 채우지 말라는 가슴 아픈 교훈도 배우며 예측 알고리듬을 수정하는 것까지 포함된다.

뇌가 모든 것을 한 번에 다 배울 수 없다는 점을 명심하자. 우리는 아주 많은 날에 걸쳐서 곱셈을 연습하고 미분 방정식을 풀지 않고서는 대수에서 미적분으로 나아갈 수 없다. 마찬가지로 사랑하는 사람이 세상을 떠났다는 사실을 하룻밤 사이에 학습하라고 자신에게 강요할 수 없다. 그러나 우리는 뇌에게 매일 새로운 현실을 경험하도록 함으로써 우리의 작은 회백질 컴퓨터의 갱신을 돕는다. 주변의 모든 것을 받아들임으로써 가상 지도와 다음에 일어날 일에 관한 뇌의 예측을 갱신하는 것이야말로 비통한 상실 앞에서 심신을 추스르는 데 좋은 출발점이 될 것이다.

~~~ 2장 ~~~

부재, 정서적 경고를 보내다

비애는 왜 그렇게 많은 감정을 불러일으킬까

　보호자에게 강한 애착을 느끼고 그들에게 깊이 의존하는 아이 시기에, 우리는 친밀함의 역할을 이해하게 된다. 어떤 행동이 아빠를 화나게 하는지를 깨닫고, 아빠가 화를 낼 때 받는 단절된 느낌이 싫다는 것도 알아차린다. 이윽고 자신의 행동을 아빠의 관점에서 보는 법을 터득하고, 자신이 크레용을 손에 쥐고 벽에 낙서를 하는 모습을 아빠가 보면 자신을 안아서 번쩍 들어 올릴 거라고 예상하게 된다. 자신의 행동이 친밀함/거리 차원에서의 인과적 요소임을 배운다. 그런 한편으로 애착, 친밀함이 특정한 상황에서 느끼는 것임에도 지속성을 띤다는 것도 알아차린다. 아빠는 벽에 크레용으로 낙서를 했다고 화를 낼지언정, 도로 한가운데에서 아이가 놀고 있을 때 달려오는 트럭으로부터 아이를 구할 것이다. 또 당신이 운전면허를 딴 뒤에 부모님의 차를 몰고 나갔다가 교통사고를 냈다면, 차가 얼마나 부서졌는지에 상관없이 당신이 전혀 다치지 않았다는 사실에 안심하고 감사함으로써 당신을 놀라게 한다. 애착의 친밀함은 적어도 믿음직한 관계에서는 개별 상황에서 그때그때 느끼는 감정 차원을 초월하곤 한다. 친밀함은 어느 정도는 우리 자신이 통제할 수 있으며, 우리는 이 친밀함을 유지하고 함양하는 법을 배운다. 또 거꾸로 친밀함을 유지하기 위해서 우리를 사랑하는 이를 신뢰한다.

친밀함은 사랑하는 이가 어디에 있는지를 지도에 표시할 때 쓰는 세 번째 차원이다. 여기(공간)와 지금(시간)이라는 두 차원에 추가로 덧붙이는 차원이다. 내가 이를 세 번째 차원이라고 여기는 이유는 뇌가 시간과 공간과 아주 비슷한 방식으로 친밀함을 이해한다고 믿기 때문이다. 심리학자들은 이를 심리적 거리psychological distance라고 한다. 이 개념을 떠올리는 가장 쉬운 방법은 "나는 형제자매와 얼마나 가까운가?"라는 질문을 해보는 것이다. 심리학자 아서 애런Arthur Aron은 자신과 자신이 사랑하는 사람을 원으로 표시함으로써 친밀도를 나타냈다.[1] 그는 이를 "자아에 다른 사람이 포함된 정도Inclusion of Other in Self scale"라고 했다. 그가 과학자라는 점을 생각하면, 꽤 시적인 표현이다.

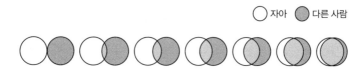

○ 자아 ● 다른 사람

이 척도의 왼쪽 끝에는 두 원이 거의 닿을 듯 말 듯 하다. 반대쪽 끝에서는 두 원이 거의 완전히 겹친다. 가장자리에 초승달 모양으로 살짝 어긋나는 부위만이 두 사람이 있음을 말해준다. 이 척도의 중앙에는 원들이 양쪽 극에 가까운 부위에서 교차한다. 사랑하는 이와 자신이 얼마나 가까운지 척도 중 하나를 골라보자. 오른쪽 끝 겹치는 원에서는 내 가장 친한 친구와 나의 원이 서로 겹치지 않는 면적은 아주 작다. 반대쪽 끝의 두 원은 심리적 거리감이 같은 수준으로 멀다. 집안사람들이 다 모인 방에서 당신은 터놓고 이야기를 나누고 싶은 마음도 전혀 안 들고 어떻게 하든 간에 누구도 자신을 이해하지 못할 것이라고 믿기에, 낯선 행성에 와 있는 양 느낄 수도 있다.

저기 있어

친밀함은 시간, 공간과 같이 또 다른 차원이다. 우리는 아내나 남편을 다음에 언제 어디에서 보게 될지를 예측할 때 시간과 공간을 이용하는 것처럼, 그들이 우리를 위해 "저기에 있을"지 여부를 예측할 때 정서적 친밀함을 이용한다. 친밀함 차원의 한쪽 끝에서는 나와 배우자가 둘 다 저녁에 귀가했을 때, 그가 두 팔로 나를 안고 힘겨웠던 하루를 보낸 나를 달래줄 것이라고 확신할 수 있다. 반면에 관계가 삐걱거린다면, 내가 바랄 수 있는 수준은 기껏해야 습관적으로 소파에 앉아서 함께 TV를 보는 것일 수 있다. 최근에 언쟁을 벌였다면, 그에게 더 쌀쌀맞게 굴거나 인상을 찌푸리기까지 하면서, 다가오지 말라고 무의식적으로 경고할 수도 있다.

친밀함은 우리가 사랑하는 이와의 관계에서 "어디"에 있는지를 추적하는 척도이므로, 뇌는 그 사람이 죽어서 이 차원이 사라질 때 어떤 일이 일어났는지를 이해하기 위해서 애쓴다. 시간과 공간 차원에서는 사랑하는 이가 사라진다면, 뇌는 그저 어디 멀리 가 있거나 나중에 여기로 돌아올 것이라고 믿는다. 뇌의 입장에서는 이런 차원들이 더 이상 적용되지 않을 가능성, 즉 사랑하는 이를 여기 또는 지금 차원에서 더 이상 볼 수 없을 가능성은 아주 낮기 때문이다. 사랑하는 이가 세상을 떠났을 때 우리는 더 이상 그 사람이 가까이 있지 않다고 느낄지 모르지만, 뇌는 그렇다고 믿을 수가 없다. "친밀함"이 더 이상 적용되지 않는다는 생각 자체를 뇌가 할 수 없기 때문이다. 대신에 뇌는 사랑하는 이가 우리에게 화가 났거나 멀리 있기 때문에 보이지 않을 뿐이라고 믿을 것이다. 그가 우리에게 응답하지 않을 때, 응답할 수 없음을 우리가 논리적으로는 안다고 해도 우리 뇌는 충분히 노력하지 않았다고, 즉 돌아오도록 할 만치 열심히 애원하지 않았다고 믿을 것이다.

잠수타기

친밀함의 반대는 사랑하는 이가 떠나고 없다는 느낌이다. 부재는 정서적 경보를 발한다. 우리는 친밀함의 평온과 위안을 그리워한다. 예기치 않은 부재는 더욱 심한 경보를 발한다. 얼마 전 내 친구는 아주 멀리 떨어진 곳에 사는 남성과 장거리 연애에 빠졌다. 여러 해 전 그들은 한 직장에서 일할 때 서로 친구로 지냈고, 그녀가 이직한 뒤로도 전자우편으로 계속 소식을 주고받았다. 그러다가 이윽고 둘 다 혼자가 되자, 더 친밀한 대화가 오가기 시작했다. 그들은 매일 문자 메시지를 주고받았다. 그러다가 어느 날 그가 예고도 없이 답장을 하지 않았다. 무슨 일이 일어났는지 전자우편도 문자 메시지도 설명도 귀띔도 없었다. 그토록 친밀했던 남성이 하룻밤 사이에 당혹스러울 만치 멀리 떨어진 사람이 되었다. 현대 기술 세계에서는 모든 의사소통 수단을 뜬금없이 이해할 수 없게 차단함으로써 관계를 끊는 방식에 이름까지 붙어 있다. 바로 잠수타기ghosting다.

나는 친구가 느끼는 고통에 깊이 공감하는 한편으로, 친구가 드러낸 강렬한 감정적 반응에 충격을 받았다. 물론 친구는 며칠 뒤에 그 이야기를 할 때 몹시 상심해 있었고 목이 메었다. 또 친구는 그에게 화가 났고 설명이라도 하라고 요구하면서 그가 도저히 받아들이기 어려운 비열한 짓을 한다고 분노에 찬 전자우편도 몇 통 보냈다. 말할 필요도 없지만, 친구는 대체 그에게 무슨 일이 있었을지 추측하면서 많은 시간을 보냈을 것이다. 혹시 그가 화낼 만한 일을 자신이 한 것이 아닐까? 그가 자신의 감정을 털어놓은 뒤 너무 발가벗겨졌다는 생각에 도저히 대화할 수 없다고 판단한 것일까?

물론 어느 시점에 우리는 끔찍한 사고로 그가 사망했을 가능성도 생각했다. 그렇지 않다는 것이 드러나긴 했지만, 그때 나는 한 가지 중요한 점을 깨달았다. 사랑하는 이가 세상을 떠날 때, 우리가 슬픔 외에도 여러 가지 강한 감정을 느낄 수 있다는 것이다. 우리는 후회나 죄책감, 분노, 더하여 우리가 흔히 말하는 사회적 감정까지 느낀다. 잠재의식적인 감정 수준에서 그들이 "잠수를 탔다"고 느낄 수도 있고, 그럼으로써 분노나 죄책감 같은 강렬한 감정이 일어날 수도 있다. 상대방이 살아 있을 때, 이런 감정은 관계를 개선하도록 동기 부여를 한다. 사과하거나 일어난 일을 바로잡거나 내가 화가 났다고 알림으로써 상대방이 조치를 취하게 할 것이다. 그러나 말다툼과 달리, 상대방이 사망한다면 감정의 골을 해소할 기회는 전혀 없다.

내 친구가 이 고통스러운 이별을 헤쳐 나가는 과정을 보면서 나는 한 가지 매우 중요한 점을 깨달았다. 뇌가 죽음 같은 추상적인 일이 일어났음을 이해할 수 없다면, 죽은 이가 시공간의 어디에 있는지, 즉 여기, 지금, 가까이 있지 않은 이유를 이해할 수도 없다는 것이다. 뇌의 관점에서 보자면 잠수타기는 사랑하는 이의 죽음과 같다. 뇌의 입장에서 그 사람은 죽지 않았다. 사랑하는 이는 아무런 설명도 없이 불러도 오지 않는다.

즉 당신과의 의사소통을 완전히 차단한 것이다. 어떻게 그럴수 있을까? 멀리 떠났거나 믿을 수 없을 만치 비열해졌을지도모르며, 그 점은 분노를 일으킨다. 뇌는 그 이유를 이해하지 못한다. 그 차원들이 단순히 사라질 수 있다는 점을 이해하지 못한다. 상대방이 가까이 있지 않다고 느끼면 그저 멀리 있다고느낄 뿐이며, 영구히 사라졌다고 믿기보다는 상황을 바로잡고싶어 한다. 이 믿음, 즉 잘못된 믿음은 강렬한 감정 분출로 이어진다.

분노

슬픔은 아마도 비애에 잠길 때 우리가 알아차리기 가장 쉬운 감정일 것이다. 우리에게서 무언가가 사라진다면, 그 결과슬픔이 빚어지리라고 상상하는 것은 어렵지 않다. 아장아장걷는 아기에게서 장난감을 빼앗거나 엄마를 데려갈 때, 아기의작은 얼굴이 일그러지면서 심장이 터지는 양 울음이 터져 나오는 것은 충분히 이해가 간다. 슬퍼하는 것도 당연하다. 그러나나는 우리가 비애에 잠길 때면 뚜렷하게 그리고 당혹스럽게 강한 분노도 일으킨다는 것도 줄곧 보아왔다. 왜 그렇게 분노할까? 분노의 대상은 누구일까? 때로 분노는 죽은 사람을 향한다. 하지만 우리는 의사와 신은 물론 다양한 이들에게 분노를 표출하기도 한다. 이 분노는 죽은 사람에게 느끼는 분노와는 다른 이유로 생긴다. 아기에게서 장난감을 빼앗는다면, 아기는 당신을 향해 화가 나서 소리를 질러댈 것이다. 그리고 당신은 대개 장난감을 돌려줄 것이다. 아기가 장난감을 뺏겨서 얼마나 화가 났는지를 보고 있기 때문이다. 그러나 어느 누구도 죽은 사람을 돌려줄 수는 없다.

세상을 떠난 사랑하는 이를 감지할 수도 없고 어떤 수준에 서는 그 사람이 우리를 무시한다고 느끼기에, 우리가 믿는 모든 것이 의문시된다. 상대 남자가 잠수를 탄 뒤로 나와 친구가 전화 통화를 할 때 그랬듯이, 우리는 사랑하는 이의 죽음 이후에 가능한 시나리오들을 끝없이 떠올린다. 어떻게 그런 일이 벌어질 수 있었을까? 막을 수는 없었을까? 실제로 비애에 잠긴 이들은 이렇게 저렇게 하염없이 생각에 빠지는 일이 아주 흔하다. 이런 "그랬다면/그럴 수 있었는데/그래야 했는데"를 반복하다가 몸과 마음이 지친다.

비애에 잠길 때 우리는 단지 일어난 일에 대한 반응으로서 슬퍼하거나 분노하는 것이 아니다. 소유물을 빼앗긴다면 그런 식으로 반응하겠지만 말이다. 친밀함 차원에서 사랑하는 이를 가까이 두지 "못했다"는 생각에 스스로에게 화를 내거나 슬퍼할 때도 있다. 우리 자신 또는 상대방의 이런 실패는 온갖 방식으로 우리의 분노를 불러일으킨다. 굳이 논리적으로 납득을 하지 않고서도 뇌는 상대방이 잠수를 탔다고 믿을 수 있다. 우리는 죽었다고 당사자에게 화를 내는 것이 터무니없고 그들을 가까이 두지 않았다고 자기 자신에게 화를 내는 것이 헛된 짓임을 알지만, 어쨌든 화가 난다. 사별한 사랑하는 이가 저기 있다고 뇌가 때때로 믿고 우리에게 그 사람을 찾아보고 싶은 마음을 불러일으키는 것처럼, 뇌는 그 사람과의 관계를 갱신함으로써 어떻게든 그 사람을 다시 불러올 수 있다고 믿을 것이다.

뇌에 "가까이" 차원이 있다는 증거

심리학자와 신경과학자는 뇌가 여기, 지금, 가까이라는 서로 다른 척도들을 어떻게 암호화할 수 있는지를 연구해 왔다. 2010년 텔아비브 대학교의 심리학자 야코브 트로페Yaacov Trope와 니라 리버먼Nira Liberman은 해석 수준 이론construal level theory이라는 것을 내놓았다. 이 이론은 자신이 접하고 있는 현실에 지금 누군가가 없다면, 그 사람이 사라진 이유를 몇 가지로 볼 수 있다고 말한다. 이런 이유에는 거리, 시간, 사회적 친밀함social closeness이 포함된다.[2] 우리는 그 사람이 있는 곳 또는 있을 만한 곳에 관한 추상적 개념, 즉 해석을 구성할 수 있다. 따라서 우리 자신의 감각을 통해서 누군가를 직접 경험하고 있지 않다고 할지라도, 예측, 기억, 추정을 통해서 그 사람을 상상할 수 있다. 이런 정신적 표상은 지금 접하고 있는 상황을 초월한다.

또 해석 수준 이론은 뇌가 다양한 차원을 써서 개인의 부재 이유(거리, 시간, 친밀함)를 만들어낸다고도 한다. 내가 차원 개념을 써서 생존한 사랑하는 이를 추적했듯이 말이다. 부모나 배우자에 관한 우리의 정신적 표상이 심리적 거리를 나타내는 차원을 포함하므로, 우리는 예측을 할 때 이 지식을 적용할 수 있다. 그 사람이 당신이 예상한 곳에 없다면 당신에게 전화를 걸거나 집에 와야겠다는 생각을 할 것이라고 자신 있게 예측할 수 있다. 반면에 가깝지 않은 이들에 대해서는 그렇게 예측하지 않는다. 당신 회사의 대표가 출근하지 않는다고 해서 당신에게 전화를 걸 것이라고 기대하지 않는다. 늘 가던 커피점에 얼마 동안 가지 않는다고 해서, 바리스타가 안부를 물을 것이라고 기대하지 않는다.

해석 수준 이론은 뇌가 여기, 지금, 가까이라는 차원들을 암호화하는 방식이 비슷하며, 더 나아가 우리가 언어를 써서 이런 차원들을 상호 교환이 가능한 방식으로 기술하기까지 한다고 말한다. 예를 들어, 내가 무언가가 "안 맞는다"라고 말한다면, 그 말은 무언가가 시간적으로 떨어져 있거나(약속 시간이 아직 안 맞는다) 공간적으로 떨어져 있다(경기장에서 공이 안 맞는다)는 것을 가리킬 수도 있고, 심리적 거리가 있거나 모임에서 남들과 잘 어울리지 못하는 사람을 가리킬 수도 있다(오늘 만난 저 사람은 좀 안 맞는 것 같다).

2010년대에 나온 두 건의 신경영상 연구 결과는 뇌에 이런 서로 다른 유형의 차원들을 비슷한 방식으로 계산하는 영역이 있다는 개념을 뒷받침한다. 실험 참가자들은 MRI 스캐너 안에서 사진들을 보았다.[3] 한 벌은 볼링공이 굴러가는 모습을 거리를 달리하여 찍은 사진이었다. 또 한 벌은 "몇 초 안", "앞으로 몇 년 뒤" 등 시간을 기술하는 단어들을 찍은 사진이었다. 다른 한 벌은 가까운 친구들과 그저 아는 사람들을 찍은 사진이었다. 참가자들은 사진을 보면서 거리가 얼마나 되는지 판단을 내렸다. 놀랍게도 세 벌의 사진들 중 어떤 것을 보든 간에 "가까운" 것과 "먼" 것의 차이를 계산하는 데 쓰이는 뇌 영역이 동일하다는 것이 드러났다. 오른쪽 아래마루소엽right inferior parietal lobule, IPL이다. 이는 신경세포가 서로 다른 거리를 암호화하고, 시간을 따지든 공간을 따지든 심리적 친밀함을 따지든 간에 뇌가 자기와 얼마나 가까운지 즉 거리를 계산할 때 동일한 코드를 쓴다는 것을 의미한다. 시간을 따지는 뇌 영역, 공간을 따지는 뇌 영역, 심리적 친밀함을 따지는 뇌 영역이 따로 있는 쪽이 더 타당할 것이라고 생각할지도 모른다. 그러나 뇌의 입장에서는 거리라는 측면을 동일한 계산 영역에서 다루는 편이 더 효율적인 듯하다. 공통의 척도를 쓰기 때문이다.

또 하나의 흥미로우면서 탁월한 신경영상 연구는 신경과학자 리타 타바레스Rita Tavares와 다니엘라 실러Daniela Schiller가 했다. 그들은 뇌가 심리적 친밀함을 어떻게 암호화하는지 살펴보았다. 타바레스는 실험 참가자들이 "당신이 선택하는 모험choose-your-own-adventure"이라는 게임을 하는 동안 뇌를 촬영했다.[4] 어릴 때 이 게임을 해본 이도 있을 것이다. 게임 참가자는 주인공이 되어서 다음에 어떤 모험을 할지 고른(정해진 선택지 내에서) 다음, 책에서 그 모험이 실린 쪽을 펼쳐 읽으면서 이야기를 이어나가는 것이다. 타바레스의 신경영상 연구에서는 뇌를 촬영하면서 실험 참가자에게 게임을 하도록 했다. 한 시나리오에서는 새 친구 올리비아가 참가자에게 운전을 맡으라고 제안한다. 참가자는 운전석에 앉아서 그녀가 알려주는 방향으로 차를 모는 쪽을 택할 수도 있다. 아니면 올리비아가 방향을 제대로 알고 있는지 믿지 못하겠다고 판단하고서, 지금 어디로 가고 있는지 모르기에 그녀에게 운전을 하라고 제안할 수도 있다. 또 다른 시나리오에서는 올리비아가 참가자에게 포옹을 제안한다. 이야기가 펼쳐지는 동안 참가자는 그녀와 얼마나 가까워졌느냐에 따라 보답으로 등을 두드려주거나 아니면 오래 포옹을 하는 쪽을 택할 수 있다.

심리적 친밀함 차원은 실험 참가자(주인공)가 게임의 다른 등장인물들과 얼마나 가까운지를 측정한 것이다. 이야기 속의 인물과 얼마나 가깝다고 느끼는지를 정량적으로 평가했다. 참가자가 내리는 결정을 토대로 이야기가 펼쳐지는 동안 스캔이 이루어진다. 친밀함은 계속 달라졌다. 연구진은 게임이 진행되는 동안 참가자가 각 등장인물과 가깝다고 느낀 정도가 얼마나 변화했는지를 기하학을 써서 계산했다. 참가자가 게임의 다른 등장인물과 더 가까워질 때, 연구진은 줄어드는 거리를 계산할 수 있었다. 놀랍게도 과학자들의 예측이 옳았다는 결과가 나왔다. 뇌에는 어느 등장인물이 참가자의 "핵심 집단"에 들어갔는지, 게임이 끝날 무렵에 본래 지위를 떠나 "승진함으로써" 참가자와 더 멀어졌는지를 말 그대로 추적하는 영역이 있었다. 사람들 사이의 친밀함을 측정하는 뇌 영역은 뒤띠다발피질posterior cingulate cortex, PCC인데, 이 영역은 4장에서 더 자세히 살펴볼 것이다. 즉 참가자와 등장인물들 사이의 심리적 거리는 PCC에서의 신경 발화 패턴이라는 형태로 암호화가 이루어진다. 게다가 해마는 공간에서 길 찾기 지도를 작성하는 것과 비슷한 방식으로 사회적 길 찾기를 하는 독특한 능력을 활용하여, 이 사회적 공간에서 등장인물이 "어디" 있는지를 추적했다. 나는 신경과학자임에도 추상 공간에서도 사람들이 얼마나 가깝다고 느끼는지를 추적하는 신경 지도를 만드는 뇌의 창의성에 경이로움을 느낀다.

이 연구는 사랑하는 이와 가깝다고 느끼는 일시적인 감각이 뇌의 물질적인 유형의 하드웨어에 들어 있다는 증거를 제공한다. 남들과 가깝다는 느낌의 변화는 뒤띠다발피질에서 생긴 뒤, 의식으로 전달된다. 정보 분석가처럼 PCC는 세계에 있는 뇌의 감각 정보원들로부터 많은 단편적인 정보들을 받는다. 경찰 수사팀이 현황판에 용의자들 사이의 관계를 빨간 실로 표시하듯이, PCC는 우리 자신과 남들 사이의 연결 관계를 끊임없이 갱신한다. 누군가와 더 가까워졌다고 느끼면 실을 짧게 줄이고, 더 멀어진 것을 감지하면 실의 길이를 늘인다. 사랑하는 이가 세상을 떠난 뒤 들어오는 메시지들은 얼마 동안은 뒤죽박죽인 것처럼 보인다. 때때로 떠난 이와의 친밀함이 놀라울만치 생생하게 느껴진다, 마치 그 사람이 지금, 여기 이 방에 있는 양. 또 때로는 현황판에서 아예 실을 떼어낸 듯도 하다. 더 길어진 것도 짧아진 것도 아닌 아예 완전히 사라진 듯하다.

친밀함과 지속적 결속

사랑하는 이와의 관계에서 친밀함은 상대방이 사망한 뒤 변한다. 그 변화는 개인마다 다르다. 우리는 저마다 독특한 관계를 맺기 때문이다. 컬럼비아 대학교의 정신의학자 캐시 시어Kathy Shear는 이렇게 말한다. "비애는 사랑하는 이와 사별할 때 취하는 사랑의 형태다."[5] 많은 문화는 사랑하는 이와의 결속을 푸는 것이 상대방이 떠났다는 현실에 직면하는 한 방법이라고 강조한다. 반면에 죽은 이와의 관계를 지속하고 그와 의사소통을 계속해야 한다고 강조하는 문화도 있다. 심지어 의례를 통해서 죽은 이가 계속 남아서 조상의 역할을 하는 문화도 있다. 심리학에서는 이를 지속적 결속continuing bonds이라고 한다. 이런 결속은 각 관계마다 독특하다. 우리가 연구를 위해 인터뷰를 한 사람들은 관대하게도 그런 관계가 개인마다 얼마나 독특한지를 드러내는 사적인 이야기를 들려주곤 한다. 남편과 사별한 젊은 여성의 사례를 들어보자. 부부는 음악 애호가였는데 그녀는 즐겨 듣는 노래를 통해서 남편과 연결되어 있다는 느낌을 계속 받았다. 어느 날 오후에는 집으로 차를 몰고 가는데 라디오에서 흘러나오는 모든 노래가 어떤 식으로든 남편과 관련이 있다는 느낌을 받았다고 했다. 그녀는 남편이 디제잉을 하는 모습을 떠올리면서 웃음을 터뜨렸고, 연결이 지속되고 있다는 느낌에 큰 위로를 받았다.

한때 서양 임상의들은 지속적 결속이 비애가 해소되지 않은 징후이며, 죽은 이와 마음속으로 대화를 하는 이 연결을 끊어야 살아 있는 사랑하는 이들과 더 강한 결속을 이룰 수 있다고 믿었다. 더 최근의 연구는 이런 내면의 관계가 다양한 양상을 띠긴 하지만, 많은 이들이 죽은 이와 연결을 유지함으로써 삶에 적응한다는 것을 보여준다. 남편을 잃은 한 여성은 십대인 아들에게 잔소리를 할 때면 죽은 남편이 적절한 단어를 찾도록 돕고 있다는 느낌을 받는다고 내게 말했다. 또 한 여성은 온갖 문제에 처할 때마다 무엇을 어떻게 해야 할지 죽은 남편에게 묻는 편지를 쓴다고 했다. 지속적 결속은 대화를 통해서

만 이루어지는 것이 아니다. 죽은 이의 소망이나 뜻을 계속 잇는 것도 포함된다. 이런 지속적 결속의 친밀함이 뇌에 지도로 작성되는지를 조사한 연구는 아직 없다. 언젠가는 이런 유형의 친밀함이 신경 수준에서 어떻게 작동하는지를 알아낼 수 있지 않을까.

밧줄로 묶다

애착 결속과 그에 따른 지속적 결속은 사랑하는 이를 찾으려 하고 옆에 둠으로써 위안을 얻고자 하는 동기를 부여하는 보이지 않는 밧줄이다. 우리는 사랑에 빠질 때 연애 상대와 이런 결속을 맺는다. 우리의 뇌와 몸은 신경화학적으로 사랑에 빠지도록 자극하고, 그 사랑에 자극을 받는다. 누군가와 사랑에 빠진다는 것, 또는 장기적인 관계를 맺는다는 것을 서로의 정체성을 겹치는 과정이라고도 생각할 수 있다. 자기 속에 남을 포함시킴으로써, 우리는 정체성의 원을 겹치게 된다.

더 나아가 이를 서로가 지닌 자원을 합치는 것이라고도 생각할 수 있다. 내 것이 네 것이고, 네 것이 내 것이라고 느낀다. 짝 결속은 지속성을 띠며, 바로 이 점이 애착 관계와 거래 관계를 구분 짓는 특징이다. 동료나 지인과의 관계 등 거래 관계에서 우리는 상대방보다 내가 그 관계에 노력, 시간, 돈, 자원을 더 많이 투자하고 있는지, 그 관계로부터 얼마나 많은 것을 얻고 있는지를 따진다. 애착 관계에서는 상대방이 가장 필요로 하는 시기에 도움을 주고자 애쓴다. 상대방의 말을 무조건 믿어주거나 상대방을 옹호하고, 아플 때 돕고 돌본다. 건강하면서 호혜적인 관계에서는 그 대가로 동등한 것을 얻기 때문이 아니라 애정과 배려의 표현이기 때문에 이런 행동을 한다. 사실 연구 결과들은 헌신적인 지원이 수혜자뿐 아니라 제공자의 건강에도 혜택을 준다고 말한다.

두 사람이 오랫동안 함께 살면 소파가 누구 소유인가 하는 질문이 더 이상 나오지 않는다는 것은 자원 융합의 구체적인 사례다. 그러나 나는 그런 것들만을 말하는 것이 아니다. 우리는 다른 겹침도 느낀다. 예를 들어, 둘 다 즐겁게 멋진 여행을 했을 때, 여행을 가자는 생각을 누가 내놓았는지는 굳이 기억하고 있지 않다. 또 대화를 하다가 아주 재치 있는 이야기가 나왔는데, 나중에 그 이야기를 다시 언급할 때면 그 말을 원래 누가 했는지 가물가물하다. 이런 자원의 겹침은 정체성 겹침의 한 측면이다. "너"와 "나"보다 "우리"가 더 중요해지는 것이다. 비록 우리는 의식적으로 그렇게 말하지는 않지만, 우리가 사랑에 빠질 때 자원의 이런 급격한 팽창이 수반되며, 이 팽창은 행복감과 흥분을 불러일으킨다. 같은 맥락에서 보자면, 사랑하는 사람을 잃은 뒤에는 상응하는 수준의 강렬한 부정적 수축이 따른다. 사랑하는 이를 잃은 지금 자신이 누구인지, 왜 살아가는지 의문이 들기도 한다. 아이가 세상을 떠났는데, 자신을 여전히 엄마라고 할 수 있을까? 짝 없이는 도저히 살아갈 수 없다고 느낄 수도 있다. 전에 함께 대처하던 상황에 처했을 때 어떻게 해야 할지 도무지 모르겠다고 느낄 수도 있다. 저녁에 귀가했을 때 오늘 있었던 일을 이야기할 상대가 없기에, 거의 아무 일도 없었던 양 느낄 수도 있다.

비애는 애착 욕구를 채워주었던, 따라서 자기 정체성과 세상이 돌아가는 방식의 일부였던 특별한 사람이 사라짐으로써 빚어지는 고통으로 출현한다. 마찬가지로 우리는 비애를 일으키는 다른 상황들도 살펴보면서, 그런 비애가 이 정의 중 어떤 측면들을 지니고 있는지도 알아볼 수 있다. 이혼(또는 이별)으로 겪는 상실도 아주 비슷하다. 퇴직이나 해직을 통한 일자리 상실도 세상에서 자신이 나름의 역할을 하도록 도왔던 정체성의 상실을 낳는다. 자신의 건강 상실, 팔다리나 한쪽 시력의 상실은 모두 기능 상실이면서, 자신의 정체성 중 일부를 상실하는 것으로도 받아들여진다. 나는 뇌의 신경화학 측면에서 볼 때 비애가 원래 사랑하는 이의 죽음에 대처하기 위해서 진화했다고 믿지만, 이런 비슷한 상황들도 그 진화한 능력에 기대며, 우리는 그런 내면의 경험을 비애라고 인식한다.

유명인을 향한 비애

가까운 이를 잃음으로써 우리가 비애에 빠지는 것이라면, 개인적으로 결코 알지 못하는 유명인의 죽음에 왜 그렇게 격렬한 비애에 빠지곤 하는 것일까? 마이클 잭슨은 UCLA 로널드레이건병원에서 사망했다. 당시 내 연구실에서 한 블록 떨어진 곳이었다. 병원 주변의 인도는 꽃과 인형과 카드로 가득 뒤덮였다. 더 최근에 영화배우 채드윅 보스먼의 때 이른 사망 소식에 유례없는 비애의 물결이 온라인을 휩쓸었다. 나는 애착(그리고 결속)이 비애에 아주 중요한 역할을 한다고 말했는데, 그렇다면 개인적으로 결코 알지 못하고 실제로 만난 적도 없는 사람이 세상을 떠났을 때 사람들이 그렇게 몹시 애도하는 모습은 그 말에 어긋나는 사례처럼 보일 것이다.

이런 유형의 비애는 준사회적 비애parasocial grief다. 지극히 현실이며, 유명인의 죽음으로 상실감을 느끼는 이들이 나타나곤 한다는 단편적인 증거 수준을 넘어선다. 우리 뇌의 가상현실 속에는 사람들의 표상이 들어 있으며, 유명인도 우리 마음속에서는 지극히 피부에 와 닿는 존재로서 살아간다. 우리는 유명인의 생활 습관과 생각, 친구와 연인, 좋아하고 싫어하는 것 등에 관한 온갖 정보를 놀라울 만치 많이 접한다. 이런 정보들이 반드시 애착 결속을 형성할 만큼 충분한 것은 아니다. 그러나 애착의 전제 조건이 무엇인지를 생각해보면, 유명인과 우리의 관계도 어느 정도는 그 기준을 충족시킬 것이다. 먼저 상대방은 우리의 애착 욕구를 충족시켜야 한다. 즉 우리가 너무 힘겨워서 기댈 누군가가 필요할 때 그 사람에게 기댈 수 있다는 의미다. 눈앞에 닥친 힘겨운 현실로부터 잠시 도피하고자, 좋아하는 배우(나는 질리언 앤더슨)가 나오는 방송을 죽 훑어보지 않은 사람이 과연 있을까? 나는 오랫동안 외롭거나 슬프거나 짓눌리는 느낌을 받을 때면 워크맨으로 〈작은 지진들Little Earthquakes〉을 계속 들었다. 그 유명인과 교감하면서 보낸 시간—아마도 술의 도움까지 받아가면서 마음이 맞는 이들과 함께 춤추고 소리 지르면서 고조된 감정 상태에서—은 애착 결속의 시간을 흉내 낼 수도 있다.

그러나 애착에는 상대방이 우리를 위해 거기에 있으리라고 믿는 것 외에 다른 측면도 필요하다. 상대방이 다른 사람들과 다르게 특별해 보여야 한다. 우리의 특별한 존재 같아야 한다. 마이클 잭슨이 사망한 뒤, 한 친구는 내게 1980년대에 청소년기를 보낸 흑인들은 마이클 잭슨 팬이거나 프린스 팬이거나 둘 중 하나라고 했다. 고등학교의 복도에서는 누가 더 최고인지를 놓고 끊임없이 논쟁이 벌어졌고, 집에 돌아갈 즈음에는 어느 한쪽에 속해 있었다고 했다. 우리는 자신이 사랑할 유명인을 선택하고, 그 사람과 자신을 동일시하고, 그 사람을 가장 재능이 있거나 멋지거나 최고라고 믿는다. 우리는 음악가와 가깝다고 느끼곤 한다. 어느 누구도 말한 적이 없는 것을 가사를 통해서 들려주므로 신뢰할 수 있다고 느낀다. 어느 면에서 그들은 "우리 자신"이다. 그리고 마치 그들이 우리를 아는 것 같은 느낌도 조금 받는다. 우리가 마음속으로 느끼고 있지만 어느 누구에게도 인정하지 않는 것들을 말하기 때문이다. 우리에게 직접 말을 하는 것이 아니라면, 우리를 깊이 이해하고 있지 않다면, 어떻게 그런 가사를 쓸 수 있겠는가? 유명인의 상실은 우리를 정의하는 데 도움을 준 사람의 상실일 뿐 아니라, 결코 돌아갈 수 없는 인생의 한 시기가 지났다는 비애다. 그 비애는 현실이다. 우리 자신의 일부를 상실했다고 느끼기 때문이다.

자신의 일부를 잃다

내가 연구를 위해서 사별한 사람을 인터뷰할 때 하는 질문 중 하나는 비애의 심각 정도를 측정하는 심리 척도에서 가져 왔다. 한 여성에게 이 질문을 했을 때 그 여성이 보인 반응을 결코 잊지 못한다. "남편이 세상을 떠났을 때 자신의 일부가 죽었다는 느낌이 들었나요?" 그녀는 눈을 동그랗게 뜨면서 나를 바라보았다. 마치 어떻게 알았어요 라고 묻는 듯했다. "바로 그 느낌이었어요."

심리적 친밀함이 다른 사람과 겹쳐짐으로써 서로 아주 가깝다고 느끼게 한다면, 뇌는 그 친밀함을 처리해야 하고 자기 자신과 상대방의 겹친 정도를 계산해야 한다. 차선이 여러 개인 도로를 운전한다고 하자. 당신은 자기 차로의 한가운데로 나아간다. 그런데 그 말이 완전히 정확한 것은 아니다. 어쨌거나 자신의 몸은 차로의 한가운데에 놓여 있지 않다. 그랬다가는 차가 오른쪽 차선에 걸쳐 있을 것이다. 노련한 운전자는 차 전체를 포함하도록 "몸"을 확장하는 법을 금방 터득한다. 우리는 마치 차로 한가운데로 운전을 하는 양 느끼지만, 실제로는 차가 차로의 중앙에 놓이고 우리 몸은 왼쪽으로 치우쳐 있다. 그러면서도 의식하지 못할 때도 많다. 우리의 머릿속에서 자동차와 우리 몸은 겹쳐 있다. 이 경험을 할 때, 뇌는 이 겹침을 계산한다.

비애에 젖은 이들은 마치 환상지처럼 자신의 일부가 사라졌다고 말한다. 팔다리를 잃은 사람들 중에는 환상지 감각을 느끼는 이들이 많다. 팔을 잃었음에도 팔이 가렵다는 감각을 계속 느낀다. 예전에는 환상지를 전적으로 심리적 현상이라고 생각했지만, 이 감각이 실제로 신경 활동임이 연구를 통해 입증되었다. 연구자들은 몸의 지도를 지닌 뇌 영역이 더 이상 말초신경 감각과 일치하지 않음으로써 이런 현상이 일어나는 것이라고 본다.[6] 환상지에서 실제로 발화할 감각 신경이 없음에도, 뇌 지도에서 그 신체 부위를 제외시키는 재배선이 아직 이루어지지 않음으로써, 그 감각은 지속되고 때로 고통스럽게 만든다.

사랑하는 이가 세상을 떠났을 때 우리 자신의 일부를 잃는다는 말이 그저 비유일 뿐이라고 생각할지 모르지만, 앞서 살펴보았듯이 사랑하는 이의 표상은 우리 신경세포에 새겨진다. 환상지가 보여주듯이, 몸의 표상도 신경세포에 새겨진다. 나와 남의 이런 표상들, 이 친밀함은 뇌에서 하나의 차원으로 지도에 담긴다. 따라서 비애에 잠기는 과정은 단지 심리적이거나 비유적인 차원의 변화인 것이 아니다. 비애는 신경 재배선도 요구한다.

거울 뉴런

나와 남의 신경 암호가 겹치는 것도 뇌가 친밀함을 계산한다는 증거다. 이 증거는 또 다른 유형의 과학 연구들을 통해서 구체적으로 드러났다. 거울 뉴런mirror neuron이라는 쉬운 이름을 지닌 신경세포는 우리 자신의 행동과 남의 행동 양쪽에다 발화하도록 되어 있다. 1990년대에 뇌의 전운동영역premotor region에서 발견된 뒤, 몇몇 다른 영역에서도 발견되었다. 나의 행동과 남의 행동에 신경 발화 패턴이 겹치는 것은 흉내 내기를 할 때 볼 수 있다.[7] 원숭이 앞에서 바나나를 쥐는 등 손으로 무언가를 하는 모습을 보여주면, 원숭이 자신이 바나나를 직접 쥘 때와 마찬가지로 그의 동일한 신경세포 중 일부가 발화한다. 달리 말하면, 우리가 자신의 행동을 실행할 때 발화하는 신경세포는 남이 같은 행동을 하는 것을 볼 때에도 대리 발화한다.

거울 뉴런이 많은 관심을 받고 있긴 하지만, 사람의 신경영상은 아직 사람의 거울 뉴런 하나하나를 구분할 수 있는 수준에 이르지 못했다. 사람의 신경영상은 뇌의 영역, 즉 많은 신경세포들로 이루어진 집합을 살펴보는 수준인 반면, 원숭이의 뇌를 살펴볼 때에는 뇌 안에 탐침을 꽂는 방법을 써서 개별 뉴런의 발화 여부를 검출할 수 있다. 이왕 말이 나왔으니 덧붙이자면, 신경수술을 받은 환자의 전기 기록을 통해서 거울 뉴런 활성을 살펴본 연구가 한 건 있긴 했다. 사람에게서 얻은 증거가 그렇게 아주 적긴 해도, 원숭이 같은 가까운 영장류와 사람의 신경계가 전혀 다르게 작동할 것이라고 믿을 이유는 없다.

우리가 누군가와 얼마나 가깝든 간에, 우리는 여전히 나와 남을 구별할 수 있다. 한 영장류 연구에서는 두 원숭이에게 각자 바나나를 주었다. 원숭이 1의 뇌 신경세포들을 나타내는 벤다이어그램을 상상해보자. 왼쪽 원은 원숭이 1이 자신이 바나나를 들고 있다고 생각할 때 발화하는 신경세포, 오른쪽 원은 원숭이 1이 원숭이 2가 바나나를 들고 있다고 생각할 때 발화하는 신경세포를 나타낸다. 두 원은 조금 겹친다. 즉 원숭이 1이 자신이 바나나를 들고 있다고 생각할 때와 원숭이 2가 들고 있다고 생각할 때 동일하게 발화하는 신경세포가 있다는 뜻이다. 그러나 겹치지 않는 부분도 있다. 설령 겹치는 신경세포들이 정체성이 겹치고 경험이 공유된다는 증거임을 시사하지만, 이는 원숭이 1이 자신의 행동과 남의 행동을 구별할 수 있음을 의미한다. 이런 유형의 친밀함은 사람에게서도 볼 수 있다.

공감적 관심

신경 기구 덕분에 우리는 누군가를 가깝다고 느낄 수 있고, 그 기구에는 남의 행동을 마치 우리가 직접 하고 있는 양 느낌으로써 그 행동을 반영하는 뉴런도 포함된다. 나는 이런 신경과학적 발견들을 이용해서 우리가 사랑하는 이와의 겹침을 어떻게 느끼는지, 상대방이 사망할 때 어떤 일이 일어나는지를 설명하고자 노력해왔다. 이를 인접 비애grief adjacent라는 개념으로까지 확장할 수 있다. 비애에 젖은 사람의 주변에 있을 때 어떻게 느끼는가이다. 친구가 애도에 젖어 있을 때, 자신의 일부를 잃었다는 감정에 적응하는 법을 배우고 있을 때, 그를 돌보는 이들은 그 슬픔에 영향을 받는다. 때로는 아주 깊이 영향을 받기도 한다.

슬픔이 얼마나 전염성이 강한지 알면 놀랄 것이다. 우리는 스스로 동일한 감정을 모사함으로써, 남이 느끼는 감정을 느낄 수 있다. 과학은 눈을 조사함으로써 그렇다는 것을 보여주었다. 눈은 설령 영혼까지는 아니라고 해도, 감정 상태의 유리창이기 때문이다. 영국 정신의학자 휴고 크리츨리Hugo Critchley

와 닐 해리슨[8]은 학생 자원자들에게 행복하거나 슬퍼하거나 화난 표정을 찍은 얼굴 사진들을 보여주었다.[8] 학생들은 알지 못했지만, 이 사진들은 디지털 방식을 써서 눈동자 크기를 바꾼 것들이었다. 아주 조금 바꾼 것부터 크게 바꾼 것까지(실제 생물학적 한계 내에서) 다양했다. 학생들은 사진의 눈동자가 아주 작을 때 표정이 더 슬프다고 평가했다. 전염성을 생각할 때 더 중요한 점은 눈동자의 크기 차이가 일부 학생들에게 슬픔의 세기를 평가하는 데 큰 영향을 미쳤다는 사실이다. 눈동자의 차이에 아주 민감한 학생들은 공감 척도도 높게 나왔다. 그리고 슬픈 표정의 사진에서 눈동자가 더 작을수록, 동공측정계로 잰 학생의 눈동자도 더 많이 수축되었다. 관찰된 사람의 눈동자가 관찰자의 감정적 경험과 생리에 영향을 미치는 등 이런 유형의 감정 전염은 관찰자가 의식하지 못하는 상태에서도 일어난다. 학생들은 사진에 반응하여 자신의 눈동자 크기가 달라진다는 것을 알지 못했다. 우리는 주변 사람들이 무엇을 느끼고 있는지를 알려주는 단서에 민감하고 그래서 그들에게 영향을 받도록 진화한 듯하다. 다시 말해, 친밀함의 신경 구성단위를 갖추고 있다.

감정 전염은 안 좋을 수도 있다. 원숭이가 거울 뉴런만을 지닌다면 어느 쪽이 바나나를 쥐고 있는지 모를 것이다. 마찬가지로 우리에게 가까운 모든 사람이 느끼고 있는 것을 그대로 느낀다면 우리는 압도당할 수 있고, 그들이 슬퍼하거나 화를 낸다면 그들과 거리를 두고 싶어질 수도 있다. 그러나 현재 과학자들은 공감과 연민을 구분한다. 연민은 남이 느끼는 것에 민감한 한편으로, 남의 안녕을 염려하려는 동기도 지니는 것이라고 정의된다. 시카고 대학교 신경과학자 진 디세티Jean Decety는 공감에 사실상 세 가지 측면이 있다고 설명한다. 인지적 관점 취하기cognitive perspective taking, 정서적 공감emotional empathy, 연민compassion이다.

공감의 인지적 측면은 자신의 감정과 상관없이, 남의 관점을 보거나 상상하는 능력이다. 누군가와 마주보면서 앉아 있을 때, 우리는 남의 뒤쪽으로 보이는 장면을 그 사람이 볼 수 없다는 사실을 안다. 그러나 우리는 남의 관점을 취할 수 있기에, 누군가가 남의 뒤쪽에서 방으로 들어온다면 마주 앉은 사람은 그 사실을 알아차리지 못하리라는 것을 이해한다. 사람이 왔다고 알려주어야 할 것이다. 남의 관점을 취하는 능력은 공감의 인지적 측면의 한 사례다. 반면에 정서적 공감은 남이 느끼는 방식으로 느끼는 것이다. 예를 들어, 자신과 친구가 같은 자리를 놓고 승진 경쟁을 하다가 자신이 승진한다면, 당신은 기쁜 한편으로 친구의 입장에서 친구의 실망을 느낄 것이다. 그리고 연민, 즉 염려는 공감을 넘어선다. 자신이 상대방의 관점을 취할 수 있고, 상대방이 어떻게 느끼는지를 알 수 있을 때 그 사람을 돕거나 위로하려는 동기를 품게 된다.

사별한 사람이 여기, 지금, 가까이의 차원을 잃었을 때, 그들은 강렬한 감정을 느낄 수도 있고 멍한 기분에 빠질 수도 있다. 인접 비애를 느끼는 친구의 연민은 당신과 사랑하는 이의 "우리"라는 겹쳐진 감각이 찢겨나가면서 생긴 구멍을 메우지는 못할 것이다. 그러나 친구는 당신이 삶을 추스르기 시작할 때, 그 구멍 주변을 지탱할 것이다. 적어도 당신의 삶이 뒤엎어지면서 일어난 혼란을 헤쳐 나가는 데 도움을 줄 것이다. 그 주제는 장을 바꾸어서 살펴보기로 하자.

~~~ 3장 ~~~

마법 같은 일이 일어날 것이라 믿다

사랑하는 이가 영구히 떠났다는 사실을
받아들이기까지 왜 그렇게 오래 걸릴까

　몇 년 전 나보다 나이가 많은 동료 한 분이 세상을 떠났다. 그 뒤로 몇 달 동안 나는 그의 아내와 이따금 만나서 이야기를 나누었다. 그녀의 남편은 저명한 수면 연구자로 학술대회에 참석하러 출장을 많이 다녔다. 어느 날 함께 저녁식사를 하는데, 그녀는 고개를 절레절레 저으면서 그가 세상을 떠났다는 느낌이 들지 않는다고 했다. 그저 출장을 갔을 뿐이며, 언제든 다시 문을 열고 들어올 것 같다고 했다. 우리는 비애에 잠긴 이들로부터 이런 말을 종종 듣는다. 이런 말을 하는 사람들이 망상에 빠진 건 아니다. 왜냐면 그들은 진실을 알고 있기 때문이다. 그들은 감정적으로 너무 두려워서 상실이라는 현실을 받아들이지 못하는 것도 아니고, 현실을 부정하는 것도 아니다. 이런 믿음을 잘 보여주는 또 하나의 유명한 사례는 조앤 디디온Joan Didion의 책 『상실The Year of Magical Thinking』이다. 디디온은 사별한 남편의 신발을 버릴 수 없었다고 설명한다. "그에게 다시 필요할지 모르니까." 우리는 사실이 아님을 알면서도, 왜 사랑하는 이가 돌아오리라고 믿는 것일까? 이 역설의 답은 우리 뇌의 신경계에서 찾을 수 있다. 신경계 회로들은 지식의 서로 다른 측면들을 생성하여 우리의 의식으로 보낸다.

사랑하는 이가 사라진다면, 우리 뇌는 그 사람이 멀리 가 있으며 나중에 돌아올 것이라고 가정한다. 여기, 지금, 가까이라는 차원에, 즉 우리의 차원 세계에 더 이상 존재하지 않는다는 생각은 논리적이지 않다. 5장에서 우리는 그 사람을 찾고 싶어하는 이유를 신경생물학적으로 더 살펴볼 것이다. 이 장에서는 이 질문에 초점을 맞추기로 한다. 왜 우리는 그 사람을 찾을 것이라고 믿을까?

진화의 기여

심리학자 존 아처John Archer는 『비애의 본질The Nature of Grief』에서 설령 증거가 아니라고 말할 때에도, 사랑하는 이가 돌아올 것이라고 믿는 강력한 동기를 갖도록 우리가 진화했다고 지적했다. 우리 종이 진화한 초창기에, 짝이 식량을 구해서 돌아올 것이라고 믿은 이들은 계속 아이와 함께 남아 있었다. 짝을 기다리는 부모의 자식은 생존 가능성이 더 높았다. 우리는 동물계에서 이 현상을 관찰한다. 다큐멘터리 〈펭귄의 위대한 모험March of the Penguins〉에서 황제펭귄 아빠는 혹독한 남극점에서 알을 품고 있고, 엄마는 먹이를 구하러 멀리 얼음 낀 바다로 향한다. 아빠가 알을 품고 있으려는 열의는 놀라울 정도다. 수컷은 짝이 돌아올 때까지 약 4개월 동안 아무것도 먹지 않은 채 버틴다. 말이 나온 김에 덧붙이자면, 동성 부부인 펭귄도 마찬가지로 훌륭한 부모라는 사실이 밝혀졌다. 센트럴파크 동물원의 수컷 동성 부부 펭귄인 로이와 사일로는 알을 품어 부화시켜서 탱고라는 귀여운 아기 펭귄을 길렀다.[1]

부모가 누구인지에 상관없이 여기서 핵심은 부모 중 한쪽이 남극대륙에서 짝이 먹이를 갖고 돌아올 것이라고 아주 오랫동안 믿고 기다려야 한다는 것이다. 짝이 돌아오지 않을 것이라고 판단하고 수컷도 물고기를 잡으러 바다로 떠난다면, 알이나 새끼는 죽는다. 짝이 돌아올 것이라고 계속 믿고 기다리는 펭귄은 훨씬 더 성공을 거둔다. 이 영화에는 수천 마리의 펭귄이 등장하는데, 돌아온 암컷은 수컷의 독특한 울음소리를 듣고 짝을 찾아낸다. 이 아주 놀라운 능력도, 이들이 정말로 기이한 동물이라는 인상에 한몫한다.

몇 달 동안 굶으면서 알을 계속 품고 있도록 부모에게 동기를 부여하는 것이 무엇일까? 이 애착의 메커니즘, 짝 사이의 보이지 않는 밧줄을 생성하는 것이 과연 무엇일까? 부모 사이의 결속은 압도적이다. 겨울 초입에 펭귄들은 목을 서로 얽은 채 서로에게 달콤한 소리를 들려주면서 시간을 보낸다. 그럴 때 그들의 뇌에는 생리적 변화가 일어난다. 신경세포들은 이 특정한 펭귄의 기억을 새긴다. 이 특정한 펭귄의 모습, 냄새, 소리를 잊지 않도록 신경세포에 표지를 붙인다. 뇌에서 짝은 그저 알아볼 수 있는 펭귄 중 한 마리에서 대단히 중요한 펭귄으로 지위가 상승한다. 짝과 떨어져서 알을 품고 있는 내내 짝에 관한 기억은 그저 그런 수많은 기억 중 하나가 아니다. 특정한 믿음이나 동기와 결부된 기억이다. "이 펭귄이 돌아올 때까지 기다려. 특별한 펭귄이야. 내게 속한 펭귄이야." 사람도 마찬가지다. 특정한 신경세포들이 함께 발화하고 특정한 단백질들이 뇌에서 특정한 방식으로 접히는 것은 바로 사랑하는 이가 존재했기 때문이다. 사랑하는 이가 더 이상 바깥 세상에 존재하지 않음에도 여전히 물리적으로 존재하는 이유, 우리 뇌의 신경세포에 새겨져 있는 이유는 그 사람이 세상에 살았기 때문이며, 서로 사랑했기 때문이다.

영장류의 슬픔

〈펭귄의 위대한 모험〉이 사랑하는 이가 돌아올 것이라고 계속 굳게 믿을 때 어떤 일까지 할 수 있는지를 보여주는 생생하면서 유용한 사례이긴 하지만, 과학적 증거는 아니다. 아무튼 우리는 펭귄의 후손이 아니다. 진화 증거를 찾는 또 다른 방법은 우리와 공통 조상을 지닌 동물들의 행동을 살펴보는 것이다. 침팬지는 지금 살고 있는 동물 중 우리와 가장 가까운 친척이며, 둘 다 유인원 공통 조상에서 유래했다.

전 세계에는 과학적으로 관찰된 침팬지 사회가 몇 곳 있다. 제인 구달Jane Goodall이 연구해서 유명해진 곰베강의 침팬지 무리, 교토 대학교 영장류연구소의 연구자들이 조사한 보소 지역의 침팬지 무리가 대표적이다. 이 고도로 진화한 침팬지의 어미는 새끼가 죽으면, 며칠 동안 계속 안고 다닌다. 침팬지(그리고 때로는 다른 유인원과 원숭이)의 어미는 새끼가 죽은 뒤에도 계속 안고 다니면서 털을 골라주곤 한다. 며칠에서 한 달, 심지어 때로는 두 달까지도 그렇게 한다. 연구자들은 이런 사례를 수십 번 보았으며, 누가 언제 어디에서 어떻게 그런 행동을 하는지를 상세히 관찰했다. 마스야라는 어미 침팬지는 죽은 새끼를 사흘 동안 안고 다니면서, 때때로 새끼의 얼굴을 유심히 들여다보곤 했다.[2] 털도 계속 골라주었고, 자신이 먹거나 움직이기 어려움에도 죽은 새끼를 계속 조심스럽게 안고 다녔다. 침팬지 어미가 새끼를 안고 다니는 것은 아주 특이한 행동이다. 어미는 나뭇가지에 매달리는 등 다양한 활동을 하려면 두 팔을 자유롭게 써야 하므로, 대개 새끼가 자기 팔로 어미의 몸에 매달려 있다. 이런 행동을 하는 동안 마스야는 무리의 침팬지들을 멀리 했고, 자신의 털도 고르지 않았다. 새끼에게 젖을 주려는 행동은 한 번도 하지 않았다. 이는 새끼가 더 이상 살아 있지 않다는 사실을 안다는 것을 시사했다. 같은 무리에 속한 침팬지들은 연민 어린 행동을 보였다. 마스야가 새끼에게만 몰두하고 있는 동안, 다른 침팬지들이 와서 마스야의 털을 골라주기 시작했다. 마스야의 행동은 서서히 변해갔다. 새끼를 안고 지키려는 행동이 점점 약해지다가 이윽고 새끼의 사체를 영구히 놔두고 떠났다. 한 연구진은 침팬지 새끼 한 마리가 감염 의심이 드는 병에 걸려 죽자, 나흘 뒤에 사체를 옮겼다. 그러자 어미는 온종일 울어대면서 새끼를 찾아다녔다. 어미가 스스로 새끼를 떠날 수 있도록 기다렸을 때에는 이런 행동이 관찰되지 않았다.

새끼의 사체를 안고 다니는 사이에 어미는 새끼의 죽음을 명확하게 인지하게 된다. 애착이 빚어내는 믿음, 즉 이 특별한 존재가 언제나 곁에 있을 것이라는 주술적 사고는 어미가 이 과정을 통해 현실을 접하면서 틀렸음이 드러난다. 장례식, 철야 기도, 추도식 같은 인류의 문화 행사도 비슷한 목적에 쓰일 가능성이 높다. 추도식을 준비하면서 우리는 집안사람들과 친구들에게 사망 소식을 알리고 위로의 말을 듣는다. 나는 아버지의 임종 다음날 아침에 일어나서 동생이 추도식장에 가져가려고 만든 꽃다발 장식이 식탁에 놓인 것을 본 일이 생생하게 기억난다. 동생이 시간을 들여서 꽃병과 리본을 고르고 꽃다발을 만든 것이 아버지의 죽음을 받아들이려는 나름의 방식임을 알아차릴 수 있었다. 집안사람들과 친구들이 특별한 옷차림을 하고 멀리서 와서 포옹과 미소와 애정을 보여줄 때, 우리는 그 순간을 다르게 기억하게 된다. 죽음이라는 사실을 우리의 기억에 각인시키는 시간이다. 장례식 때 관에 누운 사랑하는 이의 시신이나 화장한 유골을 보는 일도 많으며, 그런 장면도 그 몸이 사랑하는 이의 영혼을 담은 그릇이 더 이상 아니라는 물리적 증거를 제시한다. 이런 행사를 통해서 공동체는 이 사람이 돌아오지 않으리라는 것을 인정하고 행동을 통해 명시적으로 보여준다. 사별한 사람이 그때까지 아직 온전히 받아들이지 못했을 수도 있는 사실을 인정하도록 만든다. 이제 우리는 장례식의 기억을 갖게 되고, 그 뒤로 이런 기억은 주술적 사고에서 빠져나오도록 얼마간 도움을 줄 것이다. 즉 추도식은 사랑하는 이가 사라졌다는 도저히 믿기지 않는 새로운 인식을 남들과 나누는 방식이다.

기억

사별한 이들이 들려주는 이야기들을 진지하게 받아들인다면, 뇌는 상호 배타적인 두 가지 믿음을 고수하는 듯하다. 우리는 한편으로는 사랑하는 이가 세상을 떠났다는 사실을 뚜렷이 알고 있으면서도, 다른 한편으로는 그 사람이 돌아올 것이라는 주술적 믿음도 지닌다. 사랑하는 이가 사망했을 때, 우리는 사망 사실을 알게 된 순간의 기억을 지닌다. 이 기억은 동생이 사망했다는 소식을 전하는 전화일 수도 있다. 그 순간의 상황은 머릿속에 상세히 새겨진다. 자신이 주방에서 요리를 하는 중이었고, 실내가 얼마나 더웠고, 양파 냄새가 얼마나 진했는지까지 기억한다. 이런 기억을 우리는 일화 기억episodic memory 이라고 한다. 특정한 사건에 관한 상세한 기억이다.

죽음의 기억이 그 일이 일어난 때 바로 그 자리에 있음으로써 형성될 수도 있다. 2015년 여름 아버지가 돌아가셨을 때, 여동생과 우리 가족과 친한 한 분 그리고 나는 아버지가 택한 호스피스 병원에서 교대로 병실에서 자면서 아버지를 지켜보았다. 그 일이 일어난 밤에 나는 아버지께 잘 주무시라는 인사를 했다. 더 이상 아무런 반응을 보이지 않았지만, 그래도 했다. 그리고 병실의 작은 소파에서 몇 시간쯤 눈을 붙였다. 그러다가 한밤중에 문득 경외심이 차오르면서 잠이 깼다. 며칠째 자주 느끼곤 하던 감각이었다(몹시 피곤하다는 느낌과 과연 얼마나 계속할 수 있을까 하는 의구심과 더불어). 나는 아버지의 상태를 살펴본 뒤 산책을 했다. 한적한 시골 몬태나의 밤하늘에 가득한 별들을 보면서 나는 비슷하게 경외심을 느꼈다. 도시의 불빛에서 아주 멀리 떨어진 곳에 있으면, 별이 너무나 많다는 사실을 알게 된다. 밤하늘에 반짝이는 모래알들이 흩어진 것처럼 보인다. 나는 병원을 빙 둘러 놓은 산책길을 걸었다. 다시 병실로 돌아가니, 아버지는 여전히 아주 느리게 호흡하고 있었다. 저토록 적게 호흡을 하면서 생명을 유지할 수 있다니 정말로 경이롭다고 생각했다. 그리고 다시 잠을 청했다. 새벽 무렵에 간호사가 내게 몸을 숙이면서 어깨에 손을 댔다. "돌아가신 것 같아요." 그녀의 말에 나는 아빠에게 다가갔다. 아빠는 너무나 평화로운 모습이었다. 너무나 작게, 노인인 동시에 아기처럼 보였다. 몇 시간 전과 똑같아 보였다. 아주아주 느리던 호흡이 완전히 끊겼다는 점만 달랐다.

즉 내가 겪은 아버지의 사망은 극도로 평화로웠고 경외심으로 차 있었으며, 나는 곧이어 사랑하는 이들과 의료진에게 위로를 받았다. 나는 그 순간 일어난 일에 진정으로 집중할 수 있었고, 돌이켜볼 때도 몹시 슬프긴 하지만 그래도 대개는 아주 평온한 마음이었다. 나는 내가 아주 운이 좋은 사람이라고 생각한다. 호상이라고 부를 수밖에 없는 경험을 했기 때문이다. 아버지가 평온한 죽음을 맞이할 수 있게 호스피스 과정을 택한 덕분도 있었다. 전혀 그렇지 못한 죽음도 많다. 사람들은 사랑하는 이가 죽는 순간에 두려움, 공포, 고통, 무력감, 심지어 분노까지도 겪곤 한다. 사고 현장이나 응급실에서, 폭력적이거나 끔찍한 상황에서 그런 일이 벌어진다면 더욱 그렇다. 코로나 대유행 때 많은 이들은 병원에 있는 사랑하는 이를 만날 수도 없었고, 임종 때 곁을 지킬 수도 없었다. 작별 인사 즉 사랑이나 감사나 용서를 표현할 기회도 없고, 사랑하는 이의 심신이 쇠약해지고 사망에 이르는 과정을 지켜본 기억도 없다면, 그 죽음의 "현실성"이 모호해질 것이다. 한 연구에 따르면, 정치적 분쟁이나 실종, 항공기 추락이나 전쟁으로 가족이 사라지는 막연한 상실이 애도 과정을 더 복잡하게 만든다고 했다. 그 이유는 우리 뇌의 일부에 사랑하는 이가 결코 정말로 사라진 것이 아니라고 믿도록 회로가 새겨져 있고, 그 사람의 쇠약이나 죽음의 기억이라는 압도적인 증거가 없이는 이해의 회로를 갱신하는 데 더 오래 걸리거나 더 큰 고통을 가져오기 때문이다.

습관

기억은 극도로 복잡하다. 다행히도 기억은 많은 신경과학자와 인지심리학자가 오랫동안 연구해 온 영역이기에, 뇌에서 기억이 어떻게 작동하는지가 꽤 많이 밝혀져 있다. 뇌는 매일의 모든 순간을 기록하여 영구 저장하는 캠코더처럼 작동하는 것이 아니다. 기억을, 우리가 무언가를 떠올릴 때마다 뇌가 파일 폴더에 저장된 동영상을 열어 재생하는 것이라고 상상하는 사람도 있을 것이다. 그러나 사실 기억은 음식을 요리하는 것에 가까운 방식으로 작동한다. 우리 기억의 재료들은 뇌의 여러 영역에 흩어져 저장되어 있다. 우리가 어떤 사건을 떠올릴 때, 이 재료들은 다 불려 와서 시각과 청각과 후각의 측면들, 그 사건이 우리에게 일으킨 감정, 당시 있던 사람들의 모습, 우리가 다양한 사건들을 보면서 얻은 관점 등의 혼합물이 된다. 케이크가 밀가루, 설탕, 달걀의 조합이 아니라 하나의 실체로 보이듯이, 기억은 과거에 일어났던 한 사건의 종합 경험으로서 우리에게 보인다. 그러나 모든 케이크가 케이크로 식별되긴 해도, 초콜릿 맛이나 바닐라 맛처럼 케이크마다 맛이 다르다. 마찬가지로 기억을 떠올릴 때 우리의 기분이 좋은지 나쁜지에 따라서 그 기억에 들어가는 재료도 달라진다. 회상한 기억은 더 밝을 수도 있고 더 달콤씁쓸할 수도 있다. 아버지의 임종을 떠올릴 때, 내 기억은 때로 당시 내가 느꼈던 놀라움이 아니라 피곤함이 주를 이루기도 한다. 또 설령 간호사가 내 어깨를 만졌는지 아니면 그냥 말로 나를 깨웠는지 확실치 않을지라도, 나는 머릿속에서 펼쳐지는 그 일화 기억을 알아볼 수 있다.

기억 덕분에 우리는 우리가 겪은 상황으로부터 무언가를 배울 수 있고, 사랑하는 이의 죽음 같은 중요한 사건을 뇌의 데이터베이스에서 우선순위에 놓을 가능성이 높다. 우리는 일화 기억을 지식의 한 유형, 즉 인생에서 중요하기 때문에 뇌가 찾아보는 특정한 사건이나 순간의 지식이라고 생각할 수도 있다.

『나니아 연대기』의 저자 C. S. 루이스C. S. Lewis도 아내가 세상을 떠난 뒤 『헤아려 본 슬픔A Grief Observed』이라는 애절한 깨달음을 담은 책을 냈다. 그는 책에서 이렇게 썼다.

나는 슬픔이 왜 어중간한 상태처럼 느껴지는지 이제 좀 이해할 것 같다. 습관이 되었던 수많은 충동이 좌절을 겪으면서 슬픔이 빚어진다. 내 숱한 생각과 감정과 행동은 모두 목표가 있었다. 지금 그 목표는 사라지고 없다. 나는 습관적으로 화살을 활에 메겼다가 그 사실을 떠올리고는 활을 다시 내려야 한다. 너무나 많은 길들이 H에 대한 생각으로 이어진다. … 예전에는 수많은 길이 있었다. 그 많던 길이 이제는 막다른 골목이 되었다.

형제가 사망했다고 알리는 전화 속의 목소리나 병원 침대에서 호흡이 멈춘 아버지의 모습처럼, 비애에 잠겨 있을 때 우리는 아주 중요한 일화 기억을 되풀이하여 회상하곤 한다. 우리 뇌의 한 영역이 그 기억을 펼칠 때, 다른 영역은 그 사람의 부재로 생긴 새로운 경험들을 모아서 새로운 예측, 새로운 습관, 새로운 루틴을 개발한다. 이 지식은 사랑하는 이가 당장은 여기, 지금, 가까이에 있지 않다고 해도 어딘가에 있다는 주술적 믿음과 상반된다.

상호 배타적인 두 믿음

양립할 수 없는 이 두 믿음, 즉 사랑하는 이가 세상을 떠나고 없다는 믿음과 다시 볼 수 있다는 믿음을 체험한다는 것이야말로 인간 본성의 가장 잔인한 측면일지 모른다. 이 모든 일이 일어나는 동안, 뇌는 그 사람의 지속적인 표상, 즉 자신의 가상 세계에 사랑하는 이의 아바타를 간직하고 있다. 이 표상의 암호화는 부모가 아기에게 젖을 먹일 때나 부부의 내밀한 순간에 이루어진다. 애착의 결과로 자신만이 지니게 된 이 표상은 본질적으로 우리가 그 사람이 존재한다는 것을 너무나 철저히 믿기에 결코 끝나지 않을 관계를 만들어낸다는 것을 말해준다. 여기, 지금, 가까이에 있다는 지속적인 믿음이다. 사랑하는 이의 정신적 표상을 만드는 알고리듬 역할을 하는 신경 연결은 영구히 암호로 새겨진다. 세계에 관한 우리의 계획, 기대, 믿음은 이 암묵 지식implicit knowledge, 즉 사랑하는 이가 돌아오거나 발견될 것이라는 믿음에 영향을 받는다. 주술적 사고를 빚어내는 것이 바로 이 암묵 지식일 수도 있다.

암묵 지식은 의식의 문턱 아래에서 작용하면서 우리의 믿음이나 행동에 영향을 미친다. 암묵 지식이 의식의 문턱 아래에서 작동한다면, 과학자들은 그것이 존재하는지 어떻게 알까? 사람이 자신의 지식을 말로 표현할 수 없다면, 우리는 이 지식이 그 사람의 행동에 미치는 영향만을 볼 수 있다. 그러나 뇌의 특정 영역에 손상을 입은 사람들을 신경과학적으로 연구한 이들은 신경 기구가 암묵 지식을 형성한다는 설득력 있는 증거를 내놓았다. 보스웰Boswell[3]이라는 유명한 환자는 사고로 뒤통수엽과 그 안쪽의 해마와 편도체가 손상을 입어서 새로운 기억을 형성할 수 없었다. 이런 유형의 기억 장애, 즉 새로운 기억을 형성하는 능력의 상실을 사건후기억상실(전향기억상실) anterograde amnesia이라고 한다. 보스웰은 사고 이후에 15년을 사는 동안 누구를 만나든 간에 그 사람을 전혀 알아보지 못했다. 매일 같이 보는 사람조차도 알아보지 못했다.

그러나 보스웰은 여전히 사람들에 관한 암묵 지식은 갖고 있었는데, 이는 그의 행동을 세밀하게 조사한 결과 드러났다. 연구진은 보스웰이 한 특정한 보호자에게 더 의존한다는 것을 알아차렸다. 즉 그 보호자를 알아보지도 못하고 그 사람의 이름조차도 연구진에게 말할 수 없었음에도, 다른 직원들보다 그 사람을 더 선호한다는 것이 드러났다. 그는 그 보호자를 언제 어디에서 어떤 상황에서 만났는지 일화 기억을 전혀 지니고 있지 않았다. 그는 다른 지식을 토대로 그 보호자를 선호하는 태도를 형성한 듯했다. 또 연구진은 이 특별한 보호자가 보스웰에게 아주 친절했고 간식도 자주 주었다는 점도 알아차렸다.

통제된 조건에서 보스웰이 뇌가 손상되었음에도 암묵 지식을 형성한다는 점을 보여주기 위해서, 연구자 대니얼 트래널Daniel Tranel과 안토니오 다마지오Antonio Damasio는 그에게 특수한 유형의 학습 과제를 제시했다. 그들은 보스웰에게 새로운 사람 3명을 소개한 뒤, 그 3명에게 5일 동안 서로 다른 시간에 그와 상호작용을 하도록 했다. 3명을 각자 좋은 사람, 나쁜 사람, 무심한 사람이라고 하자. 좋은 사람은 보스웰을 칭찬하고, 보스웰에게 친절하고, 껌을 주고, 요청하는 것은 무엇이든지 받아주었다. 나쁜 사람은 칭찬을 하지 않고 보스웰에게 아주 지루한 일을 해달라고 하고, 모든 요청을 거부했다. 무심한 사람은 그에게 아무런 요구도 하지 않는 대신에 아무런 요청도 받아들이지 않으면서 깔끔하지만 형식적으로 대했다. 그런 뒤 6일째에 보스웰이 이 사람들에 관한 지식을 지니고 있는지 검사했다. 사진을 보여주었을 때 보스웰은 그 세 명을 전혀 기억하지 못했고, 이름도 몰랐다. 이어서 연구진은 3명 외에 보스웰이 만난 적이 없는 또 한 사람까지 4명이 함께 찍은 사진을 보여주면서, 가장 좋아하는 사람이 누구인지 물었다. 그러자 보스웰은 일관되게 좋은 사람을 더 높은 확률로 고르고, 나쁜 사람을 더 낮은 확률로 골랐다. 더욱 흥미로운 점은 자동적인 반응인 손가락에서 배어나는 땀의 양을 측정했을 때, 보스웰이 다른 사람들보다 좋은 사람에게 더 강한 생리적 반응을 보였다는 사실이다. 보스웰은 좋은 사람에 관해 연구진에게 아무것도 말할 수 없었지만, 그의 뇌 어딘가에는 좋은 사람에 관한 암묵 지식이 들어 있었다.[4]

우리는 사랑하는 이와의 특별한 일화 기억들을 지니며(결혼식의 기억 등) 사랑하는 이는 우리의 많은 습관의 일부이지만(소파에서 서로 가까이 붙어 앉는 것 등), 우리는 사랑하는 이에 관한 의미론적 암묵 지식도 지닌다(사랑하는 이가 언제나 우리 곁에 있을 것이고, 우리에게 특별한 존재라는 믿음).

암묵 지식은 일화 기억이 저장되는 곳과 다른 뇌 회로에 저장된다. 즉 우리가 사랑하는 이에 관해 서로 다른 회로에서 나오는 서로 다른 정보에 의존한다는 의미다. 각 회로는 나름의 방식으로 우리의 생각, 감정, 행동에 영향을 미친다. 사랑하는 이가 세상을 떠났을 때, 시간이 흐르고 경험이 쌓이면서 우리는 그 죽음의 일화 기억을 참조할 수 있게 된다. 더 이상 우리 곁에 없다는 사실을 안다. 그러나 암묵 지식은 갱신하기가 훨씬 어렵다. 사랑하는 이를 다시 볼 수 있는데 충분히 열심히 찾지 않았으며, 우리가 더 나은 방법을 써서 더 열심히 찾으려고 하면 우리에게 다시 돌아올 것이라는 애착 관련 믿음을 담당하기 때문이다. 이 암묵 지식은 일화 기억과 충돌하므로, 우리는 이 암묵적인 주술적 사고를 인정할 가능성이 더 적다. 나는 이 충돌하는 정보 흐름들을 사라졌음에도 존속하기 이론gone-but-also-everlasting theory이라고 부르며, 비애가 그토록 오래 이어지는 이유가 바로 이 충돌 때문이라고 본다.

일화 기억, 습관, 암묵 지식은 모두 우리가 세계를 이해하고 예측하고 그 세계에서 활동하는 방식에 영향을 미친다. 그것들은 서로 충돌할 수도 있지만(일화 기억은 사랑하는 이가 세상을 떠났다고 말하는데, 암묵 지식은 아니라고 고집하는 것처럼), 우리가 사랑하는 이가 없이 살아가는 법을 배우는 동안 모두 갱신되어야 한다.

애도에서 벗어나는 데 왜 오래 걸릴까

나는 새 학기가 되면 몇 주 사이에 학생들의 이름을 다 알게 되고 그들의 성장 배경에 관한 정보들도 모을 수 있었다. 언제나 대답을 할 만한 학생이 누구일지도 감을 잡는다. 웃기고 박식한 학생이 누구인지, 강의 시간에 스스로 나서서 말을 하지 않으려는 학생이 누구인지도 알게 된다. 더 나아가 이 지식을 종합해서 토의 시간에 간결하게 답할 수 있도록 수줍음이 많은 학생에게는 단순한 사실을 묻는 질문을 하고, 더 응용력을 요하는 질문은 자신이 이해한 바를 기꺼이 발표하려는 학생에게 던진다. 사람들에 관한 이 많은 정보를 기억하고, 떠올리고, 사용한다. 그러나 이런 온갖 정보를 지녔다고 해서 다음 학기에 그 학생들 중 누군가가 강의실에 다시 나타난다고 믿게 되는 것은 아니다. 애도는 다르다. 애도는 시간이 더 걸린다. 사라졌음에도 존속하기 이론은 애도가 다른 유형의 학습과 다르다고 말한다. 죽은 이가 계속 살아 있다는 암묵적인 믿음이 새현실을 배우는 일을 사실상 방해하기 때문이다. 다시 말해 일화 기억과 습관은 애착을 통해 형성된 암묵적인 주술적 사고와 충돌하며, 이 충돌은 애도를 극복하는 시간을 늘린다. 지난 학기에 배운 학생이 새 학기에 다시 나타나지 않으리라는 것은 이해하기 어렵지 않다. 다시 나타날 이유가 전혀 없기 때문이다. 그러나 사랑하는 이가 여기, 지금, 가까이에 있을 것이라는 정보가 내 뇌의 일부에 계속 남아 있을 때 그 사람이 세상에 더 이상 없다고 믿으려면, 납득하는 데 시간이 걸릴 뿐 아니라 쉽지도 않다. 이런 양립할 수 없는 믿음들을 해소해야 하기에 사별을 받아들이는 학습은 방해를 받는다.

애도가 새 정보를 학습하거나 세계에 관한 새로운 인과적 예측을 하거나 일상생활을 위한 새 습관을 들이는 것처럼 단순하다면, 그 학습에 여러 달이 걸릴 것이라고 예상하지 않을 것이다. 모든 새 지식에 습득할 시간과 경험이 필요하다는 것은 맞지만, 다른 유형의 지식에 비해 많은 이들이 애도에서 헤쳐 나오는 데 더 긴 시간이 걸린다는 것은 다른 무언가가 더 관여함을 시사한다. 양립 불가능한 믿음 같은 것들이다. 이 새로운 지식이 자리를 잡으려면 사별의 아픔을 겪는 동안 삶을 더 충실하게 살아가려는 의지가 필요하다. 상실기에 일상생활에 몰두하는 문제는 8장과 9장에서 다룰 것이다.

자신이 주술적 사고를 하고 있음을 깨닫기

비애는 누군가를 사랑하는 데 드는 비용이다. 결속은 우리의 배우자, 자녀, 가까운 친구가 세상을 떠났을 때, 그저 잠시 떠났을 뿐이며 돌아올 것이라고 믿도록 동기를 부여한다. 그 사람이 아침에 직장이나 학교로 떠날 때마다 돌아오지 않을 것이라고 진심으로 믿는다면, 삶을 아예 살아갈 수 없을 지경이 될 것이다. 다행히도 사랑하는 이가 생전에 계속 오고가는 모습을 접하는 횟수에 비하면, 사랑하는 이의 죽음은 우리가 자주 겪는 일이 아니다.

사랑하는 이를 잃었을 때, 우리는 그 사람이 사라졌음을 알면서도 다시 문으로 걸어 들어올 것이라는 주술적 믿음을 으레 지니곤 한다. 사람이 양쪽을 다 믿는다는 사실을 직시하고 그것이 정상임을 받아들인다면, 신경과학자는 여러 신경 과정들을 함께 살펴보아야 한다. 우리는 뇌의 관점을 보고 싶다. 사람들이 "알고 있는" 것의 서로 다른 두 측면이 어떻게 동시에 존재할 수 있는지를. 여러 믿음이 함께 존재한다는 점을 고려하면, 뇌의 기능이 우리가 비애에 잠기는 방식에 어떻게 영향을 미치는지를 더 명확히 이해할 수 있을 것이다. 나는 이런 유형의 지식들이 뇌의 어디에 들어 있는지를 연구해 왔으며, 다음 장들에서 어떻게 뇌가 이런 양립 불가능한 믿음들을 극복하고 우리에게 의미 있는 삶을 되돌려주는지를 더 살펴보기로 하자.

~ **4장** ~

시간을 가로질러 적응하다

비애에 잠길 때 우리 뇌에 대체 어떤 일이 일어날까

내가 다섯 살 때 우리 집의 전열기를 교체해야 했다. 나는 아직 학교에 다니기 전이었고, 전기 기술자인 잭에게 푹 빠졌다. 엄마가 꾸짖어도 그를 졸졸 따라다녔다. 잭은 늘 청바지 차림이었다. 나도 청바지를 좋아하기 시작했다. 나는 그의 느긋한 웃음, 실물보다 더 크게 보인 이 남자가 내게 보인 깊은 친절을 생생하게 기억할 수 있다. 4학년 때에는 내가 사는 소도시의 어른들과는 다른 사람을 만났다. 내게 미술을 가르친 동네

화가, 웨버였다. 웨버는 내가 만난 모든 사람과 달랐다. 특히 내가 아는 한 다리털을 밀지 않는 유일한 여성이었다. 웨버는 몬태나의 야생화를 담은 아주 놀라우면서 세밀한 수채화를 그렸다. 지금도 우리 집 복도에 두 점이 걸려 있다. 비록 나는 화가로서의 재능은 빵점이었지만, 고등학교에 다닐 때에도 그랬고 대학에 들어가서도 휴가나 여름 방학 때 집에 오면 웨버를 찾아가서 그림을 그리며 이야기를 나누곤 했다.

십대 때 내가 목격한 가장 뜻밖의 관계 중 하나는 웨버와 잭이 사랑에 빠진 것이었다. 그들은 비교적 늦은 나이였지만, 결혼을 했고 웨버가 임신을 하자 무척 기뻐했다. 그러나 웨버가 임신했을 때 잭이 그만 암이라는 진단을 받았다. 치명적인 종류의 육종이었다. 그들은 치료를 위해 온갖 시도를 다했고, 그들이 어느 날 오후 시카고의 병원을 찾았을 때에는 내가 학교 근처에 있던 숙소에서 그들의 아기 리오를 돌보았다. 그러나 잔인하고 헤아릴 수 없는 운명의 장난으로, 잭은 아들이 한 살 반이 되었을 때 세상을 떠났다.

그 뒤에 웨버가 다시 붓을 들었을 때, 그의 그림은 이전의 작품과 달랐다. 야생화는 여전히 등장했지만, 눈물을 떨구는 구름, 양동이 가득 눈물을 떨구는 여인, 쥐어짜져서 눈물 같은 피가 하염없이 떨어지고 있는 심장도 담겼다. 야생딸기의 잎으로 뒤덮이거나 겨울의 앙상한 나뭇가지에 꽂힌 채 꼼짝하지 않고 누워 있는 여성이 그려진 작품도 많았다. 무거운 누비이불에 덮인 채 웅크린 여성도 있었고, 슬픔을 형상화한 검은 형체가 여성의 어깨를 감싸서 무거운 망토처럼 짓누르고 있는 듯한 그림도 있었다. 그러나 그 연작의 막바지에 그린 작품들에서는 땅속에 묻었던 심장을 회수하는 여성도 보이고, 마침내 태양이 다시 나타나면서 첫 주황색 빛줄기를 비추는 모습도 나왔다. 이런 작품들은 가슴을 뭉클하게 했다.

어느 날 화실에서 이야기를 나눌 때, 웨버는 자신이 배웠던 미술 기법들이 애도 과정에서 이루 말할 수 없을 만치 도움이 되었다고 했다. 그 전에는 자신이 붓과 물과 물감을 써서 열심히 그리면서 기법을 개발하는 데 몰두했다고 했다. 남편이 사망한 뒤에 그는 비로소 진정으로 표현하고 싶은 것이 생겼는데, 여러 해에 걸친 그런 준비 과정이 없었다면 표현할 기법이 부족해서 자기감정의 깊이를 전달할 수 없었을 것이라고 했다. 나는 그의 이전 작품들이 아름답긴 하지만, 깊은 대양 같은 감정이 없기에 관람자에게 그런 울림을 일으키지 않는다는 것을 알 수 있었다. 웨버는 1996년 잭이 사망한 뒤로 아주 오랜 여정을 거친 끝에, 그의 부재에 영감을 받아 이윽고 새로운 삶을 회복했고, 2001년 전시회를 열었다.

작동하는 뇌 사진 찍는 법

비애를 겪은 많은 이들은 웨버의 그림에 아름다운 이미지와 함께 그려진 형상들이 자신의 비애 경험을 이끌어낸다는 사실을 알아차리고 깊은 감명을 받는다. 서문에서 나는 아주 운 좋게 모든 조건들이 맞아떨어졌을 때 비애의 신경영상 연구가 어떻게 출현했는지 말했다. 우리는 이렇게 물었다. 누군가가 비애의 물결을 겪고 있을 때 뇌에 어떤 일이 일어날까? 하지만 신경영상 스캐너라는 낯설고 무정한 의료 환경에서 어떻게 비애의 감정을 떠올릴 수 있을까? 웨버가 묘사한 이미지는 비애의 깊은 외로움과 침묵을 상기시킨다. 그런 감정을 어떻게 믿을 만하게 떠올릴 수 있을까? 영상 촬영을 할 때는 드드득거리고 윙윙거리는 소리가 크게 울리고, 머리를 움직이지 못하게 치아로 막대를 물고 있어야 할 때도 있다. 가장 깊은 내면의 감정을 떠올릴 만한 환경이 아니다.

기능자기공명영상fMRI은 특정한 생각, 감정, 감각이 떠오를 때 뇌의 어느 부위가 활성을 띠는지 파악할 수 있다. 신경과학자들은 이 특정한 경험을 하는 동안 뇌의 어느 영역에 혈류량이 증가하는지를 살펴봄으로써 어느 신경세포가 발화하는지를 추론한다. fMRI는 이름 그대로 거대한 자석을 써서 혈액에 든 철분의 흐름을 추적하여 혈류량 변화를 검출한다. 뇌에 흐르는 피의 양을 측정한 이 데이터를 복잡한 물리학 방정식을 써서 뇌 활성 영상으로 변환한다. 신경세포는 발화한 뒤 회복되려면 산소가 필요하므로 그 부위로 피가 몰린다. 어떤 정신적 사건이 일어날 때 특정한 신경세포가 발화한다. 이때 뇌의 어느 부위로 피가 몰리는지를 측정함으로써 이 정신적 사건이 일어날 때 뇌의 어느 부위가 활성을 띠는지 알아낼 수 있다. 대조 과제를 할 때보다 관심 있는 정신적 사건이 일어날 때 상당히 더 활성을 띠는 영역은 전체적으로 흑백을 띤 뇌 영상에서 더 밝은 색깔을 띤 얼룩 형태로 표시된다. 밝은 색깔은 그 정신 기능을 맡은 뇌 영역으로 피가 산소를 더 많이 공급하고 있음을 나타낸다. 이때 뇌에 "불이 켜진다"라고 흔히 말하는데, 이 색깔은 뇌에 실제로 생기는 불빛이나 색깔이 아니라, 그 영역이 활성을 띨 가능성이 높다는 점을 컴퓨터 프로그램으로 표시한 것일 뿐이다.

대부분의 신경영상은 감산법을 이용한다. 먼저 조사하려는 정신 기능을 필요로 하는 과제를 고안한 뒤, 실험 참가자가 그 과제를 하는 동안 뇌 영상을 찍는다. 독서라는 정신 기능을 살펴보고 싶다고 하자. 그런데 뇌는 온갖 일을 하면서 늘 활성을 띠고 있다. 사람이 책을 읽고 있을 때, 뇌는 신체 감각들을 받아들이고, 호흡을 하고, 일어나는 일을 기억으로 저장하는 등 다양한 일도 하고 있다. 감산법을 쓰기 위해서 연구자들은 대조 과제control task라는 과제도 개발한다. 대조 과제는 연구진이 살펴보려는 정신 기능을 제외한 다른 모든 면에서 첫 번째 과제와 동일하다. 실험 참가자들은 뇌 촬영이 이루어지는 가운데 두 과제를 차례로 한다. 독서의 대조 과제는 실험 참가자가 독서를 할 때 눈을 좌우로 움직이면서 모국어에 자주 나오는 글자들의 조합을 훑는다는 사실을 고려해야 한다. 따라서 실험 참가자에게 모국어에 흔히 쓰이는 글자와 음절로 이루어져 있지만 아무 의미도 없는 "단어들", 따라서 읽을 수 없는 단어들을 훑도록 하는 것도 대조 과제가 될 수 있다. 컴퓨터는 양쪽 뇌 영상에서 독서 과제를 할 때와 대조 과제를 할 때 활성을 띠는 뇌 영역들을 찾아낸다. 독서 과제를 할 때 활성을 띤 영역들 중에서 대조 과제를 할 때 활성을 띤 영역들을 빼면, 남은 영역들은 독서라는 정신 기능에 중요한 부위들이라고 추론할 수 있다.

감산법을 써서 비애를 상기시키고 연구하는 데 쓸 수 있는 과제를 찾고자 할 때, 나는 하랄트 귄넬, 리처드 레인과 함께 비애의 짧은 감정적 순간을 어떻게 하면 포착할 수 있을지를 고심했다. 우리는 현실에서 비애가 어떻게 출현하는지를 생각한 끝에 두 가지 가능성을 떠올렸다. 첫째, 사람들이 사랑하는 이에게 일어난 일을 우리에게 들려줄 때, 그들이 선택한 특정한 단어들은 그 상실의 구체적인 기억과 결부된 것들이다. 둘째, 사별한 사람이 죽은 이에 관해 무언가를 말하고 싶을 때, 그들은 종종 사진 앨범을 꺼낸다. 단어와 사진은 우리가 실험 참가자에게 요청하는 것이기도 했다. 비애는 지극히 개인적인 경험이므로, 즉 사랑하는 이를 잃은 사람마다 저마다 다른 양상을 띠므로, 우리는 연구에 참가한 여성 8명에게 동일한 단어나 사진을 제시할 수는 없음을 알았다. 그래서 각 참가자가 가져온 고인의 사진들을 디지털화했다. 각 디지털 사진에다가 상실에 관해 면담을 할 때 각 참가자가 말했던 비애 관련 단어를 써서 설명을 붙였다. 암이나 추락처럼 사랑하는 이의 죽음과 구체적으로 관련이 있는 단어들이었다. 그들이 그런 사진과 단어를 볼 때 우리는 신경영상을 찍으면서 그들의 뇌 활성을 측정했다.

그 다음에 우리는 대조 조건을 고안해야 했다. 뇌에는 사람의 얼굴을 식별하는 영역과 읽는 단어를 파악하는 영역이 있다. 우리는 낯선 사람의 사진을 비교 대상으로 삼기로 했다. 또 대조 실험용 단어는 길이가 같고 발음도 비슷한 중립적인 단어를 골랐다. 암cancer의 대조 단어는 생강ginger이었다. 그리하여 낯선 사람의 사진에 중립 단어를 설명으로 붙인 슬라이드를 만들어서 참가자에게 보여주었다. 그것이 감산법을 위한 대조 과제였다.

참가자들이 기꺼이 제공한 사진들은 아주 감동적이었다. 수십 년 전에 남편을 잃은 여성은 결혼식 케이크 조각을 들고 있는 멋진 젊은 신랑의 사진을 들고 왔다. 함께 휴가를 보내는 모습, 즉 하와이 셔츠를 입고 카메라를 향해 느긋하게 웃고 있는 남편의 사진을 가져온 여성도 있었다. 우리는 사별한 참가자들에게 슬라이드를 볼 때 어떤 느낌인지 알려달라고 했는데, 그들은 비애 관련 단어가 딸린 사랑한 이의 모습을 담은 사진을 볼 때 가장 슬픔을 느꼈다고 했다. 우리는 각 슬라이드를 볼 때 자동적으로 일어나는 반응인 손가락에서 나는 땀의 양도 측정했는데, 예상한 대로 비애 단어가 딸린 사랑한 이의 사진을 볼 때 땀이 가장 많이 난 반면, 중립적인 단어가 딸린 낯선 사람의 사진을 볼 때 가장 적게 났다.

실험실 연구에서는 대개 다른 조건들을 동일하게 유지하기 위해서, 모든 참가자에게 동일한 자극을 준다. 사별한 이들에게 죽은 이의 사진을 가져와달라고 해서 각자에게 다른 사진을 보여준다는 것은 새로운 개념이었다. 그러나 관계가 저마다 독특하듯이 비애도 각자마다 다르므로, 각자에게 진정한 비애를 떠올리게 하는 것이 대단히 중요했다.

결과

2장에서 "당신이 선택하는 모험" 게임을 이야기할 때, 뒤띠다발피질PCC을 언급했다. PCC는 수액으로 차 있는 중앙의 뇌실을 감싸면서 머리 뒤쪽으로 뻗어 있는 넓은 영역이다. 다른 신경영상 연구들은 PCC가 정서적, 자전적 기억을 떠올리는 데 중요한 역할을 한다고 말한다. 사실 비애의 감정은 PCC 덕분에 가능하다. 스캐너 안에 누운 참가자가 세상을 떠난 이를 떠올리게 하는 사진과 단어를 볼 때 그런 기억이 촉발되었다. 우리 연구에서 PCC는 낯선 사람의 사진보다 떠난 이의 사진을 볼 때 더 활성을 띠었다.

그러나 비애 과제에서 활성을 띠는 영역이 PCC만은 아니었다. 현재 우리는 뇌 기능의 많은 영역이 하나의 연결망을 이루어서 동시에 활성을 띠는 것이라고 이해하고 있다. 비애 과제에서 활성을 띤 또 한 영역은 앞띠다발피질ACC이다. 많은 정신 활동은 ACC를 필요로 한다. 이 영역은 우리가 중요하다고 여기는 것에 주의를 기울이도록 하기 때문이다. 따라서 중립 단어를 볼 때에 비해 사랑한 이를 떠올리게 하는 단어를 볼 때, ACC가 활성을 띠는 이유는 충분히 이해할 수 있다. 사랑한 이의 죽음은 당연히 더 중요하게 여겨진다. 신경과학자인 나는 이 결과를 보았을 때, 이것이 얼마나 중요한지를 다시 생각했다.

고통스러운 무언가가 우리에게 주의를 기울이라고 요구할 때 ACC와 뇌섬엽insula 두 영역은 종종 함께 활성을 띠곤 하는데, 우리는 스캐너에서 비애를 떠올리는 순간에도 이렇게 양쪽이 함께 활성을 띠는 것을 보았다. ACC와 뇌섬엽이 함께 활성을 띤다는 사실은 몸의 통증 연구를 통해서 이미 밝혀졌다. 신경영상을 촬영하면서 신체적 고통 자극(우리는 손가락에 열을 가해 고통을 주었다)을 줄 때 두 영역은 함께 반응했다. 신체적 고통에 관련된 영역에서 흥미로운 점은 신경과학자들이 고통의 신체적 측면과 정신적, 즉 감정적 측면을 구별할 수 있다는 것이다. 잘 생각해보면, 고통의 신체적 측면은 강렬한 감각에 해당한다. 해부학자들은 손가락의 감각 수용기에서 구불구불 몸을 따라 올라가서 척수를 통해 몸의 위상학적 지도를 지닌 뇌 영역까지 신경세포가 뻗어 있다는 것을 오래 전부터 알고 있었다. 이는 통증 감각이 일어나는 곳이 어디인지를 의식에 알려준다. 그러나 이 신경세포들은 뇌의 감각운동 영역까지만 이어져 있다. 따라서 신체적 고통은 뇌에서 생성되는 강렬한 감각에서 유도된다. 고통의 감정적 측면, 신체적 고통에 동반되는 고통은 통증의 경보와 괴로움에 반응하여 ACC와 뇌섬엽에서 유도된다. 따라서 비애 때 이 두 영역이 활성을 띠는 것을 보고서 우리는 이 공동 활성이 비애의 감정적 고통과 관련이 있다고 해석했다. ACC와 뇌섬엽에서 신체적 고통과 감정적 고통에 반응하는 정확한 지점은 서로 다르지만, 아주 가까이 붙어 있다.

결과는 더 많은 의문을 낳다

이 첫 번째 연구 결과는 비애가 뇌가 아주 복잡한 과정을 거쳐서 빚어내는 것임을 가리킨다. 사진과 단어를 처리하는 영역

뿐 아니라 많은 뇌 영역이 관여해야 한다. 뇌는 감정을 처리하고, 남의 관점을 취하고, 일화 기억을 떠올리고, 친숙한 얼굴을 알아보고, 심장 박동을 조절하고, 이 모든 기능을 조화시켜야 한다. 그런 한편으로 이 결과는 비애가 뇌의 모든 영역을 활성화하는 것은 아님을 보여주었다. 예를 들어, 우리 연구에서 비애는 편도체를 활성화하지 않았다. 편도체는 아몬드처럼 생긴 뇌 영역으로서 강한 감정을 일으킬 때 활성을 띠곤 하는데도 그랬다.

우리 신경영상 연구는 비애를 뇌에서 관찰할 수 있음을, 즉 사람이 비애에 잠길 때 뇌에서 어떤 일이 일어나는지를 성공적으로 보여줄 수 있었다. 뇌의 관점에서 비애를 조사하려는 과학의 입장에서는 중요한 한 걸음이었다. 그런 한편으로 이 연구 결과는 그저 어느 뇌 영역이 관여하는지를 기술한 것일 뿐이므로, 불완전하다고 느껴졌다. 사람들이 비애에 관해 알고 싶어 하는 중요한 의문들 중 몇 가지에는 답이 안 된다. 따라서 뇌 영역의 목록을 나열하는 차원을 넘어서 비애의 신경생물학적 모형이 필요했다.

당시 나는 신경과학을 써서 비애의 경험이 애도 기간에 걸쳐서 어떻게 변화하는지, 다시 말해 사랑하는 이가 없다는 지식이 시간이 흐르면서 어떻게 갱신되는지를 밝혀낼 수 있다고 믿었다. 사랑하는 이와 사별한 뒤 심신을 추스르고 의미 있는 삶을 다시 살아가려고 애쓰는 이들을 이해하고 예측하는 데 신경과학이 도움을 줄 수 있기를 바랐다. 더 나아가 우리가 적응하는 과정을 뇌가 어떤 식으로 방해를 할 수 있는지도 알고 싶었다. 우리가 비애의 첫 신경영상 연구를 발표한 2003년은 아직 초창기였다. 이 비애 연구는 비애를 느끼는 순간에 뇌가 무엇을 하는지를 기술할 토대를 마련했지만, 애도 과정에 관한 내 과학적 호기심을 충족시킬 수준은 아니었다.

과학을 대중에게 알리기

어떤 현상을 연구하는 초기에는 단순히 그 현상을 기술하는 쪽에 치중하는 일이 흔하다. 새로운 탐구 분야에 초점을 맞추는 훈련 과정의 첫 단계다. 비애를 기술하는 방법 중에는 우리 문화에 아주 널리 알려진 것이 하나 있다. 1969년 엘리자베스 퀴블러-로스Elisabeth Kübler-Ross는 『죽음과 죽어감On Death and Dying』이라는 책을 냈다. 그 책에서 퀴블러-로스가 제시한 비애의 5단계 모형은 전 세계에 널리 알려졌다. 그 뒤로 수십 년 동안 여러 연구를 통해 이 모형이 부정확하고 불완전하다는 사실이 드러났음에도, 여전히 사람들 사이에 널리 퍼져 있다. 퀴블러-로스 모형이 널리 받아들여진 것은 어느 정도는 그 책이 독자의 심금을 울리기 때문이기도 하다. 부정, 분노, 타협, 우울, 수용이라는 이 5단계 모형은 누구나 안다. 일반 심리학 강의를 들으면서 공책에 적었든, 그저 비애에 대처할 방법을 찾기 위해 검색을 해보았든 간에, 어디에서든 접했을 것이다.

엘리자베스 퀴블러-로스는 매혹적인 사람이다. (그는 2004년에 세상을 떠났는데, 나는 그가 생전에 살던 애리조나에서 그의 강연을 듣는 영광을 누린 바 있다.) 퀴블러-로스는 취리히에서 자랐고, 젊었을 때 제2차 세계 대전이 끝난 뒤 난민을 돕는 자원 봉사를 했다.[1] 폴란드 루블린 인근의 난민 수용소에서 봉사를 한 경험은 그에게 평생 깊은 영향을 미쳤다. 그는 1960년대에 미국에서 정신의학자로 일하면서 환자들을 진료하고 글을 쓰는 한편으로, 인권과 여성 인권 운동에도 적극적으로 참여했다. 그 전까지 목소리가 없었던 집단들이 목소리를 갖게 된 문화적 전환기였다. 마찬가지로 퀴블러-로스는 저술을 통해서 말기 질환을 앓고 있는 환자들에게도 목소리를 제공했다. 당시에는 죽음이 임박했다는 사실을 의사와 환자 사이에서조차도 언급해서는 안 된다는 믿음이 퍼져 있었다. 이 믿음은 오늘날까지도 어느 정도 남아 있다. 그러나 그는 환자를 인터뷰하면서 환자가 자신에게 일어나는 일을 어떻게 이해하고 있는지, 어떤 생각이 드는지, 어떻게 느끼는지를 물음으로써, 죽음에 직면한 그들이 얼마나 엄청난 상실감을 겪고 있는지를 이해하고자 애썼다. 그뿐 아니라 간호사, 의사, 수련의, 성직자, 의대생도 인터뷰를 했다. 그런 뒤 죽어가는 사람이 해야 할 말을 세상에 알렸다. 먼저 《라이프》 잡지에 인터뷰 내용과 감동적인 사진을 곁들인 특집 기사를 썼고, 이어서 1969년에 그 경이로운 책을 냈다.

퀴블러-로스는 당시 정신의학이 쓸 수 있었던 최고의 기술을 활용하고 있었다. 바로 임상 면담이었다. 그는 모든 과학자가 어떤 현상을 처음 연구하기 시작할 때 하던 대로 했다. 즉 사실을 있는 그대로 기술했다. 환자들이 한 말을 정리하여 목록을 작성하고, 핵심을 추출하여 모형을 만든 뒤, 그 모형을 세상에 발표했다. 퀴블러-로스는 비애의 내용 측면에서는 틀리지 않았다. 환자들은 화가 나고 우울하다고 말했다. 부정하고 싶은 마음 때문에 자신이 겪고 있는 상황을 표현할 수 없었던 환자도 있었고, 죽어가고 있다는 사실과 어떻게 하면 타협할 수 있을지를 고심하면서 아주 많은 시간을 보낸 이들도 있었다. 삶의 끝에 다다랐다는 사실을 받아들임으로써, 평온하게 죽음을 기다리는 이들도 있었다. 그는 그들이 한 말을 기술하고 요약하여 가장 중요한 측면들을 담은 모형을 구축했다. 이 전까지 어느 누구도 한 적이 없는 방식으로였다.

퀴블러-로스를 비롯한 이들은 원래 말기 질환 환자들을 조사해서 기술한 이 비애의 단계들을 사별한 뒤의 비애에 적용했다. 이는 엄청난 도약이다. 그러나 사실을 기술한다는 것 자체는 경험 연구와 다르다. 내 첫 신경영상 연구와 마찬가지로, 비애에는 알아내야 할 것이 더 많이 있다. 퀴블러-로스는 인터뷰 때 환자들이 말한 비애에 젖어드는 순간의 경험을 애도 경험의 시간별 변화 양상을 기술하는 쪽으로 썼다. 그는 사람들의 경험 내용을 기록하는 쪽에서는 옳았지만, 애도하는 사람들이 모두 5가지 단계를 다 거치는 것도, 그 순서대로 거치는 것도 아니었다. 한마디로, 상실 이후의 적응 과정을 설명하는 이 5단계 모형은 경험적으로 검증된 것이 아니었다.

문제는 퀴블러-로스가 개발한 이 모형이 자신이 면담한 이들의 비애를 기술하는 차원을 넘어서 애도 규범으로 간주되기에 이르렀고, 그 때문에 사별을 겪은 이들에게 피해를 준다는 것이다. 예를 들어, 사별한 이들 중에는 분노를 겪지 않는 사람도 많은데, 따라서 그들이 잘못된 애도를 하는 양, 즉 모든 "애도 작업"을 완결하지 않는 양 느끼게 만든다. 임상의도 단계가 순차적으로 진행되는 것이 아니며 사람들이 시시때때로 사별을 부정하곤 한다는 사실을 이해하지 못한 채, 환자가 부정 단계에 있다고 말할 수도 있다. 요약하자면, 퀴블러-로스가 제시한 대로 단계를 순서대로 거치는 경험을 하는 사람은 거의 없는데, 안타깝게도 그들은 그렇지 않다는 사실에 자신이 정상이 아니라고 느낄 수 있다. 시대에 뒤떨어진 이 낡은 모형은 그 뒤로 경험 과학의 뒷받침을 받는 모형들로 대체되어 왔지만, 여전히 그 모형을 고집하는 임상의들도 있으며, 대체로 일반 대중도 그 뒤로 우리의 애도 이해에 상당한 발전이 이루어졌다는 사실을 잘 모른다.

영웅의 여정

내가 비애에 관한 과학 교양서를 쓰고 있다고 말하면, 거의 모든 사람은 비애의 5단계를 다루겠거니 짐작한다. 비애가 순차적으로 단계를 거치지 않는다는 과학적 증거가 많이 있음에도 이 모형을 믿는 이들이 여전히 많은 이유가 무엇일까? 내 생각에는 심리학자이자 비애 전문가인 제이슨 홀랜드Jason Holland

와 로버트 네이메이어Robert Neimeyer가 제시한 이유가 가장 설득력이 있다.[2] 그들은 5단계 모형이 우리 문화의 "단일신화monomyth"를 반영한다고 말한다. 영웅의 여정, 아니 이 사례에서 애도자의 여정은 대다수의 책, 영화, 모닥불에 둘러앉아서 듣는 이야기에 담겨 있는 것과 같은 서사 구조를 지닌다. 『오디세이아』의 오디세우스부터 『이상한 나라의 앨리스』의 앨리스와 〈기묘한 이야기〉의 일레븐에 이르기까지, 어떤 영웅이든 떠올려보라. 영웅(애도자)은 낯설면서 위험한 세계로 들어가고, 용감하게 여정을 계속한 뒤 새로운 지혜를 얻어서 달라진 모습으로 돌아온다. 이 여정은 거의 넘을 수 없는 장애물(단계)을 하나하나 극복하는 과정으로 이루어져 있다. 영웅은 모험에 성공함으로써 숭고해진다. 홀랜드와 네이메이어는 이 점을 아주 잘 표현하고 있다. "애도는 사별 이전의 '정상적인' 세계로부터 떨어져서 혼란에 빠지는 것에서 시작한다. 명확히 정의된 정서적 시련들을 차례로 영웅적으로 거쳐나가서 이윽고 수용이나 회복, 상징적인 귀환이라는 의기양양한 단계에 도달한다. 이런 식으로 단계적으로 묘사한다. 이런 단계적 묘사가 지닌 자석이 끌어당기는 듯한 인력은 그것이 객관적으로 정확해서라기보다는 강력한 일관성을 띠는 보편적인 이야기 구조에 더 기대고 있기 때문이다." 이 단일신화의 문제점은 사람들이 장애물을 이 순서대로 접하지 않을 때 자신이 정상이 아니라는 생각을 품게 한다는 것이다. 아니면 그들은 애도를 "극복"하지 못했거나 어떤 깨달음을 얻은 상태에 도달하지 못했다는 생각에 실패한 것처럼 느낀다. 친구, 가족, 심지어 의사까지도 현명해진 영웅이 귀환하는 모습이 명확히 보이지 않을 때 우려하기도 한다.

홀랜드와 네이메이어는 5단계가 실제로 나타나는지를 찾아보는 경험 연구를 수행했는데, 사람들의 적응 양상이 그렇게 순서대로 진행되지 않는다고 드러났다. 비애 스트레스는 대개 애도 기간이 더 짧은 사람들에게서 더 뚜렷이 나타난다. 그러나 이 스트레스는 불신, 분노, 우울한 기분, 열망을 비롯한 온갖 유형의 비애 경험을 포함한다. 수용은 애도하는 기간이 더 긴 이들에게서 더 뚜렷하다. 따라서 비애 스트레스와 수용은 동전의 양면처럼 보이지만, 각각의 증감은 여러 날, 주, 달에 걸쳐서 파도처럼 밀려들었다가 빠져나가곤 한다. 다행히도 비애 스트레스가 상대적으로 약해지면서 수용이 상대적으로 증가하는 양상으로 진행되긴 하지만, 이 일은 오랜 기간에 걸쳐 일어난다. 스트레스에서 수용으로의 전환은 느리게 진행되는 가운데, 기일이 될 때마다 일시적인 역전이 일어나는 경향이 있다. 이때 많은 이들은 비애가 온전히 재발하는 일을 겪곤 한다. 이 여정은 대개 스트레스를 받는 가운데 우리가 기대하는, 또는 세상을 떠난 이가 우리에게 원했을지도 모르는 방식과 달리 시작, 중간, 끝이 뚜렷하지 않다. 비애의 물결 속에서 이윽고 수용이 더 자주 일어나고, 스트레스는 완전히 사라지지 않은 채 약해져간다.

사별에 대처하는 이중 과정 모형

20세기 말에 사별 과학은 사람들이 겪는 비애의 내용에서 상실 애도 과정 쪽으로 초점을 서서히 옮겨갔다. 네덜란드 위트레흐트 대학교의 심리학자 마거릿 스트로베Margaret Stroebe와 헹크 슈트Henk Schut는 오랜 공동 연구를 통해서 우아한 형태의 경험적 사별 과학을 제시했고, 오늘날 많은 임상의들이 쓰고 있는 모형을 개발했다. 바로 사별에 대처하는 이중 과정 모형으로서, 대개는 그냥 줄여서 이중 과정 모형dual process model이라고 한다.

이중 과정 모형의 그림을 살펴보자. 가장 바깥의 원은 우리의 일상생활 경험을 나타낸다. 하루하루 살아가는 삶이다. 그

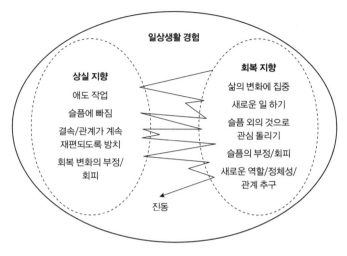

상실 지향
애도 작업
슬픔에 빠짐
결속/관계가 계속
재편되도록 방치
회복 변화의 부정/
회피

일상생활 경험

회복 지향
삶의 변화에 집중
새로운 일 하기
슬픔 외의 것으로
관심 돌리기
슬픔의 부정/회피
새로운 역할/정체성/
관계 추구

진동

사별에 대처하는 이중 과정 모형
스트로베와 슈트(1999)

안의 두 타원은 사랑하는 이와 사별할 때 우리가 겪는 스트레
스를 나타낸다. 수십 년 동안 임상의, 철학자, 시인은 상실 스
트레스 요인들을 이야기해 왔다. 누군가를 잃은 고통스러운 감
정, 그 사람이 떠났음을 알고 있음에도 모든 것에서 그 사람을
떠올리게 되는 심경을 이야기했다. 비애라고 할 때 우리가 으
레 떠올리는 것은 바로 이런 스트레스 요인들이다. 이중 과정
모형에 추가된 중요한 한 가지는 우리가 직면하는 다른 스트레

스 요인들도 언급했다는 것이다. 예를 들어, 우리는 스트로베와 슈트가 회복 스트레스 요인이라고 부르는 것도 접한다. 그 사람이 떠났기에 우리가 현재 대처해야 하는 모든 과제들이다. 회복 스트레스 요인에는 세금을 계산하거나 채소를 사는 것처럼, 예전에는 하지 않았거나 적어도 혼자 하지 않았던 현실적인 일들이 포함된다. 파트너를 잃은 사람은 친구나 연인 없이 살아가야 할 뿐 아니라, 본래 집안일을 하던 사람이나 공동 육아를 하던 사람이 없이 살아가는 법도 배워야 한다. 더 나이든 부부라면 배우자를 잃는다는 것이 건강에 문제가 있을 때 든든한 지원을 받지 못한 채, 또는 늘 운전을 해주던 사람이 없이 살아간다는 의미가 될 수도 있다. 그리고 회복은 은퇴해서 사랑하는 이와 함께 지낸다는 꿈이 실현되지 않으리라는 사실을 인식하는 것 등 달라진 세상에 적응하는 것을 의미한다. 우리는 새로운 현실 앞에서 새로운 선택을 하고 새로운 목표를 개발함으로써 의미 있는 삶을 회복해야 한다.

그러나 이중 과정 모형의 진정으로 탁월한 점은 이 그림에서 양쪽 타원을 연결하는 들쭉날쭉한 선이다. 이 선은 사람들이 양쪽 스트레스 요인들 사이를 오락가락한다는 의미다. 이 진동하는 선은 애도 과정이 우리의 생각과 감정의 내용만을 가리키는 것이 아님을 강조한다. 때로 진동은 하루 사이에 일어나기도 한다. 아침에 부동산 중개인과 집을 둘러보고, 오후에 결혼식 앨범을 보고서 추억에 잠길 수도 있다. 사무실 화장실에서 울음을 터뜨렸다가 10분 뒤에 책상으로 돌아와서 업무를 계속 보는 것처럼, 더 짧은 시간에 양쪽을 오갈 수도 있다. 때로는 한 스트레스 요인에 직면한다는 것이 다른 스트레스 요인을 완전히 부정하거나 회피한다는 의미일 수 있다. "그 뒤로 45분 동안 아무 문제없는 척하면서 축구 경기를 하는 딸을 응원하지요."

이중 과정 모형이 처음 나왔을 때, 일부 임상의는 반박하고 나섰다. 이 모형이 애도에 관한 기존의 몇몇 확고한 믿음(또는 신화)에 구멍을 냈기 때문이다. 애도하는 사람이 비애의 감정을 마주하지 않은 채 보내는 시간으로부터도 도움을 얻을 수 있다는 사실을 고려하지 않은 채, 우리가 오로지 비애의 감정에 직면하는 데에만 초점을 맞추어야 한다는 신화가 한 예다. 애도에 잠기지 않은 채 보내는 시간은 부정, 억압, 사별이 일으키는 감정의 회피처럼 보일 수 있고, 장기적인 적응에 안 좋다고 여겨졌다. 그러나 애도에서 벗어나 보내는 시간은 정서적 격변의 스트레스에서 벗어나 몸과 마음에 휴식을 제공할 수 있다. 스트로베와 슈트는 이전의 애도 모형들이 지닌 이런 한계들을 살펴보고자 했다.

애도의 경험에는 상실뿐 아니라 회복도 중요하다. 누군가를 잃은 뒤에 잘 대처하는 데 아주 중요한 것은 유연성이다. 하루하루 벌어지는 일에 주의를 기울이는 동시에 어느 스트레스 요인이 현재 그 추한 머리를 내밀고 있든지 간에 거기에도 대처할 수 있어야 한다. 또 사별한 사람에게는 애도에 빠져 있지 않는 시간, 그저 두 타원의 바깥에서 일상생활 경험을 하는 시간도 있다. 시간이 흐르면서 그들은 점점 더 일상생활에 몰두하고, 상실과 의미 있는 삶의 회복을 둘러싼 문제들은 서서히 뒷전으로 물러난다. 상실에 따른 붕괴와 회복의 추구를 나타내는 두 타원은 결코 사라지지 않겠지만, 이 스트레스 요인들이 일으키는 감정 반응은 점점 약해지고 빈도도 점점 줄어든다. 이 책의 후반부에서는 이 유연한 접근법으로 어떻게 상실에 대처하는지를 더 상세히 다룰 것이다.

5장

비애는 혼자 오지 않는다

비애는 왜 복잡한 양상을 띨까

2001년 여름에 나는 미시건 대학교에서 열린 워크숍에 초청을 받았다. 비애의 첫 신경영상 자료를 모은 지 몇 주 뒤였다. 미국과 유럽의 손꼽히는 비애 연구자들이 참석했는데, 그 워크숍은 내게 엄청난 영향을 미쳤다. 비애를 과학적으로 어떻게 생각해야 할지를 더 깊이 이해하게 되었다. 거기서 나는 조지 버내노, 로버트 네이메이어, 마거릿 스트로베처럼 사별 과학을 21세기로 들여온 놀라운 과학자들과 전문가들을 만났다. 그들은 젊은 연구자인 나의 연구를 격려하고 내게 지속적으로 영향을 미쳐 왔다. 오랜 세월이 흐르면서 내가 동료로 성장한 뒤로도 계속 그러했다.

이 워크숍은 국립노화연구소의 지원을 받아서 미시건 대학교에서 한 연구 과제인 노년기 부부의 삶의 변화Changing Lives of Older Couples, CLOC를 소개하려는 의도로 열렸다. 이 연구는 사별 연구 분야에 지대한 영향을 미쳤다. 이 종단 연구에서는 노년기 1,500여 명에게 시기마다 수백 가지 질문을 하면서 인터뷰를 했다. 그 기간에 배우자와 사별하는 이들도 나타났다. 짐작하겠지만, 이 과정에서 엄청난 데이터베이스가 구축되었다. 워크숍에서는 어떤 정보가 수집되었고, 어떻게 취합했고, 지금까지 어떤 질문의 답을 얻었는지를 보여주었다. 이 연구 과제로부터 지금까지 50여 편의 과학 논문이 나왔으며, 그중에는 혁신을 일으킨 것도 몇 편 있다.

CLOC 연구의 가장 가치 있는 측면 중 하나는 부부가 다 생존해 있을 때부터 인터뷰를 했다는 것이다. 첫 인터뷰를 할 당시에 말기 질환에 걸린 부부는 전혀 없었다. 연구자들은 이 부부들을 여러 해에 걸쳐서 계속 추적 조사했다. 부부 중 한쪽이 세상을 떠나면, 남은 쪽을 사별한 지 6개월과 18개월 뒤에 인터뷰했다. 처음 인터뷰할 때에는 부부 중 한쪽이 사망할 것이라는 징후가 전혀 없었으므로, 이 연구는 독특한 유형에 속한다. 바로 "전향prospective" 연구라는 것이다. 정보는 사별하기 전부터 수집했으므로, 우리는 상실을 겪기 전에는 어떠했는지를 살펴볼 때 사별한 사람의 회상에 의지하지 않아도 된다. 전향 정보는 부정확성을 예방한다. 우리 기억은 시간에 영향을 받고 그 뒤로 벌어진 일들을 통해 편향되기 때문이다.

배우자가 사별하기 전의 관점은 비애에 관한 신화 중 일부를 경험적으로 폭로하는 데 대단히 중요하다는 사실이 드러났다. 조지 버내노는 이 CLOC 자료로부터 추출한 애도의 시간별 변화에 관한 정보를 써서 경험적 애도 모형을 개발했고, 이런 적응 궤도를 살펴보는 그의 모형은 이 분야에 엄청난 영향을 미쳤다. 퀴블러-로스가 1,500명의 사별한 이들을 여러 해에 걸쳐서 계속 인터뷰를 하는 과학의 시대에 살았다면, 그 모형이 얼마나 달라졌을지를 상상해보라! 이 정도 규모의 데이터 집합은 이 적응 양상이 폭넓게 아주 많은 사람들에게서 볼 수 있는 믿을 만한 것임을 확인시킨다. 많은 인터뷰 질문을 한 데이터베이스에 담음으로써 과학자들은 애도의 정서적, 개인적, 상황적, 친족적, 사회적 측면들 사이의 관계를 살펴보고 예측까지 할 수 있게 되었다.

애도의 궤적

당신이 독서 클럽에 가입한다고 하자. 첫 모임 때 당신은 한 여성을 만났는데, 그 여성은 약 6개월 전에 남편과 사별했다고 말한다. 당신은 그가 위축되어 있는 한편으로 안절부절못하는 듯하다는 점을 알아차린다. 그는 그날 저녁에 가장 먼저 떠난다. 당신은 그가 다시 오기를 바란다. 멋져 보이고 그 책에 관해 몇 가지 흥미로운 생각을 지니고 있어서다. 사실 그 여성은 매달 모임에 나온다. 좀 나아 보일 때도 있고 더 안 좋아 보일 때도 있지만, 기본적으로 거의 똑같은 모습이다. 독서 모임은 즐거우며 당신은 계속 나가다보니 어느새 약 1년 반이 지났다는 사실을 알아차린다. 당신이 놀란 이유는 그 기간에 이 여성이 별로 달라지지 않았다는 사실을 깨달아서다. 그 사이에 그의 인생에 새로 들어온 사람은 전혀 없으며, 그는 책에서 상실을 이야기하는 대목이 나오기만 하면 눈물을 짓곤 한다. 몹시 우울해지는 듯하다.

그 여성의 심정을 염두에 두고서 과학 모형으로 눈을 돌리자. 버내노가 CLOC 자료를 써서 답한 명철한 질문은 이것이었다. 애도 때 모든 사람의 적응 궤적이 동일할까?[1] 배우자와 사별한 지 6개월과 18개월 뒤에 면담을 한다면, 모두가 똑같은 양상을 보일까 아니면 서로 다른 집단으로 나눌 수 있을 만치 서로 다른 양상을 보일까? CLOC 연구에서 버내노 연구진은 사람들의 애도를 네 가지 궤적으로 나눌 수 있다는 것을 알아차렸다. 회복(사랑하는 이를 잃은 뒤에 결코 우울증에 빠지지 않은), 만성 애도(사별 뒤에 시작된 우울증이 오래 지속된), 만성 우울(사별 이전에 시작된 우울증이 사별 이후에도 지속되거나 더 악화된), 우울 개선(기존의 우울증이 사별 이후에 약

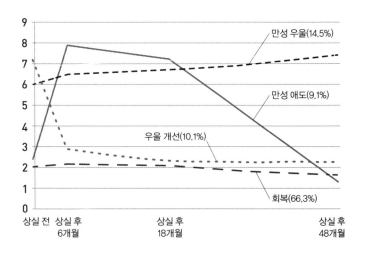

해진) 궤적이다. 이 애도의 궤적 모형은 몇몇 대규모 연구를 통해서 재확인되었다. 그토록 많은 이들의 애도 과정을 상세히 조사한 이런 자료들은 놀랍기 그지없다.

독서 클럽의 그 여성이 어느 궤적에 들어맞을지 생각해보자. 그림에서 세로축(왼쪽)의 값은 우울 증후의 심각성을 나타낸다. 값이 클수록 우울증이 심하다는 뜻이다. 독서 클럽의 여성은 우리가 만났을 때 남편과 사별한 지 6개월째였는데 계속 우울한 상태였으며, 18개월째에도 여전히 우울했다. 그러나 애도 모형이 제시한 궤적들에 담긴 진정한 통찰은 따로 있다. 바로 그 여성이 만성 우울 집단에 속하는지 만성 애도 집단에 속하는지를 당신이 알지 못한다는 것이다. 당신은 그 여성이 남편을 잃은 뒤에야 그 여성을 만났기 때문이다. 사별 전에 그 여성의 인생에 어떤 일이 있었는지를 알려주는 것은 바로 이 두 궤적의 차이다.

그 여성이 만성 우울 집단에 속한다면, 그는 사별하기 전부터 우울증을 앓고 있었고 사별 이후에도 자신이 겪고 있던 문제는 계속된다. 반면에 만성 애도 집단에 속한다면, 사별하기 전에는 평범하게 좋은 일과 나쁜 일을 다 겪고 살았지만 우울증을 앓지는 않았다. 남편의 죽음과 그 뒤로 이어진 부재에 따른 스트레스가 우울증을 일으킨 것이다. 일단 우울증에 빠지자, 그는 여러 달이 흘러도 우울증에서 빠져나올 수 없었다. 당신은 이 두 궤적의 차이가 왜 중요한지를 짐작할 수 있을 것이다. 한쪽 궤적에서는 그 여성이 남편과 사별하기 오래 전부터 우울증을 앓고 있었으므로, 아마 해결책도 달라야 할 것이다. 버내노의 통찰은 전향 자료가 있어야만 보여줄 수 있는 것이었다. 의사는 사별 후 우울증에 시달리는 환자를 만난다면, 사별 이전부터 질병을 앓고 있었는지를 물어야 한다. 사별 이후에 우울증에 시달리고 있다고 해도, 사별이 문제의 원인이라고 단정지을 수 없다고 가정해야 한다.

그림을 보면 만성 애도를 겪는 여성은 4년 뒤, 즉 48개월 뒤에는 우울증이 회복 궤적을 따른 이들과 같은 수준으로 낮아졌다. 만성 애도를 훨씬 더 오래, 10년까지도 겪는 이들도 있다. 따라서 만성 애도 궤적에서도 설령 훨씬 느리게 진행된다고 해도 적응은 가능하다.

회복

버내노의 비애 궤적 중 하나는 "회복"이었다. 이들은 배우자를 잃기 전에 우울증을 앓지 않았고, 배우자를 잃은 지 6개월 뒤에 면담했을 때에도 우울증의 징후를 보이지 않았다. 18개월 뒤에도 마찬가지였다. 물론 처음 6개월 동안 그들이 어떤 기분이었는지는 알 수 없지만, 단지 우울증을 겪지 않았다고 해서 비애나 스트레스를 겪지 않았다는 의미는 아니다.

그런데 놀라운 점은 이 "우울해지지 않은" 회복 범주에 속한 이들이 아주 많았다는 사실이다. 사별한 이들 중 절반 이상이 이 범주에 속했다. 이는 회복이 애도의 가장 전형적인 패턴이며, 사랑하는 이의 죽음을 겪은 대부분의 사람들이 어느 시점에서든 간에 우울증을 겪지 않음을 의미한다. 솔직히 말해서, 비애를 연구하는 많은 이들은 이 사실에 깜짝 놀랐다. 이 깨달음은 임상의가 사별 뒤에 도움을 원하는 이들을 주로 연구해왔지만, 그들이 우울증을 겪지 않는 "회복" 집단에 비하면 소수라는 점을 상기시킨다. 한마디로 우리는 사별에 대처하는 데 어려움을 겪는 이들을 살펴본 내용을 사별을 겪은 모든 이들에게로 일반화했던 것이다. 체계적인 대규모의 비애 연구가 없었기 때문이다. CLOC 연구가 디트로이트에서 무작위로 선택한 이들을 대상으로 연구를 했기에, 회복 집단이 주류임을 알게 된 것이다. 무작위 표본 추출은 세심한 사회과학적 방법을 요하며, 당신이 짐작하는 것보다 훨씬 더 어렵다. 연구진은 처음에 사람들에게 참가를 요청할 때, 그들이 사별에 어떻게 대처할지 알지 못했다. 그들이 아직 배우자를 잃지 않았기 때문이다. 따라서 잘 적응하는 사람들과 그렇지 못한 사람들이 포함될 가능성이 똑같다는 의미였다.

흥미롭게도 사람들의 삶을 그다지 교란하지 않는 비애를 연구한 사례는 더 적다. 임상심리학 관점에서는 그럴 만도 하다. 도움을 필요로 하는 사람들에게 무엇이 도움이 되는지를 이해하는 것이 임상 연구를 하는 동기이기 때문이다. 또 도움을 원하는 이들은 연구에 참여하겠다고 자원할 가능성이 더 높다. 이런 요소들은 사별이 무엇인지를 올바로 이해하는 데 지장을 줄 수 있다.

비애 대 우울

지그문트 프로이트는 비애와 우울이 얼마나 비슷한지를 처음으로 기술했다.[2] 둘은 똑같아 보일 수 있지만, 한 가지 차이가 있다. 우울증은 뜬금없이 나오는 양 보이는 반면, 비애는 상실에 대한 자연스러운 반응이라는 것이다. 프로이트 시대 이래로 우리는 우울과 비애, 심지어 심각한 비애가 구별될 수 있다는 것을 알아냈다. 예를 들어, 우울은 삶의 모든 측면을 잠식하는 경향이 있다. 우울증이 있는 사람은 단지 상실과 맞서 싸운다고 느끼기보다는 삶의 거의 모든 측면들이 끔찍하다고 느낀다.

어머니는 내가 26세 때 세상을 떠났고 나는 복합 비애complicated grief에 이르지는 않았지만 우울증에 시달렸다. 앞서 말했듯이, 어머니도 우울증이 심했다. 어머니는 내가 태어나기 전부터 우울 삽화를 겪기 시작해서 내 유년기 내내 지속되었다. 우울증은 내 모계 쪽에서 강하게 유지되는 집안 내력이다. 우울증이라는 광맥이 대대로 구불구불 뻗어 내려오면서 이번에는 이 사람, 다음에는 저 사람을 고르는 식이다. 나도 어머니가 세상을 떠나기 전에 한 차례 우울 삽화를 겪은 적이 있다. 대학교 3학년 때 향수병이 도졌을 때 일어났다. 어머니의 사망 소식에 나는 또 한 차례 우울 삽화를 겪었고, 그것이 끝이 아니었다. 그러나 복합 비애를 겪은 이들로부터 많은 것을 알아내면서, 나는 그들의 비애 경험의 핵심 특징이 갈망yearning임을 깨닫게 되었다. 내가 애도하고 있을 때 붙들고 씨름하던 감정은 그것이 아니었다. 어머니를 잃은 아픔을 겪고 있었지만, 나는 어머니가 다시 곁에 있기를 갈망하지는 않았다. 사실 나는 어머니가 세상을 떠났다는 사실에 좀 안도감을 느꼈다. 어머니와의 관계가 그만큼 힘들었기 때문이기도 하고, 어머니가 오랜 세월 너무나도 불행하게 살았음을 잘 알았기 때문이기도 했다. 사랑하는 이의 죽음 앞에서 안도감을 느끼는 일은 드물지는 않지만 끔찍한 낙인이 찍히기 십상이므로, 나는 아주 친한 사람들에게만 그 이야기를 털어놓았을 뿐이다. 사실 이 자리에서 말하면서도 좀 꺼림칙하다. 내 삶에 어머니가 없었더라면 나는 인간관계에서 갈등을 덜 겪었을 것이다. 20여 년 동안 어머니와의 사이에서 펼쳐진 관계 중 상당수는 다른 이들과의 관계에서도 되풀이되곤 했고, 그랬기에 내 삶의 여러 측면들에 우울이 배어들었다.

내 상황과 달리 만성 애도에 빠진 이들의 끔찍한 감정은 사랑하는 이를 잃은 데에서 나오며, 죄책감이 있다면 그것도 상실과 관련된 무언가에 초점이 맞추어져 있다. 다시 말해서 우울증이 있는 사람은 세상을 떠난 이가 되살아난다면 기뻐할지 모르지만, 그가 그렇게 되돌아온다고 해도 모든 문제가 해결되지는 않을 것이다. 즉 그들은 여전히 우울한 상태로 있을 것이다. 반면에 만성 애도에 잠긴 사람의 감정, 스트레스, 어려움은 죽은 이의 부재와 연결되어 있다. 사별 이전부터 우울증을 겪고 있던 이들은 비애가 우울과 다르게 느껴진다고 말한다.

사별 과학은 사랑하는 이를 잃은 뒤에 고통을 겪기 시작해서, 그것이 몇 달 심지어 몇 년 동안 계속 되는 이들도 있음을 알았다. 연구자와 임상의를 포함한 비애와 외상 전문가들은 1997년에 만성 애도 장애의 증후군이 무엇인지에 관해 논의하기 위해서 회의를 열었다.[3] 비록 많은 전문가가 상실 뒤에 회복되지 않는 이들에 관한 논문을 발표했지만, 그런 만성 애도 현상을 파악하는 데 어떤 기준을 써야 하는지 임상적 합의가 전혀 이루어진 적이 없었다.

이 전문가들은 사랑하는 이와 사별한 뒤 적응하는 데 가장 어려움을 겪는 이들을 특징짓는 증상들을 목록화했다. 그들은 경험 증거와 임상 경험을 토대로 애도 장애를 우울 장애나 불안 장애(외상후 스트레스 장애를 포함한)와 구별할 수 있다는 데 동의했다. 이런 만성 애도의 주된 증상은 ① 세상을 떠난 이를 향한 갈망에 집착, ② 상실로 생긴 외상 증후군이다. 그들은 연구 대상자가 이 만성 애도 현상에 들어맞는지를 판단하는 데 쓸 수 있는 기준도 개발했다. 이런 기준을 개발하는 일은 중요했다. 그 전까지는 연구자마다 심각한 비애를 서로 다른 식으로 정의했기에, 연구 결과들을 비교하기가 어려웠다.

애도 장애의 증후군을 명확히 정의함으로써, 우리는 다른 과학적 질문을 할 수 있었다. 예를 들어, 우리는 위험이 더 큰 이들을 예측하고 지원할 수 있었다. 또 심리적 스트레스나 뇌에서 상실이 처리되는 방식처럼 만성 애도와 관련된 다른 특징들이 무엇인지도 물을 수 있었다.

지속 비애 장애

만성 애도 즉 사별한 이들 중 적은 비율이 아주 오랜 기간 아주 심하게 앓는 경험에 장애라는 이름을 붙이는 데에는 장단점이 있다. 장점은 장애라고 부름으로써 사람들이 자기 말고도 같은 문제에 시달리는 사람들이 있다는 사실을 알게 되어 안도한다는 것이다. 연구자도 대처할 방법을 적극적으로 찾아나선다. 비록 임상 기준을 개발하는 것이 임상과학자로서의 내 주된 연구 영역은 아닐지라도, 이 진단 역사에 관한 배경 지식이 없이는 비애의 신경생물학을 이해하기가 매우 어렵다. 우리는 정신적으로 어떤 문제가 생길 수 있을지를 이해하지 못하고서는 만성 애도 때 뇌에 어떤 문제가 생길지를 이해할 수 없다.

사별한 사람 10명 중 1명은 장기간에 걸쳐서 적응하지 못한다는 점을 이해하자, 우리는 친구와 가족의 전형적인 지원을 받으면서도 나아지지 않는 이들에게 임상적 초점을 맞추었다.

전체 중 적은 비율을 차지하는 이 사람들은 시간이 흘러도 살아갈 의미를 되찾지 못한다. 이 기준으로 비애 장애를 앓고 있다고 판정된 이들에게 초점을 맞추자, 이 장애를 효과적으로 완화할 수 있는 심리요법이 출현했다. 구체적인 요법은 이 책 뒷부분에서 다룰 것이다.

이 비애 장애가 정확히 무엇인지를 말하기에는 우리, 즉 과학자와 임상의는 아직 초기 단계에 있다. 우리는 아직 사람들이 정상적으로 겪는 비애나 우울, 불안, 심리적 외상과 비애 장애를 구별하고자 애쓰고 있다. 아직 역사를 만드는 중이어서, 장애 수준의 애도에 복합 비애complicated grief와 지속 비애prolonged grief 장애를 비롯한 몇 가지 이름을 써왔다. 1997년에 비애 장애를 정의한 이들은 원래 외상 비애traumatic grief라는 용어를 썼지만, 현재 그 용어는 외상 사망을 접한 뒤의 비애를 뜻한다. 외상이라는 용어는 갑작스럽거나 폭력적인 사망 사건에서 살아남았다는 점에 초점을 맞춘다. 지속 비애 장애는 현재 세계보건기구가 내놓은 국제질병분류International Classification of Diseases. ICD-11 체계에 들어가 있다. 또 2022년 미국정신의학회가 내놓은 『정신질환통계편람Diagnostic and Statistical Manual of Mental Disorders. DSM-5-TR』에도 진단명으로 받아들여져 있다. 강렬한 갈망, 즉 죽은 사람에 관한 생각에 거의 매일 같이 집착하는 것도 이 장애의 특징적인 증상 중 하나다. 강렬한 정서적 고통, 못 믿겠다는 느낌이나 상실을 받아들이지 못하는 태도, 이런저런 일을 하고 계획을 세울 때 어려움을 느끼는 현상, 자신의 일부가 사라졌다는 느낌도 이 증상에 속한다. 이 증상들은 적어도 6개월(또는 DSM-5-TR에서는 적어도 1년) 동안 지속되면서 직장, 학교, 가정에서 할 일을 제대로 못하게 방해하고, 문화적 또는 사회적 맥락에서 기대 수준을 충족시키지 못하게 만든다.

비애 장애를 앓는 이 소수 집단에 속한 이들의 삶은 비애에 잠기는 보편적인 경험을 하는 이들의 삶과 다르다. 내가 면담한 한 여성은 지켜볼 할머니가 세상을 떠났기에 굳이 자녀에게 유대교 성인식을 치르게 할 이유가 없다고 말했다. 한 남성은 지역 사회의 지도자로 일했지만 아들이 세상을 떠난 뒤에는 "더 이상 사람들에게 관심이 가지 않아서" 아무것도 하기 싫다고 말했다. 전국 일간지의 한 기자는 취재원과 인터뷰를 할 때면 으레 눈물이 솟구치는 바람에 결국 직장을 그만두어야 했다. 한 여성은 사별한 뒤에도 여전히 그 전과 똑같은 양으로 채소를 구입한다. 2인분을 요리한 뒤에 절반은 먹지도 않은 채 버린다는 사실을 잘 알면서도 그렇다.

나는 복합 비애라는 용어를 선호한다. 정상적인 치유 과정에서 일어날 수 있는 합병증을 떠올리게 하기 때문이다. 뼈가 부러진다면, 몸은 새로운 세포를 만들어서 다시 튼튼한 뼈를 재생한다. 의사는 석고 붕대를 감아서 부러진 부위를 고정하여 도움을 줄 수 있지만, 뼈가 다시 붙는 것은 자연적인 치유 과정이다. 뼈가 부러진 적이 있다면 여러 해가 지난 뒤에도 의사는 X선을 통해서 그 부위가 부러진 적이 있다는 사실을 알아본다. 비애도 비슷하다. 사별을 겪은 뒤 삶에 영구적인 변화가 일어났기에, 설령 잘 적응했다고 해도 알아볼 수 있다. 그러나 감염이나 2차 골절처럼, 골절 치유 과정에서 합병증이 생길 수도 있다. 심각한 지속 비애도 마찬가지다. 대개 일반적인 적응 과정을 방해하는 합병증이 있기 마련이며, 사별한 사람을 전형적인 회복 적응 궤적으로 돌려놓으려면 이런 합병증을 파악하고 해결하는 것이 우선 목표이다. 우리가 적응하는 과정에서 줄기차게 떠오르는 특정한 생각이 만드는 합병증의 한 종류를 이 책 뒷 부분에서 깊이 살펴보기로 하자.

이 책에서 나는 복합 비애라는 용어를 가장 많이 쓰고 있다. 내가 여러 연구 결과들을 발표할 시기에 그 용어가 가장 유행

했다. 나는 그 용어를 사별 뒤 애도의 합병증으로 빚어지는 심각하면서 지속되는 경험을 가리키는 데 쓴다. 이것이 바로 "만성" 애도, 즉 비애 장애라고 부를 수 있는 비애의 연속 스펙트럼의 가장 위쪽 끝에 놓인 것이다. 현재의 임상 과학에서는 복합 비애를 이 연속 스펙트럼의 위쪽 끝에서 지속 비애(100명 중 1~10명)보다 더 많은 사람들을 가리키는(10명 중 약 1~2명) 의미로 쓰인다. 비록 두 용어가 약간 다르긴 하지만 중요한 것은 연속 스펙트럼의 위쪽 끝에 놓인 사별한 이들을 가리킨다는 점이다.

비애와 뇌의 구조

회복하면서 적응하는 이들과 복합 비애를 겪는 이들의 뇌에 차이가 있을까? 사랑하는 이의 죽음은 뇌에 영향을 미치지만, 비애와 뇌의 관계는 쌍방향 통행로다. 뇌 기능은 뇌의 구조적 통합성에 의존하며, 그 죽음의 이해와 처리 능력 및 그 죽음이 우리의 삶에 어떤 의미가 있는지에도 영향을 미친다. 가장 극적인 사례를 들자면, 사별을 겪은 사람이 기억을 잘 못하거나 새로운 기억을 형성할 수 없다면, 사랑하는 이가 사망했다는 말을 듣고 또 듣고 또 들어야 한다. 기억을 저장할 뇌 구조가 없다면, 새롭게 반복해서 상실에 직면해야 한다.

기억을 형성하고 계획을 짜고 자신이 누구인지를 떠올리고 미래를 상상하는 우리의 인지 능력은 의미 있는 삶을 회복하는 데 도움을 준다. 연구자들은 사별한 사람의 뇌 기능과 구조가 이런 정신 능력들과 비애 사이의 관계에 어떻게 영향을 미치는지를 조사해왔다. 로테르담 에라스무스의학센터의 연구진은 우리의 인지 과정과 뇌가 사별 때 어떻게 변하는지를 살펴본 연구 결과들을 계속 내놓고 있다. 2018년에 나는 안식년을 맞이해서 네덜란드로 가서 이 연구자들과 함께 일하는 행운을 누렸다.

1980년대 중반에 이 선견지명을 지닌 의사들과 연구자들은 현재 미국이 직면하고 있는 것과 마찬가지로 네덜란드 인구 중 노년층의 비율이 점점 높아질 것임을 주목했다. 그들은 이 인구학적 변화로 만성 질환을 지닌 노인의 비율이 늘어날 것이며, 이런 질병들의 원인을 밝혀내는 것이 위험 요인을 연구하는 가장 좋은 방법이라고 판단했다. 그래서 대규모 역학 연구를 시작했다.

앞서 말했듯이, 질병의 인과적 측면을 살펴보려면 전향 연구가 필요하다. 사람들이 질병에 걸리기 전에 어떠했는지를 판단해야만, 심장병, 암, 우울증 같은 병에 걸린 뒤에 어떤 변화가 일어났는지를 추적할 수 있다. 이런 사전과 사후 정보를 토대로 연구자는 예전을 돌아보면서 어떤 원인이 있었는지를 살펴볼 수 있다. 중요한 점은 다양한 사람들을 표본 조사하므로 같은 병에 걸리지 않은 사람들에게서도 같은 요인이 작용했는지 여부도 살펴볼 수 있다는 것이다.

네덜란드 연구진이 로테르담의 한 전형적인 지역에 초점을 맞추었다는 것은 탁월한 생각이었다. 그들은 그 지역의 한가운데에 의학 연구 시설을 세웠다. 덕분에 정기적으로 의학적 및 정신의학적 자료를 모으고, 진료 기록을 통합 보관하고, 지역 사회와 연구진을 통합하는 것이 가능했다. 연구진은 비애 연구를 위해서 사별 과학에 극적인 변화를 가져올 한 가지 중요한 결정을 내렸다. 사랑하는 이와 사별을 겪었는지를 묻는 한편으로, 비애의 심각한 정도를 평가하기 위해서 표준 진단 기준에 쓰이는 질문도 했다. 그 결과 현재 많은 노인들이 어떤 애도 궤적을 겪었는지를 알려주는 여러 해에 걸친 자료가 확보되어 있다.

연구진은 참여한 주민들의 뇌 구조 MRI도 찍었다. 구조 MRI는 기능 MRIfMRI와 다르다. FMRI가 어디에 있는 신경세포가 발화하는지 알려주기 때문에 나는 첫 비애 연구에서 그

것을 썼다. 기억이나 감정 같은 특정한 정신적 기능을 뇌의 어느 영역이 맡고 있는지를 파악하기 위해서였다. 반면에 구조 MRI는 뼈, 뇌척수액, 회백질을 구분해서 보여준다. 구조 MRI는 기본적으로 경이로운 삼차원 X선이다. 구조 MRI는 무릎이나 심장을 살펴보는 데에도 쓸 수 있다. 머리를 찍는다면, 연구자에게 뇌의 전반적인 크기를 알려준다. 중요한 점은 뇌의 회백질과 백질의 구조적 통합성도 보여준다는 것이다. 뇌는 꽉 차 있는 것이 아니다. 모든 신경세포 사이사이에는 미세한 공간이 있다. 두 뼈의 크기가 전체적으로 비슷해도 한쪽 뼈가 골다공증에 걸려 있다면, 안에 구멍이 많이 나 있어서 더 무르고 속이 비어 있을 것이다. 즉 그 뼈는 구조적 통합성이 떨어진다. 따라서 두 뼈는 크기는 같지만 부피는 다를 수 있다. 마찬가지로 뇌에서도 정상적인 노화, 부상, 질병으로 신경세포가 쪼그라들어서 공간이 생길 수 있다. 구조 MRI는 이런 공간을 검출할 수 있으며, 그래서 사람들의 뇌 부피를 비교하는 것이 가능하다.

로테르담 연구에서는 복합 비애를 앓는 노인 150명과 사별했지만 복합 비애를 앓고 있지 않은 615명, 사별을 겪지 않은 4,731명의 뇌를 비교했다. 현재 주요 우울 장애를 앓고 있는 이들은 제외했기에, 이 결과는 명확히 우울이 아니라 비애와 관련이 있었다. 연구진은 복합 비애를 앓는 이들이 사별하지 않은 이들보다 뇌 부피가 상당히 적었고,[4] 사별하지 않은 이들과 사별 후 회복 궤적으로 나아간 이들의 뇌는 전혀 차이가 없다는 것을 알았다. 따라서 노년에 사별로 인해 비애에 더 심하게 빠질수록, 뇌 부피가 더 작았다.

단 한 번의 MRI 촬영은 특정 시점의 스냅 사진, 즉 정보의 한 단면에 불과하다. 뇌 부피가 줄어든 것이 사별의 원인인지 결과인지는 전혀 알려주지 못한다. 복합 비애에 시달리는 사람들의 뇌 부피가 더 작다는 사실 자체는 그 구조적 차이가 사별 이전부터 있었는지, 아니면 사별 뒤에 생긴 것인지를 알려주지 않는다. 한편으로는 사전에 뇌의 구조적 통합성이 떨어졌다면, 사별 후 회복 적응하는 데 지장을 줄 것이다. 다른 한편으로는 심각한 비애의 스트레스가 뇌를 약간 위축시켰을 수도 있다. 작아진 덜 건강한 뇌는 비애에 잠겨 있는 동안 배우거나 적응하는 데 지장을 줄 수 있다. 중요한 점은 노년층을 아주 대규모로 연구했더니, 평균적으로 적응하는 데 가장 어려움을 겪는 이들은 뇌에 약간 구조적 차이가 있었다는 것이다.

이 발견은 사별한 이들이나 복합 비애를 겪는 이들의 인지 기능에도 변화가 일어날까 하는 의문을 낳는다. 애도는 정신적으로 매우 힘들다. 사랑하는 이와 사별한 뒤 미래를 계획한다고 해 보자. 미래를 계획하는 데에는 과거 경험을 토대로 더 큰 가치와 목표와 욕망을 염두에 두면서, 가능한 결과들을 떠올리고 예측하는 정신적 능력이 필요하다. 그리고 이 모든 일은 현재 상황과 세계에 관한 전반적인 지식을 고려한다. 이 많은 정보를 통합해서 우리 행동의 토대가 될 일관된 계획을 세우려면 아주 많은 인지 능력이 필요하다!

주목할 점은 사별한 많은 이들이 집중하는 데 어려움을 겪는다고 토로한다는 것이다. 우리는 표준 인지 검사를 통해서 사별한 이들이 사별을 겪지 않은 이들과 인지 능력에 차이를 보이는지 알아볼 수 있다. 사별한 이가 인지 능력이 아닌 다른 것 때문에 집중하는 데 어려움을 겪을 수도 있다. 예를 들어, 이 주의 부족은 떠난 사람이나 그 상실을 한편에서 늘 생각하고 있기 때문에 일어나는 것일 수도 있다. 정반대로 사별한 이가 인지 검사 때 주의를 집중하고 노력을 해도 결과가 안 좋게 나온다면, 인지 문제가 그 어려움의 원인이라고 결론지을 수 있다. 다행히도 뇌 구조를 연구한 바로 그 로테르담 연구진은 인지 검사도 했다.

사별과 인지 기능, 지금과 나중

로테르담 연구진은 참가자를 대상으로 종합적인 인지 검사를 했다. 단기 기억과 장기 기억, 정보 처리 속도, 주의와 집중, 단어 기억과 연상 능력, 전반적 인지 기능도 검사했다. 단어 퍼즐, 기호 짝짓기, 이야기 회상, 블록으로 패턴 만들기 등의 검사인데, 모두 참가자의 연령과 교육 수준에 맞추어 표준화했다. 정신의학자이자 역학자인 헤닝 티메이어르Henning Tiemeier는 회복력을 지닌 사별한 이들이 사별을 겪지 않은 동년배들보다 검사 점수가 낮지 않다는 것을 알았다. 즉 인지 능력에 영향을 미치는 것이 사별만은 아니다.

반면에 복합 비애를 앓는 집단은 회복력을 지닌 사별 집단에 비해 인지 검사에서 낮은 점수를 받았다. 복합 비애를 앓는 집단은 전반적인 인지 기능과 정보 처리 속도가 약간 떨어졌다. 여기서도 우리는 어느 쪽이 먼저인지는 전혀 모른다. 닭이 먼저냐 달걀이 먼저냐 하는 문제다. 사별에 적응하는 스트레스가 인지 기능에 영향을 미친 것일까, 아니면 노인의 인지 기능이 죽음과 그 뒤의 일들을 처리하는 능력에 영향을 미친 것일까? 전반적으로 약화된 인지 기능으로는 상실에 대처하기가 더 어렵기 때문에 더 심한 비애로 이어질 수 있다. 아니면 지속 비애 반응이 신경세포의 구조나 기능에 영향을 미치고, 그 결과 뇌의 정신 기능에 영향을 미쳐 인지 기능에 지장이 생기는 것일 수도 있다.

결정적인 증거는 아니지만, 이 문제를 살펴보는 데 도움이 되는 증거가 약간 있다. 같은 노인 참가자들에게 7년 뒤 다시 인지 검사를 했더니, 복합 비애에 시달리는 이들은 회복 애도 궤적을 따라간 이들보다 여전히 전반적으로 인지 기능이 약간 떨어졌다.[5] 회복 궤적을 나아간 사별한 이들의 뇌는 여전히 사별을 겪지 않은 이들의 뇌와 똑같아 보였다. 이 자료는 대다수에게는 상실이 지속적인 결함을 낳지 않은 채 적응할 수 있는 정상적인 삶의 사건임을 시사한다. 반면에 복합 비애를 앓는 이들에게서는 특이한 일이 일어난다. 티메이어르 연구진은 이 결과를 다음과 같이 해석했다. 적어도 노년층에서 경도 인지 장애가 있는 이들은 사랑하는 이를 잃었을 때 심각한 비애 반응을 일으킬 가능성이 높다는 것이다. 즉 경도 인지 장애는 복합 비애에 더 취약하게 만든다.

그들이 겪고 있는 인지 기능의 느린 쇠퇴는 대체로 수십 년에 걸쳐 일어난다. 따라서 떨어지는 인지 기능이 사별로 생긴 것이 아님에도, 사별 때문인 양 비칠 가능성도 있다. 나는 이 분야의 연구가 더 필요하다고 본다. 복합 비애를 앓고 있는 이 노인들이 더 잘 적응하도록 돕는 효과적인 요법이 인지력 쇠퇴도 늦추거나 멈출 수 있지 않을까 궁금하다.

이 연구에 몇 가지 한계가 있음을 유념하는 것도 중요하다. 예를 들어, 인지력 감퇴를 복합 비애 반응이라고 설명하는 것은 상실 당시에 중년이었거나 더 젊은 이들에게는 들어맞을 가능성이 낮다. 더 젊은 층에게는 인지 검사와 구조 MRI를 활용한 이런 연구가 아직 이루어진 적이 없다. 그런데 연구는 집단 평균을 이용한다. 따라서 복합 비애를 앓는 사람이 있을 때, 우리는 경도 인지 장애가 원인이라고 단언할 수가 없다. 설령 경도 인지 장애가 복합 비애의 위험 요인이라고 해도, 시간이 흐르면서 인지력이 쇠퇴하는 것은 뇌의 노화와 스트레스를 주는 사별 사건의 합작품일 가능성이 매우 높다.

게다가 복합 비애를 앓는 이들은 심리치료를 받으면 인지 기능이 향상될 수도 있다. 호주 임상심리학자 리처드 브라이언트Richard Bryant와 피오나 매컬럼Fiona Maccallum은 인지행동치료 cognitive behavioral therapy, CBT를 써서 지속 비애 장애를 지닌 소수의 사람들을 치료했다. 그런 뒤 치료 전후에 특정한 기억을 떠올리는 능력을 검사했다.[6] 심리치료를 받은 사별한 이들은 특정한 자전적 기억들을 더 잘 떠올릴 수 있었다. 치료를 받을 때 비애 수준이 가장 많이 개선된 이들은 이 기억 능력도 가장 크게 개선되었다. 따라서 지속 비애와 인지 기능 저하는 설령 인과적이지 않다고 해도 연관이 있을 수 있다. 지속 비애가 완화된다면, 인지 장애도 개선될 것이다.

복합 비애의 심리치료

슈퍼마켓에서 이번 주에 먹을 것을 사서 계산대로 간다고 하자. 컨베이어벨트에 물품들을 올려놓고서 지켜본다. 점원이 스캐너를 댈 때마다 삑삑 소리가 들린다. 남편과 사별한 비비안은 매주 이곳에 왔다. 계산 과정을 지켜보면서, 그는 생각했다. "절반은 그냥 버린다는 걸 알면서 왜 이렇게 많이 살까." 왜일까? 비비안은 매일 저녁 여전히 자신뿐 아니라 세상을 떠난 남편 것까지 요리를 해왔다. 예전에 하던 그대로 여러 가지 요리를 준비했다. 매일 저녁 2인분을 먹을 수는 없기에, 남은 절반을 쓰레기통에 버리곤 했다. 그러나 다음 주에도 그 다음 주에도 그는 여전히 2인분의 채소, 파스타, 햄버거 빵, 우유를 사곤 했다. 남편을 위해 식품을 사는 행동을 그냥 멈출 수가 없었다. 마치 남편을 먹임으로써 40년 동안 서로를 묶고 있던 굵은 밧줄의 마지막 가닥이 끊기는 것을 막으려는 듯했다. 자신이 달리 할 수 있는 일이 없었기에, 그는 여전히 남편을 위해 요리를 했다. 그런 한편으로 비비안은 그런 행동이 헛짓거리임을 알고 있었다. 그는 남편이 먹을 음식을 따로 접시에 담아서 식탁에 놓는 일은 하지 않았다. 즉 남편이 세상을 떠났다는 사실을 착각하는 일은 없었다. 그러나 가족이나 친구가 혹시라도 자신을 미쳤다고 생각할까봐, 그는 저녁마다 하는 이 행동을 남들에게 숨겼다.

그러다가 비비안은 복합비애치료Complicated Grief Treatment, CGT 라는 것이 있다는 말을 들었다. 그는 별 기대는 하지 않았지만 몇 달째 계속 먹지도 않을 요리를 하는 짓이 광고에 적힌 장애에 들어맞는 것 같다는 생각이 언뜻 들어 진료 예약을 했다. CGT는 컬럼비아 대학교의 정신의학자 캐시 시어Kathy Shear가 개발했다. 시어는 무작위 임상 시험을 통해서 구체적으로 복합비애 증후군에 초점을 맞춘 요법이 사람들을 회복시킬 수 있을 뿐 아니라, 다른 심리치료를 받은 대조군보다 CGT을 받은 실험군이 회복이 더 잘 된다는 것을 입증했다. 시어의 연구는 《미국의학협회지》와 《미국정신의학회지》에 실렸다. 노년층에서도 다른 요법을 받은 사람은 회복률이 32퍼센트였던 반면,

CGT 회복률은 70퍼센트였다.[7]

비비안은 16주 동안 집중 치료를 받았다. 처음에는 비애가 어떻게 작용하는지에 초점이 맞추어졌고, 치료사는 많은 이들이 비탄에 잠기는 것이 자신의 잘못인 양 느낀다는 것을 이야기했다. 비비안은 자신이 바로 그렇다고 하면서, 친지들로부터 이제 그만 "훌훌 털어내라"는 말을 듣는다고 했다. 그러나 치료사는 그를 방해하는 합병증을 찾아내는 방법을 이야기했고 현재 자신의 삶에서 필요한 다양한 기술들을 습득하기 위한 숙제를 내주곤 했다. 치료사는 비비안에게 자신의 생각과 감정을 관찰하고 적음으로써, 자신에게 가장 문제가 되는 것이 무엇인지를 발견할 수 있도록 가르쳤다.

비비안에게는 슈퍼마켓 물건 구매가 가장 큰 문제였다. 치료사는 그것이 이중 과정 모형의 회복 스트레스 요인 중 하나라고 했다. 즉 식품 구입과 요리를 관리할 방법이 그것이었다. 그런 한편으로 치료사는 상실에도 초점을 맞추고자 남편이 어떻게 세상을 떠났는지를 글로 적어서 보여줄 수 있는지 물었다(그전까지 비비안은 그날 있었던 일을 사실상 어느 누구에게도 말한 적이 없었다). 그는 남편이 2주 동안 입원해 있었고, 자신이 밤낮으로 옆에서 간호했다고 설명했다. 그들은 아주 친밀했고, 그는 혹시라도 남편이 정신을 차린다면 그 순간에 옆에 있고 싶었다. 어느 날 오후, 병원에서 매일 보던 간호사가 그에게 집에 가서 좀 씻고 옷을 갈아입고 깨끗한 옷도 몇 벌 갖고 오라고 넌지시 말했다. 비비안은 지쳐 있었고 그렇게 하기로 했다. 그런데 한 시간 뒤 그가 돌아오자, 간호사는 남편이 세상을 떠났다고 알렸다. 치료사에게 이 이야기를 하면서 비비안은 극심한 슬픔과 죄책감에 빠졌고, 간신히 이렇게 말했다. "내 잘못이라고 지금까지 어느 누구에게도 인정할 수가 없었어요. 남편은 나 없이 세상을 떠났어요."

CGT는 이런 강렬하면서 압도적인 감정을 반복해서 다시 떠올리게 하고, 더 유연하게 그런 감정을 드나들 수 있는 기법을 가르침으로써 상실의 스트레스에 대처하도록 했다. 비비안과 치료사는 둘 다 비비안이 이 기억을 회피하고 있었음을 알아차렸고, 그 기억을 다시 떠올릴 전략을 준비했다. 치료사는 상실이 현실임을 받아들이는 데 도움이 되도록, 비비안에게 그 이야기를 녹음해서 매일 들으라고 했다. 이 숙제를 하려면 슬픔의 고통을 직시할 자기 연민이 필요하며, 이 자기 연민은 그 감정을 "적정 수준으로 접하면서dosing" 제쳐두는 법을 배우는 과정을 수반한다. 이중 과정 모형에서 보는 진동이 바로 이것이다.

치료사는 회복 스트레스 요인을 다루는 차원에서, 비비안에게 1인분만 요리하면 어떻겠냐고 물었다. 그러자 비비안은 대답했다. "솔직히 말하자면, 차라리 굶겠어요. 냄비나 접시에 작은 감자 하나만 달랑 놓여 있다고 생각하면 너무나 우울해져요. 너무나 외로워져요."

그러면 음식 측면에서 그가 달리 할 수 있는 일이 있을까? 비비안은 일회용 용기를 사서, 남은 음식을 담아서 냉장고에 보관하기로 했다. 자신이 먹지 않으리라는 것은 알았지만, 교회에 가서 물어보면 혹시라도 음식을 원할 사람이 있지 않을까 생각했다. 실제로 동네 집들을 방문하는 교회 자원 봉사 책임자는 가정에서 요리한 음식을 원하는 이들이 아주 많다고 말했다. 비비안은 사실 외로운 사람들의 가정을 직접 방문할 생각은 없었지만, 다른 이들에게 나눠줄 수 있도록 냉장고에 둔 음식을 교회에 가져가기로 했다.

오랫동안 고통에 시달린 많은 사별한 이들에게는 자그마한 관심사라도 이끌어내는 치료사와 함께 목표와 활동을 추구하는 일이 하나의 계시로 다가온다. 치료가 끝나기 전, 치료사와 사별한 사람은 나중에 삶에 들어올 새로운 사람과 관계를 맺고 개선하는 등 사회적 연결을 강화하는 데 힘쓴다. 새로운 무언가를 시도하는 것조차도 비비안을 조금씩 회복시켰다. 자원봉사 담당자는 쾌활한 젊은 여성이었는데, 비비안이 남편과 함께 세계 여행을 한 이야기를 비롯한 살아온 이야기를 할 때면 늘 더해 달라고 안달이었다. 그리고 비비안의 요리도 무척 좋아했다!

CGT에는 치료사의 인도를 받아서 고인과 상상의 대화를 하는 과정도 있다. 한 번은 이런 대화를 하다가 비비안은 그를 너무나 사랑했다고 소리쳤는데, 그가 자신을 사랑했다는 감정도 물밀 듯이 밀려들었다고 했다. "아마 나를 너무나 사랑한 나머지 죽는 모습을 내게 보여주지 않으려고 한 것 같아요. 내가 병실을 나선 것이 그에게는 축복이었을지도 모르겠어요. 맘 편하게 떠날 수 있어서요." 강한 사랑의 감정에 휩싸이자 비비안은 여전히 자신을 묶고 있는 것이 요리가 아니라, 결코 사라질 수 없는 깊은 결속임을 깨달았다. 그 뒤로도 비비안은 여전히 자신이 먹을 것보다 많이 요리를 한다. 하지만 이제는 남편을 먹여야 한다는 강박적인 기분에서 하는 것이 아니라, 홀로 사는 동네 주민들을 위해서 한다. 그 활동이 의미 있다고 여겨서다.

증거에 토대를 둔 복합 비애의 심리치료 기법을 배운 치료사는 아직 얼마 되지 않는다. CGT 외에 노출요법과 인지행동치료 등 경험에 토대를 둔 다른 유형의 심리치료들도 있다.[8] 유럽의 연구에서는 인지행동치료가 집단 치료 환경에서도 효과가 있음이 드러났다. 그러나 사별 과학은 복합 비애에 시달리는 이들에게 치료의 핵심 요소가 무엇인지, 그들의 치료가 성공하려면 무엇을 바꾸어야 할지를 이해하는 쪽으로 큰 성과를 이루었다.

복합 비애를 진단하는 일의 어려움

정신 장애와 사람들이 으레 겪는 문제의 경계는 모호하다. 우리는 누군가가 자기 자신에 관한 끔찍한 무언가를 믿게 만드는 목소리를 듣는다고 하면, 정신 장애가 있다고 본다. 누군가가 너무나 불안에 사로잡혀서 집 밖으로 나오지 못할 때, 정신 장애가 있다고 본다. 또 누군가가 사랑하는 이들의 이름을 떠올리지 못하거나 차라리 죽었으면 할 만치 정신적 고통에 시달릴 때, 정신 장애가 있다고 보기도 한다. 심리학자를 비롯한 연구자들은 장애 수준의 애도와 사별을 겪은 사람들이 보편적으로 느끼는 고통의 모호한 경계를 이해하고 설명하기 위해서 무척 노력하고 있다. 특정한 진단 기준을 열거하거나, 일상생활을 제대로 하는지 평가하거나, 사별한 뒤로 얼마나 오랫동안 틀어박혀 있었는지를 살펴보거나, 당사자가 속한 문화의 관점에서 볼 때 그 반응이 관습적으로 비치는지 여부를 판단하는 방법을 통해서다.

애도하는 사람들, 사랑하는 이를 잃은 극심한 고통을 느껴 본 적이 없는 사람들에게 복합 비애라는 용어를 쓰는 것은 그들이 느끼는 고통이 얼마나 지독한지를 전달하는 방법이 될 수도 있다. 그러나 설령 장애가 아닐 때에도 애도에는 으레 고통이 수반되기 마련이다. 나는 사람들이 자신이 느끼는 비통함의 깊이가 정상적이지 않고, 슬픔의 저류가 지속되는 것이 정상적일 리가 없다고 믿기 때문에 복합 비애라는 용어를 스스로에게 쓰지 않을까 우려한다. 그러나 이 걱정은 흔한 것이다. 가장 정상적이면서 자연적인 사례에서도 애도에는 시간이 걸리고 의미 있는 삶을 회복하는 데에도 시간이 걸린다. 나는 전문가와 애도에 잠긴 사람 양쪽에서 과잉 진단이 이루어지지 않을까 우려한다. 보편적인 애도 과정을 이해하지 못하는 문화 속에서 자신의 경험을 설명하려고 애쓰다가 그럴 수도 있다.

사람들은 복합 비애라는 용어를 마치 죽은 이에게 충실함을 알리는 표지처럼, 얼마나 깊이 사랑했는지를 묘사하는 문구처럼 채택하기도 한다. 그러나 우리를 다른 사람들과 연결하는 데 도움을 주는 것은 비애의 보편적인 특성이므로, 장애라는 진단을 내릴 때에는 신중할 필요가 있다. 그 합병증이 반드시 개입을 필요로 하는 경우라면 더욱 그렇다. 임상의로서 그 용어를 쓴다는 것은 동료와 보험사에 이 비탄에 잠긴 사람을 치유 궤적으로 돌려놓으려면 개입이 필요하다고 알리는 것이 될 수 있다. 그런 한편으로 이 진단을 내림으로써 우리는 세심하게 다듬어지고 경험적으로 연구된 심리치료를 써서 복합 비애에 잠긴 이들을 의미 있는 삶으로 돌아가게 할 수도 있다.

6장

사랑하는 이를 갈망하다

사랑하는 이를 잃었을 때 왜 그렇게 고통스러운가

사랑하는 이와 사별하는 순간, 우리는 가슴으로부터 팽팽하게 잡아당겨지던 심금이 탁 끊어지는 양 느낄 것이다. 이 애착 결속, 이 밧줄은 보이지 않지만 엄연히 존재한다. 사랑하는 이와 우리를 계속 연결하고 있다. 또 탄력 있는 고무줄처럼 우리에게 사랑하는 이에게로 돌아가도록 동기를 부여하고, 떨어져 있을 때면 무언가 빠져 있다는 느낌을 불러일으킨다.

나는 20대 중반에 배우자와 그런 결별을 하던 순간을 생생하게 기억한다. 나는 신혼이었다. 결혼식을 올린 지 겨우 몇 달 지나지 않았고, 어머니는 호스피스 돌봄을 받고 있었다. 우리 부부는 애리조나에 살면서 함께 대학원에 다니고 있었고, 어머니는 몬태나에서 내가 어릴 때 살던 집에서 살았다. 말기 질환을 앓고 있는 이들이 종종 그렇듯이, 어머니는 의학적 위기를 잇달아 겪었고, 그럴 때마다 나는 비행기를 타고 어머니에게 향했다. 나는 생후 18개월 때부터 비행기를 탔다. 어머니는 영국인이었고 외가 친척들이 모두 영국에 살았기에, 내 유년기는 대서양 횡단 비행으로 점철되어 있었다. 그러나 어머니가 심하게 앓고 있는 시기에 극심한 감정에 휩싸인 채 비행기를 타고, 게다가 언제나 심각한 문제가 벌어지는 상황에서 오갔기 때문에, 이윽고 나는 비행에 공포를 느끼게 되었다. 한 번은 비행기에 탔을 때, 완전한 공황 상태에 빠졌다. 난류를 통과하고 착륙할 때, 좌석을 흔들어대고 호흡하면서 속으로 노래를 하는 등 갖가지 당혹스러운 행동을 했다.

1999년 12월, 어머니가 마지막 의학적 위기를 맞이했다. 언니는 이미 어머니 집에 가 있었고, 나도 오는 편이 좋겠다고 했다. 우리 부부는 나만 먼저 가서 이번 입원도 또 한 차례의 위기로 그치고 말지 알아보는 편이 낫겠다고 판단했다. 필요하다면 며칠 내에 내 배우자도 올 수 있을 테니까. 어머니가 살아 계시는 동안 내가 할 마지막 비행에 나설 때, 내가 세상에서 가장 가깝다고 느끼는 사람과 떨어져서 비행기라는 공포 속으로 내 자신을 억지로 밀어넣을 때, 나는 우리 사이의 힘줄이 뜯겨나가는 것만 같았다. 그 결정이 옳다는 사실에도 불구하고, 내 뇌의 모든 기구들은 배우자 곁을 떠나지 말라고 내게 비명을 질러대고 있었다. 뇌의 강력한 화학물질과 신경 연결은 내가 아는 안전과 애정으로부터 떠나지 못하게 나를 막으려 애썼다. 배우자를 다시 보게 되리라는 것을 잘 알고 있었음에도, 나는 서로 떨어질 때의 그 강렬한 느낌을 결코 잊지 못한다.

살아 있지만 멀리 있는 사랑하는 이를 그리워하는 애타는 마음은 결속을 유지하는 데 유용하다. 이 애타는 마음은 사랑하는 이가 결코 돌아오지 못하리라는 것을 알 때 견딜 수 없는 상황으로 치달을 것이다. 개별 감정을 넘어서는 압도적인 비애의 고통을 사람들은 정신적 고통psychic pain이라고 말한다. 비애는 왜 그렇게 마음을 아프게 할까? 내 뇌 연구는 이 질문을 다루어 왔으며, 나는 뇌가 호르몬, 신경화학물질, 유전자를 포함한 강력한 도구들을 써서 이 애타고 견딜 수 없는 듯한 감각을 생성한다고 믿는다.

다시 당신은 누구인가

　사랑하는 이의 상실이 왜 그토록 고통스러운가라는 질문에 답하기 전에, 뇌가 애초에 사랑하는 이를 어떻게 알아보는지 살펴보자. 누군가와 이별할 때 끔찍한 기분이 드는지를 알아보기 전에, 먼저 뇌의 한 가지 흥미로운 문제를 살펴보자. 이런저런 틀에 박힌 평범한 일상생활을 하는 우리는 퇴근할 때 깊이 생각하지 않고서도 집을 찾아갈 수 있다. 그러나 뇌가 매일 밤 자신과 짝을 이루는 동일한 사람을 떠올리려면 전용 기억 공간을 지녀야 한다는 것을 알면 놀랄지도 모르겠다. 뇌는 집으로 와서 함께 저녁을 먹어야 하는 쪽은 바로 이 사람이지 다른 멋진 외모를 지닌 사람이 아니라는 것을 떠올려야 한다. 당신이 사랑하는 이는 10년 뒤에는 처음 사랑에 빠졌을 때와 모습이 달라지고, 다시 10년이 흐른 뒤에는 또 달라진다. 그러나 우리는 이 사람이 우리가 만나서 결혼한 그 사람이거나 우리가 낳고 기른 그 사람이라고 확신한다. 실제로 뇌에는 사람의 얼굴을 떠올리고 누가 자신의 사람인지를 식별하고 기억하는 일을 맡은 방추형이랑이라는 영역이 있다. 신경과학자들은 이곳이 그 생각이 출현하는 뇌 영역이라고 판단했다. 방추형이랑에 손상을 일으키는 뇌졸중이나 머리 외상을 겪은 이들은 친숙한 얼굴을 알아보는 능력을 잃기 때문이다. 얼굴인식불능증이라는 이 장애는 남편이나 아내 같은 친숙한 사람조차도 알아보지 못하게 한다.

방추형이랑이 얼굴을 알아보는 일을 맡는다는 개념, 즉 얼굴 특이성 가설face-specificity hypothesis은 1990년대 말 이래로 많은 논쟁과 연구의 대상이었다. 그 대안인 전문성 가설expertise hypothesis은 심리학자 수전 캐리Susan Carey와 신경과학자 리아 다이아몬드Rhea Diamond가 내놓았다. 전문성 가설은 이 뇌 영역이 자동차의 미니쿠퍼나 57년형 쉐보레처럼 한 범주의 특정한 사례들을 알아보는 일을 하는 것일 수도 있다고 주장한다. 자동차 애호가나 오랫동안 애견 박람회 심사자로 일한 전문가에게는 이 뇌 영역이 그 특정한 범주에 맞추어져 있을 것이라고 했다. 이런 전문가들은 "자동차"나 "개"의 범주들을 상세히 구별할 필요가 있을 것이다. 전문성 가설은 방추형이랑이 사람의 얼굴을 볼 때 활성을 띠긴 하지만, 모든 사람이 얼굴을 알아보는 전문가라서 그렇다고 주장한다. 사람은 다양한 조명 조건과 각도 등 여러 상황에서 각각의 사람들을 알아볼 필요가 있다. 마찬가지로 애견 박람회 심사자는 한 종 내의 각각의 동물들을 식별해야 한다. 우리 모두를 전문가로 만드는 사람의 얼굴 인식 훈련은 유아기 초에 시작된다. 초점 거리가 20~30센티미터밖에 안 되어서 보호자가 아기를 팔에 안을 때 겨우 알아볼 수 있을 만치 시력이 약한 때부터다. 우리의 사회적 세계는 발달기와 성년기 내내 얼굴을 계속 연구할 것을 요구한다. 방추형이랑이 얼굴만을 검출하는지, 온갖 범주의 개별 사례들을 인식하는지를 둘러싼 논쟁은 아직 해결되지 않았다.

그러나 설령 그 논쟁이 해결되지 않았다고 해도, 이 뇌 영역이 처음부터 얼굴을 학습할 준비가 되어 있다고 생각할 타당한 이유가 있다. 방추형이랑에 외상을 입은 사람들—얼굴을 식별할 수 없는 얼굴인식불능증에 걸린 사람들—이 다른 범주에 속한 개별 대상들을 여전히 식별할 수 있다는 사실도 그 증거다. 반면에 방추형이랑에 영향을 미치지 않는 뇌 외상을 입은 사람들은 사물들을 전문가답게 구별할 수 없지만, 여전히 얼굴을 알아볼 수 있다. 예를 들어, "CK"라고 알려진 한 환자는 뇌 손상을 입은 뒤 인지 능력 검사를 받았다.[1] CK는 장난감 병정을 수천 점 수집한 사람이었는데, 한 군대에 속한 각 병사를 알아볼 수 있기는커녕, 이제 아시리아 병사와 로마 병사, 그리스 병사도 구별할 수 없다고 토로했다. 그럼에도 친구와 가족의 얼굴을 알아보는 능력은 여전히 다른 이들과 별 차이가 없었다.

4장에서 말한 우리의 첫 신경영상 비애 연구에서도 방추형
이랑은 사별한 사람들에게 사랑한 죽은 이의 사진을 보여주었
을 때 활성을 띠었고, 낯선 사람의 사진을 보여주었을 때는 그
렇지 않았다. 아마 애도하고 있는 상대의 사진이 나오면 얼굴
을 자세히 살펴볼 텐데, 그 일이 이 뇌 영역에 의지하기 때문일
것이다. 사랑한 죽은 이를 떠올리게 하는 단어를 볼 때 얼굴 인
식과 관련된 방추형이랑이 활성을 띠지 않는다는 점도 중요하
다. 이는 그 영역이 죽은 이를 떠올리게 하는 다른 것들이 아니
라 얼굴에만 활성을 띤다는 것을 시사한다.

들쥐는 짝을 원한다

우리가 사랑하는 이가 누구인지를 뇌가 식별할 수 있다는
것을 알았으므로, 다음 질문은 이것이다. 왜 우리는 되풀이해
서 그 사람에게로 돌아가는 쪽을 택하는 것일까? 그리고 사랑
하는 이를 찾을 수 없을 때 왜 그렇게 고통스러울까? 들쥐라
는 독특한 설치류 덕분에 우리는 뇌가 짝을 찾으려는 행동을
어떻게 촉발하는지를 꽤 많이 알아냈다. 사실은 두 종류의 들
쥐 덕분이다. 초원들쥐prairie vole는 북아메리카의 평원에 사는

반면, 산악들쥐montane vole는 미국과 캐나다 서부의 더 높은 지대에 산다. 과학자들이 이 두 포유류 종에 관심을 가진 이유는 양쪽이 유전적으로 아주 비슷함에도 초원들쥐가 일부일처형인 반면, 산악들쥐는 일부다처형이기 때문이다. 이 털 난 작은 동물의 결속 이야기는 대중 언론에도 이미 많이 소개되었지만, 2007년 이래로 이 들쥐가 짝과 영구히 분리될 때 어떤 일이 일어나는지를 조사하는 연구들도 나왔다.

먼저 초원들쥐의 짝짓기 습성을 살펴보자. 일부일처형인 초원들쥐는 어느 날 동네에서 다른 들쥐를 만나서 하루 동안 짝짓기를 하고 나면, 심오한 변화가 일어난다. 이제 그들은 다른 개체들을 무시하고, 둘이 함께 돌아다니고, 함께 집을 짓고, 이윽고 육아를 균등하게 분담해서 새끼를 기른다. 이는 삶을 위한 짝 결속이다. 들쥐는 수명이 약 1년이며, 포획된 상태에서는 3년까지도 살 수 있다. 신경과학자 래리 영Larry Young과 톰 인설Tom Insel(나중에 미국국립정신건강연구소 소장이 되었다)은 결속이 이루어진 뒤의 이 영구적인 변화가 뇌에서 분비되는 두 호르몬과 관련이 있다고 추정했다. 옥시토신과 그 사촌인 바소프레신이다. 이런 호르몬이 결속의 신경 발달에 중요한지 여부를 조사하기 위해서, 그들은 처음 짝짓기가 이루어지는 날에 옥시토신을 차단했다. 초원들쥐들은 그래도 짝짓기를 했지만, 서로를 향한 선호는 발달하지 않았다. 다시 말해, 짝 결속이 발달하지 않았다. 그들은 두 초원들쥐를 한 곳에 모아놓고 짝짓기를 막는 실험도 했다. 이때 옥시토신(암컷에게)과 바소프레신(수컷에게)을 투여하면, 두 마리는 동정인 상태임에도 지속적인 짝 결속을 이루었다.

산악들쥐는 초원들쥐보다 사회성이 훨씬 떨어지며, 짝 결속을 선호하지 않는다. 같은 호르몬을 주사했을 때, 일부다처형 들쥐들은 여전히 서로를 향한 짝 결속이 발달하지 않았다. 바로 여기서 뇌의 각 영역이 관여한다. 초원들쥐와 산악들쥐 모두 이 두 호르몬의 수용체를 지니지만, 수용체가 있는 뇌 영역이 서로 조금 다르다. 일부일처형 초원들쥐는 산악들쥐에 비해서 측좌핵이라는 뇌 영역에 옥시토신 수용체가 더 많다. 뒤에서 살펴보겠지만, 사람 뇌의 측좌핵도 결속에 중요한 역할을 한다.

자물쇠와 열쇠

옥시토신과 바소프레신 호르몬은 짝 결속을 뒷받침하는 신경 메커니즘에서 중요한 역할을 한다. 이 화학물질들은 뇌의 자물쇠와 열쇠 메커니즘에서 열쇠처럼 작용하며, 두 호르몬의 수용체는 자물쇠, 즉 열쇠 구멍이다. 수용체의 수는 종, 개체, 살면서 겪은 사건에 대한 반응 등 다양한 이유로 다를 수 있다. 옥시토신은 뇌에서 다량 분비될 수 있지만, 그 열쇠가 끼워질 옥시토신 수용체가 부족하다면 다량 분비되어도 신경세포와 신경세포들의 연결에 별 영향을 미치지 못할 것이고, 따라서 우리의 생각과 감정과 행동에도 영향을 미치지 못할 것이다.

화학물질과 수용체는 유전자가 만든다. 유전자는 몸에 있는 모든 것을 만드는 법을 담은 요리책이다. 그런데 어떤 요리가 특정 시점에 만들어지지 못하게 막을 수 있는 효소가 있다. 바로 후성유전 과정epigenetic process에 관여하는 효소다 ("epigenetic"은 "유전자 가까이에"라는 뜻이다). 이런 효소는 요리책을 감싸서 요리를 만들 유전자가 활동하지 못하게 막는 포장지처럼 작용한다. 이 포장지는 특정한 상황에서는 제거된다. 초원들쥐에게는 집 밖으로 나가서 처음으로 만나 짝짓기를 하는 것이 바로 이런 상황에 해당한다. 짝짓기를 할 때 호르몬이 왈칵 분비되면서, 뇌는 옥시토신과 바소프레신에 푹 잠긴다. 이때 요리책을 감싸고 있던 효소 포장지가 제거되면서 옥시토신 수용체가 더 많이 만들어지고, 그 결과 옥시토신 열쇠가 끼워질 자물쇠가 더 많아진다. 들쥐가 짝을 만나서 보고 냄새를 맡고 접촉하고 상호작용을 하는 동안 이 모든 일이 일어나는 것이 틀림없으므로, 이 특정한 개체의 모습, 냄새, 감촉을 기억하는 새로운 신경 연결과 연합이 이루어진다. (짝짓기를 할 때 지구도 움직이고 시간도 멈춘 듯하겠지만, 그런 요인들은 측정하기가 더 어렵다.)

몇몇 탁월한 실험은 이것이 결속이 작동하는 방식임을 밝혀냈다.[2] 연구진은 초원들쥐가 처음으로 만나서 어울리고 있는 동안 측좌핵에 약물을 투여했다. 한 실험군에서는 교미를 못하게 막으면서 그렇게 했다. 이 약이 포장지를 벗겨냄으로써, 뇌세포는 요리법이 적힌 유전자를 "읽어서" 옥시토신 수용체를 추가로 만들 수 있었다. 첫날 교미를 한 들쥐들과 마찬가지로, 교미를 못한 들쥐들도 옥시토신 수용체가 증가하자, 짝 결속이 이루어졌다. 두 마리가 함께 있는 상태에서 뇌가 옥시토신에 잠기고 수용체가 늘어나면, 들쥐들은 짝 결속을 이룬다. 이 특정한 개체의 기억과 지식이 뇌에, 후성유전 자체에 새겨지려면, 이때 짝이 옆에 있어야 한다.

일단 요리책의 포장지를 벗기면, 요리책은 대개 그 상태로 남아 있으므로 결속을 뒷받침하는 변화는 그대로 존속한다.

이것이 바로 영구적인 후성유전적 변화다. 짝과 처음으로 교미를 하는 것 같은 중요한 경험은 특정한 유전자를 사용할지 여부를 바꿀 수 있다(우리 비유를 이어가자면, 이는 요리를 하는 것에 해당한다). 포장지가 요리책을 그대로 감싸고 있다면, 설령 유전자가 있다고 해도 옥시토신 수용체는 그다지 많이 만들어지지 않는다. 짝짓기는 다른 행동들도 바꿀 수 있다. 우리가 결혼하면, 좋은 곳에 함께 집을 장만하고 아이의 손을 잡고 함께 학교까지 걸어가고 싶어지는 것과 마찬가지다.

이 영구적인 후성유전적 변화는 그 짝을 우리의 유일한 존재로 인식시킴으로써 이 특정한 짝에게 계속해서 돌아가도록 동기를 부여한다. 일단 함께한다면, 측좌핵은 함께 있을 때 기분을 좋게 만드는 도파민과 아편 유사제를 비롯하여 우리의 결속을 부추기는 다른 화학물질들도 분비한다. 우리는 돌아올 때 짝을 알아볼 뿐 아니라, 짝에게 돌아올 때마다 기분이 좋아진다.

뉴욕에서 만난 연구자들

2015년 나는 뉴욕시 컬럼비아 대학교에서 열린 워크숍에 초청을 받았다. 현재 볼더의 콜로라도 대학교에 재직 중인 신경과학자 조 도널드슨Zoe Donaldson이 비애의 신경생물학을 다양한 관점에서 연구하고 있는 소수의 연구자들을 불러 모았다. 도널드슨과 들쥐를 연구하는 두 연구자 그리고 임상신경과학자 두 사람이었다. 우리는 각자가 연구한 내용을 다른 분야의 연구자에게 이해시키려 애쓰면서 발표를 했다. 저녁에는 맨해튼에서 회를 먹으면서 의욕을 자극하는 대화를 이어나갔다. 우리는 설치류에게서 비애를 측정할 수 있는지 궁금했다. 도널드슨은 이런 식으로 표현했다. 동물이 무언가의 부재를 어떻게 느끼는지를 어떻게 측정할까? 그 질문은 우리 신경과학자들에게 뇌의 관점에서 동물과 인간에게서 상실에 적응하는 문제의 중요한 측면들을 계속 탐구하도록 자극해왔다.

내가 뉴욕에서 만난 연구자 중 한 명은 독일 레겐스부르크 대학교에서 온 신경과학자 올리버 보슈Oliver Bosch였다. 그는 짝 결속을 이룬 들쥐를 짝과 떼어놓으면 어떤 일이 일어나는지를 관찰함으로써 획기적인 결과를 내놓았다. 게다가 그는 그런 일이 일어날 때 뇌에 어떤 변화가 일어나는지를 체계적으로 더 상세히 분석하는 연구를 하고 있었다.

보슈가 지적하고 있듯이, 인간에게서 침팬지와 들쥐에 이르기까지 모든 사회적 동물은 고립될 때 스트레스를 받는다. 일반적인 사회적 고립을 넘어서, 사람을 비롯하여 동물을 가까운 친족과 분리시키면 특정한 스트레스 반응이 일어난다. 들쥐는 짝과 분리되면, 인간의 스트레스 호르몬인 코르티솔과 매우 비슷한 호르몬을 더 많이 분비한다. 또 뇌에서 설치류 코르티솔의 분비를 촉진하는 호르몬인 코르티코트로핀 분비 호르몬 corticotropin-releasing hormone, CRH도 더 많이 만든다. 대개 짝이 낮에 스트레스를 받은 뒤 저녁에 집에 돌아왔을 때 위로를 받는다는 사실 때문에 분리는 스트레스를 더 악화시킨다. 암컷이든 수컷이든 간에 들쥐는 스트레스를 받은 뒤에 집에 돌아가면, 핥고 털을 골라주는 짝의 행동을 통해 위로를 받는다. 사별한 사람들도 나름의 방식으로 이런 위안을 받곤 했다는 이야기를 들려준다. 힘든 시기에 기대던 사람이 없어짐으로써 홀로 버텨야 하기에 비애의 스트레스가 더욱 끔찍하게 와 닿는다는 것이다.

나는 레겐스부르크 대학교로 보슈를 방문하는 행운도 누렸다. 그곳에서 그는 들쥐 이야기의 흥미로운 확장 사례를 들려주었다. 특히 흥미로웠던 점은 들쥐들이 일단 짝 결속을 이룬 뒤에는 그들의 뇌 회로가 짝이 사라지면 CRH 호르몬을 분비할 준비를 하고 있다는 것이다. 그럼으로써 서로가 보이지 않을 때 코르티솔이 빨리 분비될 수 있고, 들쥐가 그에 따른 스트레스를 줄이기 위해서 짝을 찾아 나서도록 동기를 부여한다. 보슈는 이를 결속이 일어날 때 장전이 되고, 분리가 방아쇠를 당기는 총이라고 묘사했다. 그는 분리 때 설치류 뇌에서 CRH의 증가가 뇌에서 옥시토신 자물쇠와 열쇠가 제대로 작동하지 못하게 막는다고도 내게 말했다. 대개 이 들쥐 쌍이 재회하고 옥시토신이 왈칵 분비될 때, 스트레스 호르몬 수치는 정상으로 돌아온다. 사별하면 짝 결속을 이룬 짝이 입력되지 않으니 생리적 스트레스가 계속된다.

지속되는 비애

물론 그보다 약 900그램이 더 무거운 뇌를 지닌 인간은 들쥐보다 결속의 체계가 훨씬 복잡하다. 아마 배후에서 비슷한 촉발 메커니즘들이 작동하고 있겠지만, 우리의 크고 진화한 신피질을 통해 상당히 조절되고 재편되었다. 우리는 사랑하는 이와 함께 있을 때 즉 우리가 인지한 특정한 짝과 접촉할 때, 특정한 뇌 영역에서 분비되는 화학물질의 보상을 받아서 주로 안전하고 편안하다는 느낌을 받는다.

사랑하는 사람을 향한 욕구, 애착 욕구는 너무나 기본적인 것이기에, 사람은 사회적으로 고립되면 조기 사망 위험이 증가한다.[3] 또 시간이 흐르면서 우리의 애착 욕구를 새롭거나 다른 방식으로 충족시키는 법을 배울 수 있다. 생존해 있는 사랑하는 이들과의 결속을 강화하고, 새로운 관계를 발전시키고, 세상을 떠난 이와의 결속을 변화시킨다. 이렇게 변화한 지속되는 결속을 통해서 적어도 마음속 가상 세계에서 그 사람과 접촉할 수 있다. 임상심리학자들이 정말로 걱정하는 이들은 상실 뒤 조각난 삶을 다시 끼워 맞출 수 없을 것 같은 집단, 바로 복합 비애에 시달리는 집단이다. 나는 이 두 집단, 즉 회복 궤적으로 나아가는 집단과 복합 비애 집단이 세상을 떠난 이를 상기시키는 것들에 서로 다르게 반응하는지, 복합 비애 집단이 삶에 더 충실하지 못하게 가로막는 것이 무엇인지를 연구를 통해 이해하고 싶었다.

두 번째 신경영상 비애 연구는 UCLA 사회신경과학자 매튜 리버먼Matthew Lieberman, 나오미 아이젠버거Naomi Eisenberger와 함께했다. 우리는 첫 연구 때와 똑같이, 실험 참가자에게 비애를 떠올리게 하는 사진과 단어를 보여주었다. 어떻게 적응하고 있는지에 상관없이 실험 참가자들은 모두 첫 연구 때와 전반적으로 같은 양상을 보여주었다. 죽은 이의 사진과 단어에 반응하여 뇌 한가운데 깊숙이 들어 있는 뇌섬엽과 앞띠다발피질 영역이 활성을 띠는 이들이 많았다. 앞서 말했듯이, 신체적으로도 정서적으로도 고통스러운 일을 겪을 때 이 두 영역은 함께 활성을 띠곤 한다. 아마 비애의 고통이 아주 뚜렷하거나 강렬하고, 그 강렬함이 이 영역들에 활성을 일으킨다고 말하는 것이 더 정확하겠지만, 고통을 비애와 관련지어서 생각하는 것은 유용하며, 많은 이들은 비애를 "고통스럽다"고 인식하고 그렇게 묘사한다.

복합 비애 집단과 회복력이 강한 집단의 신경 활성 차이를 살펴보기 전에, 신경과학이 고통에 관해 알려줄 수 있는 것을 몇 가지 더 소개하고 싶다. 신체적 고통이 어느 정도는 감각 작용이고, 우리가 신체적 고통으로 괴로움, 즉 고통을 느낄 때 나오는 경보가 있다는 점을 떠올리자. 이 경보는 뇌가 우리의 주의를 끄는 방법이다. "어이, 이거 중요해! 건드리지 마! 심각한 조직 손상이 일어날 거야!" 우리는 이를 고통의 "강렬함"이라고 생각할 수 있고, 뇌섬엽과 앞띠다발은 이런 메시지를 보내는 데 관여한다. 누군가에 거부당하거나 차별을 받는 것처럼 사회적 상호작용도 고통스러울 수 있다. 비록 현재 우리는 정서적 고통이 신체적 고통과 똑같은 신경세포에 암호로 담겨 있는 것이 아님을 알지만, 신체적 고통과 정서적 고통의 강렬함(이것이 중요하고, 나쁘고, 심각하다는 느낌)을 암호화하는 영역들은 서로 가까이 놓여 있고, 괴로움에는 양쪽이 다 관여한다.

이것과 저것은 다르다

이 두 번째 신경영상 비애 연구 결과를 살펴보니, 모든 사별한 이들의 뇌에서 비애의 강렬함, 즉 경보와 관련된 영역이 활성을 띠었다. 또 우리는 전형적으로 적응하는 회복력을 지닌 집단과 복합 비애 집단의 뇌 활성 차이도 비교했다. 양쪽 집단의 차이가 비애 때문에 나타난다는 것을 확실히 하기 위해서, 우리는 양쪽 집단이 다른 측면들에서는 비슷하도록 조치했다. 평균적으로 양쪽 집단은 나이도 같고 사별을 겪은 시기도 같았다. 또 모두 여성이었고, 유방암으로 어머니나 자매를 잃었다. 또 양쪽 집단은 사랑하는 이를 갑작스럽게 잃은 것이 아니라, 여러 달에 걸친 치료와 악화 과정을 거친 끝에 잃었다는 점에서도 비슷했다.

이 신경영상 연구의 참가자 중에는 인상적인 이들도 있었다. 나는 유방암으로 자매를 잃은 한 중년 여성이 생생하게 기억난다. 자매는 한 미용실에서 미용사로 함께 일했다. 사는 곳도 가까웠고 휴가도 함께 갔다. 연구에 참가한 쪽은 혼인을 하고 자녀도 있었지만, 세상에서 가장 가깝다고 느낀 사람은 언니였다. 그랬기에 언니가 세상을 떠나자 그 여성은 황망했고, 태어난 이래로 늘 붙어 다녔던 언니와의 일상적인 상호작용이 사라지자 상실감에 빠졌다. 그는 언니와의 관계를 소중히 여겼고 그래서 자신이 대단히 운이 좋은 사람이라고 생각했다. 지금도 앞으로도 그런 나날들을 함께할 누군가를 만날 가능성은 전혀 없었다. 언니만큼 자신의 일상을 상세히 알 수 있는 사람은 또 없을 것이다. 언니의 사망으로 그의 삶은 무의미할 지경까지 추락했다. 이 여성은 복합 비애를 겪고 있었다.

복합 비애 집단과 회복 집단은 한 뇌 영역에서 차이를 보였다. 바로 측좌핵이었다.[4] 들쥐에게서 일부일처형 짝 결속이 이루어지는 데 중요한 역할을 하는 바로 그 영역이다. 측좌핵은 초콜릿을 무척 좋아하는 사람들에게 초콜릿 사진을 보여주었을 때 반응을 하는 것을 비롯하여 다양한 보상 과정(뒤에서 더 자세히 다룰 것이다)에 관여한다고 잘 알려진 신경망의 일부다. 복합 비애 집단은 회복 집단보다 이 영역이 더 활성을 띠었다. 뇌 촬영 전에 면담을 할 때, 우리는 참가자들에게 최근에 사랑하는 이를 얼마나 갈망했는지 1에서 4까지 등급을 매

겨달라고 했다. 참가자들 전체로 볼 때, 갈망 수준이 더 높다고 말한 이들일수록 측좌핵 활성도가 더 높았다. 반면에 참가자의 나이와 사별한 뒤의 경과 시간은 측좌핵 활성도와 무관했다. 참가자가 겪고 있는 긍정적 정서와 부정적 정서의 양도 측좌핵 활성도와 무관했다. 갈망, 즉 보고 싶고 원하는 느낌만이 측좌핵의 이 신경 활성과 관련이 있었다.

잘 적응하지 못하는 집단, 즉 복합 비애 집단이 보상을 담당하는 신경망의 활성이 더 높다는 점이 아주 기이해 보였다. 명확히 해두자면, 신경과학자들이 말하는 보상은 기분 좋은 것만을 가리키는 것이 아니다. 보상은 우리가 그것을 원한다, 다시 하고 싶다, 다시 보고 싶다라는 의미를 암호화한 것이다. 실험 참가자가 (생존한) 연애 상대의 사진이나 자녀의 사진을 볼 때 측좌핵이 활성을 띤다는 신경영상 연구 결과가 몇 건 있다. 위에서 말한 미용사는 언니가 생존해 있을 때 찍은 사진을 볼 때 측좌핵이 활성을 띠곤 했다. 그렇다면 복합 비애 집단에게서 활성이 더 큰 이유가 무엇일까? 우리는 복합 비애를 앓는 이들이 사랑한 죽은 이를 상기시키는 것을 접할 때 반응으로 일어나는 보상 활성화가 그 사람을 다시 보기를 계속 갈망하기 때문에 나타나는 것이라고 해석한다. 생존한 사랑하는 이에게 하듯이 말이다. 회복력이 더 강한 이들은 이 보상을 주는 결과를 예상하는 것이 더 이상 가능하지 않다고 보는 듯하다.

여기서 명확히 해두고 싶은 것이 하나 있다. 갈망은 으레 중독을 의미한다고 받아들여지지만, 내가 복합 비애 집단에서 일어난다고 말하는 것은 중독과 다르다. 다른 연구자들은 우리가 죽은 이에게 "중독되어 있다"고도 주장하는데, 내 경험상 그런 말은 상실로 괴로워하는 이들에게 낙인을 찍는 것과 같다. 게다가 그리 정확한 표현도 아니다. 음식물처럼 사람들의 다른 욕구들을 생각해보라. 우리는 허기나 갈증을 음식물을 추구하는 동기 부여 욕구라고 묘사하겠지만, 누군가가 물에 중독되었다는 말은 결코 하지 않을 것이다. 우리는 그들이 물을 절실히 원한다고 말할 것이다. 갈증은 뇌가 이 기본 욕구를 충족시키도록 하는 정상적인 동기 부여 욕구다. 사랑하는 이를 향한 애착도 갈망의 정상적인 동기 부여 욕구라고 할 수 있다. 나는 갈망이 허기나 갈증과 매우 흡사하다고 말하는 중이다.

비판적으로 돌아보기

아주 비슷한 참가자들로 집단을 구성해야 한다는 과학적 필요성과 그 결과를 인구 전체에 적용하려는 욕구 사이에는 갈

등이 있다. 우리의 두 번째 신경영상 비애 연구에 참여한 이들은 모두 중년의 여성이었고, 대부분 백인이었다. 전 세계는커녕 미국에서 사별의 슬픔에 빠져 있는 대다수를 대변하는 집단도 아니다. 그러나 내 연구에 관한 가장 중요한 비판은 신경영상 촬영을 이들이 슬픔에 잠긴 나날들 전체 중 딱 하루만 골라 했다는 것이다. 이 연구를 해석하는 일은 한 번의 촬영을 그 전의 여러 날들에 어떻게 끼워 맞출지 추론하는 데 달려 있지만, 우리는 애도 과정에서 나타나는 적응의 궤적을 따라 몇 차례 촬영을 반복하지 않는다면 그 추론이 옳은지 여부를 알 수 없다.

그 추론은 이런 식으로 이루어진다. 우리는 이전의 영상 연구들로부터 측좌핵이 애인이나 자녀처럼 생존한 사랑하는 이에 대한 반응으로 활성을 띤다는 것을 안다. 우리 연구에 참여한 사람들도 그럴 것이라고 상상한다. 그들이 실험에 참가하기 전, 사랑하는 이가 살아 있었을 때 그랬을 것이라고 본다. 우리 비애 연구에서 잘 회복하는 사람들은 측좌핵 활성이 멈춘 상태였고, 복합 비애 집단은 이 사진에 반응해서 측좌핵이 계속 활성을 띠었다. 여기서 추론은 "멈추었다"와 "계속되었다"라는 단어에 담겨 있다. 계속된다는 말은 일정 기간을 뜻하지만, 우리가 얻은 것은 사실 서로 다른 참가자들을 대상으로 한 서로 다른 연구에서 어느 한 시점에 찍은 스냅 사진에 불과하다. 측좌핵 활성이 애도 기간에 걸쳐서 변화한다는 생각은 논리적 추론이다. 우리가 현재 애도에 관해 이해하고 있는 자료와 이론에 들어맞지만, 경험적으로 검증된 것은 아니다.

비애의 신경생물학은 아직 유아기에 머물러 있기에, 온갖 추정이 나올 수 있다. 급성 애도를 겪을 때 우리는 사랑한 죽은 이를 상기시키는 것에 고통스러운 정서 반응을 보일지라도, 우리 뇌는 새로운 상황을 배울 수 있고, 세계에 관해 더 정확히 예측할 수 있다. 아마도 그런 뇌는 만성 애도 과정에 관한 통찰도 제공할 수 있을 것이다. 아마 사람마다 애도 적응을 지원하는 신경 회로들에 자연적인 차이가 존재할 수도 있다. 옥시토신 회로가 관여한다면, 복합 비애 집단은 옥시토신 수용체가 더 많거나, 수용체가 뇌의 다른 영역에 집중되어 있을 수도 있다. 아마 살아 있는 사랑하는 이와의 아주 강한 결속을 빚어내는 것이 바로 이 회로일 것이다. 이 점은 좋은 일이지만, 사별에 처해서 그 사람이 없는 삶에 적응해야 하는 상황이라면 아마 그 옥시토신 연관 메커니즘은 우리 환경에 있는 다른 사람들에게로 주의 초점을 옮기는 것을 아주 어렵게 만들 수 있다.

옥시토신 수용체의 유전적 변이가 복합 비애에 빠질 위험을 높일 수도 있다는 흥미로운 가능성을 제기한 연구자도 있다. 여기에는 특정한 옥시토신 유전자 변이와 성인의 분리 불안 사이에 관계가 있는 것까지 포함하며, 이 유전적 변이와 우울증이 관계가 있다고 말하는 연구 결과도 몇 건 있다.[5] 그러나 이 방면으로 어떤 결론을 이끌어낼 수 있으려면 훨씬 더 많은 사람들을 대상으로 훨씬 더 많은 연구가 이루어져야 한다.

장엄한 회로

결속을 형성하고 유지하는 뇌의 능력은 장엄하다. 성교, 출산, 수유 같은 특정한 활동을 할 때면, 특정한 호르몬이 분비된다. 뇌는 이런 호르몬에 잠기고, 뇌에는 수용체가 있어 특정한 뇌 영역의 신경세포들은 이런 경험을 한 뒤 더 강한 신경 연결을 이루고 특정한 정신 기능을 더 잘 수행하게 된다. 이를 허용성permissiveness이라고 한다. 그 사건 때 분비된 호르몬이 신경세포가 가지를 더 많이 뻗거나 더 굵어지도록 하거나 수용체를 더 많이 만들도록 "허용"하기 때문이다. 측좌핵의 옥시토신은 다른 사람들이 아니라 사랑하는 사람을 추구하도록 동기를 부여함으로써, 애착 결속이 강화되도록 허용한다. 편도체의 옥시토신은 남들을 더 잘 알아보도록 하고 불안을 더 잘 통제하도록 허용한다. 해마의 옥시토신은 적어도 생쥐에게서 공간 기억이 더 오래 지속되도록 허용한다. 아마 어미가 돌아다니는 새끼들을 계속 추적하기 위해서인 듯하다.[6] 짝이든 아기든 간에 우리가 사랑에 빠진 상대방은 우리의 뇌에 새로운 경로를 만든다. 더 명확히 말하자면, 이 일을 하는 것이 호르몬만은 아니다. 뇌가 이런 호르몬에 잠긴다고 해도 자신이 방에 홀로 있다면, 이런 결속은 일어나지 않을(일어날 수 없을) 것이다. 사랑에 빠진 사람과의 상호작용이 있어야만, 삶을 바꾸는 이런 경험이 일어난다. 즉 우리가 바라보는 방식, 냄새를 맡는 방식, 느끼는 방식을 깊이 새기고 떠올림으로써, 되풀이해서 그 사람을 찾고자 갈망하게 된다.

사랑하는 이를 이렇게 뇌 깊숙이 암호로 새긴 회로는 강력하다. 우리의 행동, 우리의 동기 부여, 우리가 느끼는 방식에 강력한 영향을 미친다. 누군가를 암호화한다는 것은 그 사람과 분리될 때 필연적으로 갈망이라는 결과가 빚어진다는 의미다. 우리 뇌는 우리를 사랑하는 이와 묶어놓기 위해서 할 수 있는 모든 일을 다 한다. 호르몬, 신경 연결, 유전자 등 강력한 도구들을 사용한다. 때로 사랑하는 이가 더 이상 살아 있지 않다는 고통스러운 확실한 지식까지 짓누르기도 한다. 뇌의 이런 장엄한 역할 덕분에, 나는 사별한 사람들이 사랑하는 이가 돌아오지 않는 삶을 꾸려나가는 과정이 얼마나 힘들지 깊이 공감하게 되었다. 그들의 적응에는 친구와 가족의 지지, 시간 경과 그리고 우리 뇌의 특정 영역이 최선이라고 여기는 것을 떨쳐내는 상당한 용기도 필요하다. 다행히도 우리 뇌에는 들쥐 같은 동물들에게는 없는 영역도 있다. 우리는 그런 영역들을 써서 애도 때 압도하는 감정을 헤쳐 나가는 데 도움을 받을 수 있다. 그 이야기는 다음 장에서 하도록 하자.

7장

차이를 아는 지혜를 만나다

비애에 빠져 있을 때 무엇을 할 수 있을까

갈망을 뇌의 관점에서 보는 것이 대단히 중요하다는 점을 알아차린 뒤, 나는 갈망이 정확히 무엇인지를 이해하는 데 점점 더 관심을 갖게 되었다. 갈망을 체계적으로 연구하기로 했다. 먼저 갈망의 다양한 측면들을 특징짓기 위해서 다양한 질문들로 이루어진 자기 보고 척도를 개발했다. 많은 사람들처럼, 나도 사랑하는 이의 죽음이 빚어낸 갈망이 애인과 헤어진 뒤의 갈망이나 향수병에 걸렸을 때의 갈망과 같은 것인지 궁금했다. 그래서 심리학자 태머라 서스먼Tamara Sussman과 함께 그것에 상실 상황에서의 갈망Yearning in Situations of Loss, YSL 척도라고 이름을 붙이고, 세 가지 상황에 다 적용할 수 있도록 문항을 짰다.[1] 예를 하나 들면 이렇다. "나는 _____를 잃기 전에 모든 것이 너무나 완벽했던 것 같다." 이 말은 사별한 사람들에게 쓸 척도다. 각자가 사랑하는 이의 이름을 빈칸에 채우는 식이다. 애인과의 결별 상황이라면 이렇다. "_____ 이전 그리고 결별하기 전에는 모든 것이 너무나 완벽했던 것 같다." 향수병 상황이라면 이렇다. "_____에 살았을 때 모든 것이 너무나 완벽했던 것 같다."

우리는 이 연구를 통해서 아주 많은 것을 배웠다. 통계적으로 볼 때, 적어도 젊은 성인은 우울할수록 갈망이 더 컸다. 그러나 사별 집단에서는 갈망과 비애가 갈망과 우울보다 관련이 깊었다. 마찬가지로 갈망과 우울이 갈망과 향수병(집에서 멀리 떠나 있는 집단)이나 갈망과 결별(결별 집단)보다 관련이 깊었다. 이는 우울과 비애가 공통점을 지니긴 해도, 같은 것이 아님을 상기시켰다. 무엇보다도 우울한 사람에게는 몰두하거나 갈망할 특정한 사람도 사물도 없다. 우울은 더 전반적인 경험이다. 과거에 일어났고 지금도 일어나고 나중에도 일어날 모든 것에 달라붙는 희망 없는 무력한 감정이다.

갈망 척도가 발표된 뒤, 하버드 대학교 심리학자 돈 로비노 Don Robinaugh는 사별 후 치료를 받고자 하는 훨씬 더 큰 규모의 집단을 대상으로 YSL 척도를 써서 갈망을 평가했다.[2] 그의 연구에서도 갈망은 우울보다는 지속 비애 장애와 더 밀접한 관련이 있다고 나왔다. 갈망 수준은 성, 인종, 사망 원인과 관계가 없었다. 배우자나 자녀를 잃은 사람들이 다른 가족을 잃은 이들보다 갈망 수준이 더 높긴 했다. 갈망은 상실 이후 시간이 지날수록 약해졌다. 이는 치료가 필요한 이들도 시간이 흐르면서 갈망이 조금씩 가라앉을 수 있음을 시사한다. 사람들이 어떻게 느끼고 있는지를 구체적으로 기술함으로써, 이제 우리는 세상을 떠난 이를 갈망한다는 것이 무엇을 의미하는지를 더 잘 이해하게 되었다.

그러다가 갑자기, 뜬금없이…

또 로비노는 갈망이 감정과 생각을 가리키며, 우리가 느끼는 갈망이 감정과 생각의 혼합물일 때가 많다고 지적했다. 갈망이 얼마나 고통스러운지를 생각할 때, 나는 그것이 왜 그렇게 집요한지, 사랑한 죽은 이를 왜 그렇게 많이 계속 생각하는

지 궁금했다. 갈망의 한 요인인 생각에 관해 과학자들이 무엇을 알아냈는지를 먼저 설명하고, 그 뒤에 갈망의 감정으로 돌아가기로 하자.

갈망이 일어날 때 떠오르는 생각들은 나름의 특성을 지닌다. 내 경험을 예로 들어 설명해보자. 어느 일요일 오후 늦게 장을 본 뒤 무엇을 만들어 먹을지 생각하면서 냉장고 안을 살펴보고 있었다… 그러다가 갑자기 주방에 있는 아버지의 모습이 떠올랐다. 사별한 동네 사람들을 불러서 닭고기와 으깬 감자 요리를 잔뜩 내놓고 저녁 파티를 열곤 할 때의 모습이었다. 한번은 그런 생각이 떠오르는 바람에 전화기를 집어 들어 아버지에게 전화를 걸 뻔도 했다… 그러다가 아버지와 통화를 할 수 없으며, 예전처럼 아버지가 사랑스런 눈길로 나를 바라보는 일은 없을 것임을 깨달았다.

우리가 사랑하는 이는 세상을 떠났음에도 되풀이해서 문득문득 우리 마음에 떠오른다. 이런저런 일을 하다가 슬며시 어떤 생각에 빠지고, 그럴 때 사랑한 이가 마음에 떠오르면서 우리는 그 사람을 갈망하게 된다. 무엇이 그런 생각을 촉발하는지 모를 때도 많다. 사실 어디에서 나왔는지 모호한 가운데, 처음으로 자각하는 것이 비애의 감정일 수도 있다. 심리학자 마디 호로위츠Mardi Horowitz는 이를 **침투적 사고**intrusive thought라고 하면서 사랑하는 이의 죽음이나 다른 외상 사건을 겪은 뒤의 다양한 스트레스-반응 증후군에서 출현한다고 했다. 그는 침투적 사고가 사건을 겪은 뒤 처음 몇 주 또는 몇 달 동안 흔히 일어나면서 파괴적인 영향을 미친다고 설명했다. 이런 사고가 그토록 우리를 불안하게 만드는 것은 어느 정도는 무심결에 일어나기 때문이다. 이런 침입자는 우리가 딱히 무언가를 하고 있지 않을 때, 별 생각 없이 있을 때 예고도 없이 불쑥 들어온다. 침투적 사고가 정상이며, 거의 예외 없이 시간이 흐르면서 줄어든다는 것을 알면 좀 안심이 되겠지만, 새로운 경험 연구들은 우리가 하던 가정들 중 일부에 의문을 제기해왔다.

침투적 사고는 회상하려고 의도하지 않았는데 갑자기 저절로 떠오르는 개인적인 사건과 사람의 기억을 말한다. 상실이 떠오를 때 우리는 그 사람을 얼마나 그리워하는지를 새삼 깨닫고, 그 결과 고통이나 슬픔이 밀려든다. 그런데 침투적 사고가 다른 종류의 생각들보다 더 자주 떠오르는 것일까? 아니면 그저 그렇게 느끼는 것일까?

아버지를 애도할 때 나는 의식적으로 아버지를 떠올리곤 한 순간도 많았다. 아버지와 사별한 지 몇 주 몇 달 동안, 아버지를 돌보는 데 도움을 주었던 훌륭한 집안 지인들과 언니에게 연락을 취해서 이야기를 나누곤 했다. 아버지가 했던 말들을 떠올리거나, 삶이 끝나갈 무렵에 어떤 모습이었는지를 이야기 했다. 한번은 아버지가 누운 침대를 다른 병실로 옮기는 중이었는데, 간호사가 복도에 놓인 작은 쓰레기통을 못 보고 쿵 부딪쳤다. 그러자 아버지는 눈을 뜨고 빙긋 웃으면서 특유의 장난기 어린 어투로 말했다. "운전자가 여자구먼!" 우리는 아버지가 돌아가신 뒤로 몇 달 동안 그 이야기를 100번 넘게 한 듯하다. 힘든 상황에서도 늘 유머 감각을 잃지 않았던 아버지의 이런 기억을 떠올릴 때면 나도 모르게 빙긋 웃음이 지어지고 가슴이 아려온다.

내가 아버지와 사별한 뒤 종종 그런 기억을 떠올리면서 시간을 보냈다는 사실 자체는 침투적 사고에 관한 심리학자들의 믿음에 의문을 제기한다. 앞서 말했듯이, 나는 그 사건을 떠올리는 쪽을 택했기 때문이다. 덴마크 심리학자 도르테 베른트센Dorthe Berntsen은 인생을 뒤흔드는 큰 사건을 겪은 지 얼마 안되는 사람들에게 몽상에 빠지거나 생각이 제멋대로 흐르도록 놔둘 때 어떤 생각이 떠오르는지 물었다. 사람들은 내가 아버지를 다른 병실로 옮길 때의 일을 떠올리는 것처럼 자발적 회상을, 주방에서 요리를 하던 아버지의 모습이 저절로 떠오르는 것 같은 비자발적 기억 못지않게 자주 떠올렸다.[3] 비자발적 기억이 우리를 더 심란하게 만들긴 하지만, 사실 자발적 기억보다 더 자주 떠오르는 것은 아니다. 삶이 순탄할 때보다 스트레스를 일으키는 사건을 겪은 뒤에 양쪽 유형의 기억 회상은 더 흔해진다. 비자발적 기억이 더 잦은 양 느껴지는 것은 우리를 더 심란하게 만들기 때문이다. 아마 그런 기억이 일으키는 감정에 준비가 되어 있지 않아서일 것이다. 따라서 설령 아버지의 유머 이야기가 강한 감정을 불러일으킨다고 해도, 그 이야기는 내가 떠올리려고 선택했기에, 따라서 그 정서적 충격에 대처할 준비가 되어 있었기에 심란한 정도가 덜했다.

자발적 기억과 비자발적 기억의 구분은 인간의 뇌와 들쥐 같은 동물의 뇌를 구별하는 핵심 차이다. 인간은 대뇌피질을 약 900그램 더 지니지만, 더 중요한 점은 그 대부분이 이마와 양쪽 관자놀이 사이의 이마엽에 들어 있다는 것이다. 이마엽은 사람에게서 유달리 발달해 있으며, 감정 조절을 돕는 등 여러 기능을 한다.

앞에서 우리가 기억을 떠올리는 것이 여러 뇌 영역에 들어 있는 다양한 재료로 케이크를 굽는 것과 비슷하다고 말한 바 있다. 우리는 특정한 기억과 관련된 사항들을 저장하는 해마와 인접 영역을 비롯한 뇌의 여러 영역을 써서 기억을 떠올린다. 또 뇌는 시각과 청각 영역도 동원하여 상상하고 있는 것을 보거나 듣고 있다는 인상을 심어줌으로써 우리 생각에 현실성을 덧붙인다. 이런 뇌 영역들은 자발적 기억과 비자발적 기억 양쪽에 다 쓰인다. 이 두 기억 유형의 차이를 알아내기 위해서, 베른트센은 사람들의 fMRI 영상을 꼼꼼하게 비교했다. 비자발적 기억이 아니라 자발적 통제된 회상 때에만 활성을 띠는 영역은 이마엽의 바깥 부분, 머리뼈에 가장 가까운 등가쪽이마앞엽dorsolateral prefrontal cortex이었다.[4]

의식적으로 무언가를 떠올리는 능력은 사람에게서 잘 발달해 있다. 거기에는 신경심리학자들이 "집행 기능"이라고 부르는 것이 필요하다. 일을 수행하기 위해서 뇌의 각 영역들을 조직하고 지휘하는 CEO 역할이다. 여러 면에서 뇌는 의도적이든 침투적이든 간에 같은 방식으로 기억을 생성하고 있다. 차이점은 의도적 기억일 때에는 이마엽의 집행 기능이 관여함으로써 그 기억을 떠올리라고 지시한다는 것이다.

자신의 대학 졸업식, 첫 아이의 출산, 결혼식을 떠올려보라. 그런 사건은 일어난 지 몇 주 또는 몇 달, 심지어 몇 년 동안 계속해서 저절로 떠오를 가능성이 높다. 의도적으로 생각하려고 하지 않아도 그렇다. 이런 놀라운 기억은 아마도 그 사건을 떠올리게 하는 평범한 무언가를 하고 있거나 무언가를 보고 있을 때에도 마음속에 문득 떠오를 것이다. 침투적 사고는 극도로 감정적인 사건을 겪은 뒤에 떠오른다. 극도로 부정적인 사건만이 아니라 긍정적인 사건을 겪은 뒤에도 떠오른다. 그러나 부정적 사건의 침투적 기억이 우리를 심란하게 만들기 때문에, 우리는 이런 원치 않은 생각이 우리의 정신 건강에 악영향을 미칠지 걱정한다. 대부분의 시간에, 특히 급성 비애 때 침투적 사고는 그저 뇌가 자연스럽게 하는 일일 뿐이다. 그런 중요한 감정적 사건으로부터 무언가를 배우기 위해서다.

　뇌의 관점에서 볼 때, 우리 뇌는 상실에 대한 생각에 반복해서 접근한다. 중요한 긍정적 사건에도 마찬가지다. 그렇긴 해도 허를 찔리고 자신의 생각과 감정이 비애로 전환되는 일을 겪으면 기분이 몹시 안 좋다. 그러나 뇌가 그런 기억을 떠올리는 것은 어떤 일이 일어났는지를 이해하려고 애쓰기 때문이다. 친구들에게 기억과 이야기를 들려주면서 더 깊이 이해하고자 애쓰는 것과 똑같은 방식이다. 침투적 사고를 이런 식으로 생각하면, 그런 생각이 떠오를 때 더 정상이라고 느끼게 된다. 즉 뇌는 나름의 이유가 있어서 그렇게 행동하는 것이다.

뇌는 계속해서 알림을 내보낸다

비자발적 기억은 늘 일어난다. 최근에 외상을 겪었다면 더 자주 떠오르겠지만, 언제든 떠오를 수 있다. 정상적인 사건들의 흐름이 이어지는 와중에 우리 뇌는 의식적으로 허용하지 않았는 데에도 무작위로 특정한 기억을 침투시키거나 미래에 관한 추측까지 내놓는다.

오늘 당신은 배우자나 자녀의 생각을 얼마나 자주 했는지? 아침에 깜박하고 딸에게 용돈을 주지 않았다는 생각이 문득 떠오르지 않았는지? 아내가 새 직장에 면접을 보러 간 일이 어떻게 되었는지 문자를 보내야 한다는 생각이 떠오르는지? 우리 뇌는 상기시킬 것들을 끊임없이 생성한다. 췌장이 인슐린을 만드는 식으로 뇌는 생각을 생산하도록 만들어진 기관이다. 뇌가 생성해서 내보내는 알림은 우리 마음이 산만해질 때마다 의식으로 침투하며, 가장 중요한 것들을 기억하도록 돕는다. 예를 들어, 장보기 같은 틀에 박힌 일을 하고 있을 때, 자동차 뒷좌석에 아기를 두고 가서는 안 된다는 사실을 떠올리는 것이 그렇다.

함께 사는 동안 사랑하는 이를 상기시키는 것들이 저절로 떠오르듯이, 사별한 뒤에도 얼마 동안 그 상기시키는 것들이 우리 생각으로 계속 침투할 것이다. 그러나 사별의 슬픔에 빠져 있을 때, 이 상기시키는 것들은 그 사람이 더 이상 우리 곁에 없다는 사실을 깨닫게 한다. 뜬금없이 그를 떠올리게 하며 우리에게 비통함을 안겨준다. 정신이 산만할 때, 뇌는 그 사람에게 전화나 문자를 하라고 계속 우리에게 상기시키지만, 이는 현실과 충돌을 빚는다. 이런 침투적 사고를 뇌의 관점에서 보면 크게 우려할 만하지 않다. 우리는 자신의 배우자, 자녀, 절친에 관한 침투적 사고를 늘 한다. 이제 그들이 사망했기에 정서적 충격은 달라지지만, 그가 떠오르는 것은 관계 맺기의 본질적 특성이다. 그들이 우리에게 중요하기 때문이다. 그 사람이 세상을 떠났다고 해서 곧바로 상황이 바뀌지는 않는다. 뇌는 상황 변화를 따라잡아야 한다. 알림을 내보내는 정규 프로그램은 여전히 작동하고 있다. 당신의 정신은 망가지고 있지 않다. 그저 학습 곡선을 따라가는 중일 뿐이다.

대안이 있다

이제 갈망의 감정으로 돌아가자. 자신이 젊은 나이에 배우자를 잃고, 아이들을 등교시킨 뒤 홀로 커피 탁자에 앉아서 아침 커피를 마신다고 하자. 당신은 남편과 늘 함께 앉아 있던 아침을 그리워한다. 다시는 오지 않을 아침을 말이다. 이는 갈망의 고전적인 사례다. 가장 기본적인 수준에서, 갈망은 그 사람이 지금 다시 여기에 있기를 바라는 것이다. 뇌는 없는 사람의 정신적 표상, 즉 생각을 생성한다. 이 생각은 원하는 감정, 여기 있기를 바라는 욕망을 생성한다. 이 생각과 감정은 갈망의 구성 요소들이며, 함께 동기 부여 욕구를 형성한다. 그러나 동기 부여는 우리에게 다양한 일을 하도록 한다.

당신은 갈망에 반응하여, 커피 잔을 내던지고 고함을 지르고 그 탁자에 다시는 안지 않겠다고 맹세할 수도 있다. 이는 회피의 꽤 극적인 사례일 것이다. 회피는 행동적일 수 있다. 사랑한 이나 죽음을 상기시키는 상황이나 대상을 피하는 식이다. 또는 인지적일 수도 있다. 그 사람이나 슬픔에 관한 생각을 억누르려고 시도하는 것이다. 또는 양쪽이 조합될 수도 있다. 아니면 남편에 관한 몽상에 더 깊이 빠져들 수도 있다. 어떤 모습이었는지, 어떻게 웃곤 했는지, 커피 잔을 어떻게 들었는지를 상상하는 것이다. 그가 마주 앉아서 당신을 바라보고 있다고 상상하면, 위안을 느낄 수도 있다. 슬픔에 잠겨서 비참한 기분이 드는 가운데, 그가 지금 저기에 앉아서 하는 말이 들릴 수도 있다. 그가 뒤쪽에서 다가와서 양팔로 당신을 감쌀까? 일어나서 움직이라고, 하루 일과가 당신을 기다리고 있지 않냐고 말할까?

또 마음속에서 그가 세상을 떠난 날로 계속 돌아갈 수도 있다. 수없이 떠올리면서 그날을 상세히, 낱낱이 되새길 수도 있다. 그가 저녁 내내 가슴이 아프다고 말했는데, 문득 그가 창백해져서 식은땀을 흘리고 있다는 사실을 깨닫고 병원으로 데려간 밤이다. 왜 심장마비일 수 있다는 생각을 못했을까? 저녁을 먹을 때부터 가슴이 타는 듯하다고 말했을 때 왜 그 말을 믿지 않았을까? 왜 빨리 병원에 가자고 더 강하게 주장하지 않았을까? 남편은 심장병 위험이 높아진다는 의사의 말을 들은 뒤에도, 왜 계속 담배를 피웠을까? 왜 담배를 끊게 만들지 못했을까? 당신이 더 강경하게 말했더라면, 더 일찍 조치를 취했더라면, 그가 죽지 않았을 수도 있지 않을까?

갈망에 반응하여 몽상을 할 때, 당신의 뇌는 실험적인 시뮬레이션을 총괄한다. 지금 홀로 앉아 있는 대신에 그 사람이 실제로 옆에 앉아 있다면 어떠할지 가상현실을 구축한다. 갈망에 반응하여 "~했다면"을 생성함으로써, 우리 뇌는 실제와 전혀 다르게 펼쳐질 수 있었을 사건들을 상상한다. 우리 뇌가 생생하게 꿈꾸는 대안 현실, 즉 남편이 죽지 않고 지금 여기 당신과 함께 있는 현실은 지금의 현실과 대조된다. 급성 비애에서는 비통한 마음이 들 때 "~했다면" 반응이 흔하며, 이는 지극히 정상이다.

물론 외로운 아침에 친구에게 전화를 하거나 잡생각을 다 떨치겠다고 달리기를 하는 것처럼 다른 가능한 반응도 많다. 사실 이중 과정 모형은 건강한 애도 과정에서 시기와 상황에 따라, 또 이루려는 목표에 따라 아주 다양한 반응이 나온다고 명확히 말한다. 극복해야 한다면, 몽상에서 벗어나고 집을 떠나기 위해서 잔을 내던지는 것이 최악의 일이 아닐 수도 있다. 이는 상실 지향 대처와 일상생활 경험 사이를 오가는 한 사례로 볼 수 있다. 친구에게 지원을 요청하고, 자신이 신뢰하는 사람과 자신을 걱정하는 사람과의 관계를 돈독히 하는 것은 상실 지향 대처와 회복 지향 대처 사이를 오감을 의미한다. 이는 그 친구가 현재와 앞으로 우리 삶에서 더 중요한 역할을 하리라는 점을 반영할 것이다. 남편이 사망한 날을 곱씹어보는 것은 그날 실제로 일어난 일을 자신의 지식 창고로 더 깊숙이 밀어 넣으면서, 상실 지향 대처를 탐구하는 사례로 볼 수 있다. 중요한 점은 현재와 더 장기적인 적응 모두에서 상황에 맞고 목표에 다가가게 해주는 다양한 갈망 대응 방식을 지니는 것이 유익하다는 점이다.

유연성

애도하는 사람들의 얼굴 표정을 살펴본 한 연구진은 그들이 사랑한 죽은 이와의 관계를 이야기할 때 아주 다양한 감정을 드러낸다는 것을 알았다. 사별한 이들과 면담할 때 동영상을 촬영한 뒤, 연구자들은 얼굴 근육의 움직임을 분석하여 두려움, 슬픔, 혐오, 비난, 분노를 파악했다.[5] 긍정적 감정도 아주 흔했다. 어느 시점에서는 60퍼센트가 즐거움을 드러냈다. 즉 눈가에 "진정한" 웃음을 의미하는 주름이 생겼다. 그리고 55퍼센트는 재미도 드러냈다. 이런 얼굴 근육의 움직임은 순간적으로 스쳐 지나가는 것이었기에, 동영상을 찍는 5분 동안 당사자들이 반드시 이 모든 감정을 알아차리고 있는 것은 아니다. 관찰자가 예상하는 바를 토대로 얼굴 표정을 해석하는 것을 막고자, 얼굴 움직임을 파악하는 사람에게는 참가자가 애도 중에 있음을 모르게 했다.

사람 감정의 빈도와 강도는 대개 다이얼을 돌려서 소리 출력을 키우듯이, 상실 이후에 증가한다. 비애에 빠진 이들은 자신이 느낀 최악의 고통이라거나 그렇게 아플지 상상도 못했다는 말을 흔히 한다. 우리는 새롭게 접하는 이런 강한 감정을 다루어야 하는 상황에 처한다. 자신의 감정을 조절하는 일이 일상생활에서 필수적인 부분이 된다. 심리학자, 친구, 가족은 어떻게 대처하는 것이 가장 좋은 방법인지 나름의 강력한 견해를 피력할 때가 많다. 예전에는 자신의 감정을 직시하고 이해하는 것이 좋은 대처 전략이라고 으레 여겼다. 반면에 자신의 감정을 억누르고 그 감정을 불러일으키는 생각을 피하는 것은 나쁜 대처 범주에 넣었다. 그러나 가장 최근의 연구들은 그 문제가 그렇게 간단하지 않다는 것을 보여준다.

좋은 정신 건강의 가장 믿을 만한 예측 지표는 자신의 감정에 대처할 전략들을 다양하게 갖추고 각 상황에 알맞은 전략을 펼치는 것이다. 초기 애도 기간에는 감정이 너무나 강하게 솟구치기에 지칠 수 있다. 뇌와 몸이 휴식을 취할 수 있도록, 또 정서적 감염을 느낄 주변 사람들에게 휴식을 줄 수 있도록 때때로 슬픔을 무시하는 것도 좋다. 기분 전환과 부정은 나름 유용하다. 어느 것이 최선의 전략인지 묻기보다는, 특정한 순간이나 상황에서 어떤 특정한 전략을 쓰는 것이 역효과를 낳는지 묻는 것이 더 적절할 수 있다.

복합 비애에 잠긴 이들은 잘 회복하면서 적응하는 이들보다 감정 표현을 조절하기가 힘들 것이다. 조절은 우리 감정을 증폭하거나 약화시키는 것을 의미한다. 그들은 일어나는 일을 잘 이해하거나 마음을 가라앉히기 위해서 자신의 감정에 진정으로 초점을 맞추기가 더 어려울 수 있다. 이 말은 결국 더 유연해질 필요가 있다는 뜻이다. 자신의 감정에 더 유연하게 대처하지 못할 때, 우리는 진정한 감정을 묘사할 수 없거나 멍한 느낌을 받기 시작할 것이다. 이런 상태에서는 주변 사람들과 소통하는 능력에 문제가 생긴다. 멍하거나 자신의 깊은 슬픔을 표현할 수 없다면, 필요한 지원과 위로를 받을 가능성이 그만큼 줄어든다.

비애의 감정이 표면으로 떠오르는 것을 결코 허용하지 않는다면, 우리는 그런 감정을 깊이 생각하거나 받아들이거나 누군가에게 털어놓을 수도 없고, 그 감정은 계속 끈덕지게 우리에게 달라붙을 것이다. 상황은 각자마다 다르며, 애도 과정에 있는 모든 이들에게 적용할 수 있는 규칙 같은 것은 없다. 그러나 출현하는 감정에 개방적이고 유연하게 대처한다면, 더 활기차고 의미 있는 삶으로 돌아갈 수 있도록 감정을 조절할 수 있는 최고의 기회를 가질 것이다.

삶의 밝은 쪽

사별한 사람이 네 명 있다고 하자. 한 명은 친구들과 파티에 가는 쪽을 택하고, 다른 한 명은 집에서 좋아하는 영화를 보는 쪽을 택한다. 세 번째 사람은 가족과 둘러앉아서 세상을 떠난 이의 추억을 이야기하면서 시간을 보낸다. 네 번째 사람은 자신의 비통한 심정을 일기장에 적는다. 이 중에 가장 만나고 싶은 사람은 누구이고, 자신과 가장 비슷하다고 생각하는 사람은 누구인지? 또 각 행동이 얼마나 적절하다고 생각하고, 그런 활동을 한 뒤에 당사자가 어떤 기분일 것이라고 생각하는지?

캘리포니아 주립대학교의 사회심리학자 멜리사 센키Melissa Soenke와 애리조나 대학교 사회심리학자 제프 그린버그Jeff Greenberg는 이 질문들 중 일부를 살펴보는 연구를 했다. 나중 두 사람이 더 마음에 들고 그들이 택한 활동이 가장 적절하고 효과적이라고 여긴다면, 당신은 그 실험 참가자들 중 다수에 속한다. 이 두 활동은 사랑하는 이의 죽음에 반응하여 부정적 감정을 직시하는 것을 포함하며, 흔히 애도 작업grief work이라고 한다. 서양에서는 대개 이 두 가지를 가장 적절하면서 가장 효과적인 대처 방법이라고 여긴다. 하지만 역설적이게도 파티에 가거나 어떤 좋아하는 오락물을 시청하는 것 같은 대체로 긍정적인 감정을 불러일으키는 활동을 하는 것이야말로 사실상 슬픔과 비애를 줄이는 데 더 효과가 있다.

긍정적 감정으로 부정적 감정을 "상쇄"하는 방식은 긍정적 감정이 인지적 및 생리적 상태를 바꾼다. 긍정적 감정은 사람들의 주의를 확장하고 창의적 사고를 부추기며, 대처 전략을 늘린다. 심리학자 바버라 프레더릭슨Barbara Frederickson과 에릭 갈런드Eric Garland는 이를 긍정적 감정으로 촉발된 상향 나선이라고 묘사한다. 셴키와 그린버그 연구의 후반부에서 사별한 이들은 상실에 관한 글을 쓴 뒤에 텔레비전 시트콤의 웃긴 장면을 보거나 단어 퍼즐을 풀거나 대중 영화의 슬픈 장면을 시청했다. 그 활동을 마친 뒤, 행복, 슬픔, 죄책감에 관한 자기감정의 점수를 매겼다. 연구진은 이 점수를 실험을 시작할 때의 점수와 비교했다. 프레더릭슨을 비롯한 연구자들의 자료에 부합되게, 웃긴 동영상을 시청한 뒤에는 슬픈 감정이 약해진 반면, 중립적이거나 슬픈 활동 뒤에는 그렇지 않았다. 이렇게 기분을 고양시키는 활동은 대개 효과가 있지만, 사별한 이들은 그런 활동을 꺼릴 때가 많다.

애도할 때 기분을 고양시키는 활동을 꺼리는 데에는 적어도 두 가지 이유가 있다. 첫째, 재미있는 일을 하는 것이 "올바른" 행동 방식이 아니라고 여기기에, 남들이 우리를 어떻게 볼지를 우려해서다. 둘째, 슬픈 경험을 한 뒤 즐거운 무언가를 할 생각을 하면 죄책감이 들기 때문이다. 사회 규범이나 기대에 어긋나는 행동을 하면, 우리는 으레 죄책감을 느낀다. 그러나 예상과는 달리, 실제로 이 연구에 참가한 이들 중에 웃긴 동영상을 본 뒤에 죄책감을 느낀 사람은 아무도 없었다. 그렇지만 죄책감이 들 것이라는 예상 자체가 즐거운 활동을 꺼리게 만들 수 있다. 이 발견을 뒷받침하는 연구 결과도 있는데, 앞으로의 상황에서 어떤 느낌을 받을지를 예측하는 일을 사람이 아주 잘 못한다는 것이다.[6]

나는 사랑하는 이를 잃었을 때, 슬픔 대신에 기쁨을 느끼도록 이 파티 저 파티를 돌아다니라고 주장하는 것이 아니다. 앞서 말했듯이, 유연성은 일어난 일을 생각하고, 우리 상황의 무게를 느끼고, 분노나 슬픔을 드러내고, 우리의 인생 이야기가 어떻게 바뀌었는지를 이해하려고 시도하는 등의 일에 유익하다. 그러나 지금 우리는 기분을 고양시키는 활동이 나름 유익하다는 것을 알기에, 스스로에게 재미있는 일을 하도록 허용하고, 더 나아가 사별을 겪은 친구와 사랑하는 사람에게 그렇게 하도록 부추길 수도 있다. 아무튼 그것도 우리가 쓸 수 있는 전략 중 하나다.

사별한 사람 보살피기

사별한 사람을 돌보려면, 자신의 정서적 유연성도 중요하다. 사랑하는 사람이 사별의 슬픔에 잠겨 있을 때, 우리는 먼저 그가 괴로워한다는 현실을 받아들여야 한다. 비애는 우리 삶의 일부다. 우리의 사랑하는 친구나 배우자나 형제자매는 죽음이라는 고통스러운 현실을 직시해야 한다. 비유하자면, 넘어져서 무릎이 까진 아이를 보면, 우리는 달려가서 일으켜 세운 뒤 뽀뽀를 해주고 금방 나을 거라고 안심시킨다. 그 따가운 통증이 언젠가는 사라진다는 것을 알기 때문이다. 아니면 아이가 으레 넘어지곤 한다는 사실을 받아들이고 그냥 바라보며 웃어주면서, 일어나서 다시 놀라고 북돋아준다. 비애에 젖은 주변 사람에게 연민을 보이는 일에는 상황에 맞게 유연하게 대응하면서 그들을 위로하거나 격려하는 것도 포함된다.

슬퍼하는 친구의 이야기를 들어주고 슬픔에서 빠져나오도록 애정을 갖고 돌보고 있음에도 그들이 계속 슬픔에 잠겨 있다면 좌절을 느낄 수밖에 없을 것이다. 물론 무릎이 벗겨지는 것 같은 짧고 비교적 빨리 일어나는 사건과 달, 심지어 여러 해에 걸쳐서 일어나는 애도를 대하는 연민은 차이가 있다. 그래도 지지, 애정, 보살핌을 제공하는 것은 매우 중요하다. 그럼으로써 그들의 고통이 사라질 것이기 때문이 아니다. 그들의 고통을 지켜보고 나누고 귀 기울임으로써 그들이 애정을 느끼고 우리 또한 사랑을 느끼기 때문에 매우 중요하다. 그러나 어느 시점에든 간에, 우리는 여전히 그들이 울 때 안아주는 것이 더 현명한지, 일어나서 계속 뛰어놀라고 격려하는 것이 더 현명한지를 판단해야 할 것이다.

비애에 젖은 사람의 친구로서 계속 애정을 제공하는 한편으로, 우리 스스로도 더 넓은 사회에서 지원을 받을 방법을 강구하는 것 또한 우리의 과제다. 고통을 겪는 누군가를 보살피는 일은 다양한 방식으로 스트레스를 주기 때문에 이 점은 매우 중요하다. 자신이 슬픔에 짓눌리지 않는다는 사실에 죄책감을 느낄 수도 있다. 아니면 당신이 애도에 잠겨 있는데, 사랑하는 이도 사별을 겪고 있어서 지금 당신을 든든히 지원하지 못할 수도 있다. 모든 이들의 관심이 그 사람에게 쏠린다는 것이 부당하다고 느낄 수도 있고, 그 순간에 그 사람에게 애정-친절함을 제공하고 싶기보다는 "나도 슬프다니까!"라고 말하고 싶을 수도 있다. 우리는 애도하는 친구에게 필요한 관심과 애정을 제공하는 일을, 우리 자신의 상처를 달래기 위해서 우리 자신에게 무엇이 필요한지를 묻는 일과 신중하게 분리할 필요도 있다.

평온을 비는 기도

갈망, 분노, 불신, 우울한 기분은 사랑하는 이와 사별한 뒤 시간이 흐르면서 약해진다.[7] 이런 감정들은 순서대로 나타나는 것이 아니며, 사별한 지 여러 해가 지난 뒤에도 여전히 겪곤 한다. 그러나 수용 빈도가 증가하면서 이런 감정이 출현하는 빈도는 줄어든다. 수용은 새로운 현실이 여기 와 있고 우리가 대처할 수 있음을 배운 결과일 수 있다.

우리가 무엇을 생각하면서 시간을 보내는지는 중요하다. 자신이 생각하고 있는 것에 어떻게 반응하며, 무엇을 느끼는지도 중요하다. 우리 마음이 매 순간 하는 일에 어떻게 대처하는지를 알면 도움이 될 수 있다. 이런 깨달음은 내게 〈평온을 비는 기도Serenity Prayer〉를 떠올리게 한다. 이 도움을 구하는 청원에는 우리가 직면하는 시련에 유연하게 대처해야 한다는 인식이

담겨 있다: 내가 바꿀 수 없는 것을 받아들일 평온을, 바꿀 수 있는 것을 바꿀 용기를, 그 차이를 알 지혜를 주소서.

우리는 사별 자체를 바꿀 수는 없다. 상실에 수반되는 고통을 바꿀 수도 없다. 침투적 사고와 비애의 물결을 바꿀 수도 없다. 그러나 우리가 큰 용기를 지닌다면, 더 뛰어난 기술과 더 깊은 이해를 갖추고 이런 어쩔 수 없는 상황에 대처하는 법을 배울 수 있다. 물론 문제는 멈추고 돌이켜볼 때가 언제이고 나아가야 할 때가 언제인지를 아는 것, 그 차이를 알 지혜를 가지는 것이다. 수수께끼 같고 압도적인 비애의 감정을 극복하려면 지혜가 필요하지만, 그 지혜는 경험을 통해서 얻는다. 사랑하는 이에게로 눈을 돌려서 그 사람이 어떤 지혜를 줄 수 있는지 알아보자. 정신적이거나 도덕적 가치로 눈을 돌려서 그것이 우리를 이끌 수 있는지 알아보자. 마지막으로, 우리 뇌가 매일 새로운 나날을 접하면서 그 경험을 통해 무언가를 배우고, 그 결과 가장 나은 행동 경로를 찾아낼 지혜를 갖출 때까지 기다려보자.

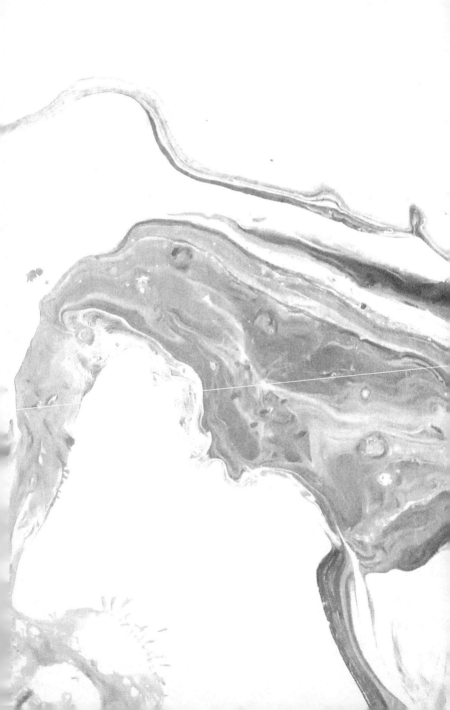

2부

과거,
현재,
미래의 회복

8장

과거에서 보내는 시간

이미 만들어진 신경 연결을 다시 바꾸어 보자

1993년 영화 〈공포 탈출Fearless〉에서 제프 브리지스와 로지 페레즈는 항공기 추락사고 생존자 역할을 한다. 두 사람은 살 아남았다는 사실이 자신에게 어떤 의미인지를 곱씹으면서 허 우적거리며 삶을 살아간다. 어느 날 밤 그의 차에 앉아 있을 때 페레즈는 자신이 아들을 죽인 것이라고 토로한다. 충돌 때 어린 아들이 품에서 빠져나가도록 방치했다는 것이다. 아니라 고 설명해도 도무지 말이 안 통해서 브리지스는 너무나 답답

해한다. 그녀가 완전히 넋을 놓고 울먹이면서 성모 마리아에게 용서해 달라고 기도하자, 브리지스는 그녀가 그렇게 믿는 것이, 보호해야 할 아기의 살인자라고 느끼는 것이 어떤 기분일지 생각하면서 참담해진다. 그러다가 갑자기 그는 차 밖으로 나가서 이유도 말하지 않은 채 페레즈를 뒷좌석에 태우고 안전띠를 매준다. 이어서 트렁크에서 꺼낸 밤색의 길쭉한 연장통을 페레즈의 팔에 안기고, 아기라고 생각하고 꽉 안고 있으라고 말한다. 그런 뒤 마치 자살을 시도하는 듯한 행동을 한다. 브리지스는 운전석에 앉은 뒤 텅 빈 도로에서 콘크리트 벽을 향해 차를 몬다. 계기판의 속도가 점점 올라가는 것이 보인다. 그는 페레즈에게 이번에는 아기를 구할 기회가 있을 거라고, 꽉 껴안고 있으라고 말한다. 비행기 충돌 사고와 비슷한 충돌 상황을 앞두고 그녀는 연장통에 입을 맞춘다. 차가 빠른 속도로 벽에 충돌하는 순간, 밤색 연장통은 로켓처럼 앞 유리를 뚫고 나가서 콘크리트 벽에 쾅 부딪쳐서 일그러진다. 페레즈는 무슨 수를 써도 자신이 아기를 꽉 안고 있을 수가 없었다는 것을, 아기를 구할 수 없었다는 것을 곧바로 분명하게 깨닫는다. 이 충돌로 그녀는 실제로 무슨 일이 일어났는지, 현실과 자신의 믿음이 다르다는 것을 깨달았다.

심리학자들은 일이 다른 식으로 일어났을 수도 있지 않을까 하는 생각을 사후 가정 사고counterfactual thinking라고 한다. 사후 가정 사고에는 사랑하는 이의 죽음이나 고통에 자신이 실제로 한 역할을 떠올리거나 얼마나 기여했는지를 상상하는 것도 포함된다. 마음속에서 "~했다면"을 끝없이 떠올린다: 내가 이랬다면 그는 결코 죽지 않았을 거야. 내가 저랬다면 그는 결코 죽지 않았을 거야. 의사가 이랬다면, 열차가 늦지 않았다면, 마지막 잔을 마시지 않았다면…. 가능한 사후 가정의 수는 무한하다. 이 무한하다는 특성 때문에 우리는 마음속에서 그 장면을 계속 재연하면서 이렇게 생각하고 저렇게 생각하는 일을 끝없이 되풀이한다.

역설적인 점은 일어날 수도 있었을 무수한 상황을 짜내는 이런 유형의 사고가 실제로 일어난 일에 적용하는 데 도움이 안 될 뿐더러 비논리적이라는 것이다. 그럼에도 우리 뇌가 그렇게 하는 데에는 나름의 이유가 있기 때문이다. 앞으로 죽음을 피할 방법을 알아내려고 시도하는 것이라고 말하는 이들도 있지만, 그보다 단순하다. 우리 뇌는 현실의 무수히 많은 대안에 계속해서 초점을 맞춤으로써, 그 사람이 결코 돌아오지 않는다는 고통스러운 현실을 회피하거나 그 현실에 무감각해진다.

사후 가정 사고가 자신이 아기를 죽였다고 믿는 것처럼 죄책감이나 수치심으로 고통스러울지라도, 우리 뇌는 사랑하는 이가 더 이상 여기 없다는 가슴을 쥐어짜는 끔찍한 진실보다 차라리 그쪽을 선호하는 듯하다. 또는 이런 사후 가정들을 계속 떠올리는 것이 문득문득 찾아오는 비통함에 반사적으로 대처하는 습관이 되기도 한다. 고통스러운 슬픔을 마찬가지로 고통스러운 죄책감으로 대체하는 것일 뿐이라고 해도, 죄책감은 우리가 그 상황을 적어도 어느 정도 통제할 수 있음을 의미한다. 설령 통제력을 발휘하는 데 실패할지라도, 통제력을 지닌다고 믿는다는 것은 세계가 완전히 예측 불가능해지는 않음을 의미한다. 이해할 수 없는 이유로 나쁜 결과가 빚어지는 세계보다는 실패할지라도 예측 가능한 세계에서 나쁜 결과가 빚어지는 편이 더 낫다고 느낀다.

사후 가정 사고의 비논리적 특성은 기하학 증명처럼 설명할 수 있다. 인간은 "~했다면"이라는 진술에서 한 가지 흔한 오류를 저지른다. "~했다면"에는 선행 사건과 후속 사건이 있다. 논리학자는 수형도를 써서 논리 어디에 오류가 있는지를 파악한다. 7장에서 다룬 남편을 잃은 젊은 여성의 사례를 들어보자면, 그녀는 남편이 사망했다는 것이 사실임을 알고, 한밤중에

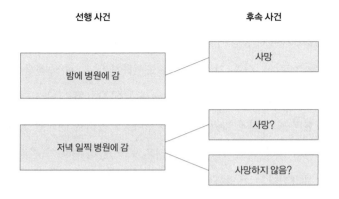

선행 사건   후속 사건

밤에 병원에 감 ——— 사망

저녁 일찍 병원에 감 ——— 사망?
                    ——— 사망하지 않음?

남편을 병원으로 데려갔다는 것을 안다. 그녀는 선행 사건(병원에 감)이 하나의 결과(사망)와 연관되어 있기에, 잠재의식적으로 다른 선행 사건(더 일찍 병원에 감)이 다른 결과(죽지 않음)와 연관될 거라고 믿으려는 유혹을 느낀다. 그러나 아무리 유혹적이라도 그 논리는 참이 되지 않는다. 더 일찍 병원에 갔다고 해도, 반드시 남편이 죽지 않았으리라고 말할 수 없다. 물론 그럴 가능성도 있긴 하지만, 더 일찍 갔어도 그가 사망했을 가능성은 남아 있다. 우리는 자신의 사후 가정 세계에서 참일 수 있는 것들을 끊임없이 생각할 수 있다.

예전에 나는 지속 비애 장애를 앓는 이들을 많이 진료한 임상의와 사후 가정 사고에 관해 이야기를 나눈 적이 있다. 그는 극도의 죄책감을 가져다 주는 환자의 믿음에 의문을 제기하는 것이 환자에게 도움이 될 수 있다는 데 동의했다. 그러나 그는 노출 치료 시, 사후 가정 사고에 도전하지 않은 채 죽음을 다시 떠올리는 것만으로도 "-이기만 했다면" 사고가 그냥 사라지곤 한다는 사실에 놀랐다고도 말했다. 그 논리를 설명할 필요는 전혀 없다. 죽음의 기억이 불러온, 즉 사랑하는 이가 진정으로 사라졌다는 깨달음이 불러온 슬픔, 무력감, 실존주의적 외로움이라는 강력한 감정을 견디는 능력을 계발하자, 끊임없는 "~했다면"은 불필요해졌다.

반추

어떤 이들은 이런저런 생각을 하다가 걱정이나 반추에 빠져들곤 한다. 걱정이나 반추에 빠질 때 우리는 사후 가정 사고를 할 때 "~했다면"을 떠올리는 것과 비슷한 방식으로 대안 현실도 상상한다. 반추rumination는 우리가 잘못한 일이나 누군가가 나를 어떻게 대했는지를 되새기는 것처럼, 과거에 일어난 일에 초점을 맞춘다. 걱정은 앞으로 일어날 사건에 초점을 맞춘다. 최악의 시나리오를 떠올리는 불안한 생각이다. 이런 사고 과정은 반복적이고 수동적이고 부정적인 경향을 띤다. 심리학자 수

전 놀런혹스마Susan Nolen-Hoeksema는 반추를 자신의 부정적 감정에 주의를 집중함으로써 울적한 감정에 대처하는 방식이라고 정의했다. 놀런혹스마는 누가 더 많은 시간을 반추하면서 보내는지를 파악함으로써 누가 더 우울한지, 우울에 빠져들지를 예측할 수 있었다.

앞장에서는 상실의 기억을 회상하고 비애의 감정을 이해하는 것이 도움이 된다고 말해놓고, 지금은 그런 생각이 우울을 야기한다고 말하고 있으니 모순되는 듯도 하다. 솔직히 말하자면, 심리학자들은 비애에 대해 생각하는 것이 언제, 어떻게 유용하고 해로운지에 대해 모든 것을 알지는 못한다. 연구자들은 자신의 슬픔과 분노의 감정에 집중하지 않고서는 자신에게 무슨 일이 일어났는지, 따라서 왜 그렇게 비통한 느낌을 받는지를 알 수 없다는 역설을 해명하기 위해 애쓰고 있다. 당신의 마음이 반추의 영역을 방황하도록 허용하지 않으면, 당신은 무슨 일이 일어났는지를 제대로 이해할 수가 없다. 따라서 반추적 사고는 나름의 생명을 얻으며, 동시에 비애에 젖은 이들이 이런 생각을 반복할 때 복합 비애나 우울에 빠지곤 한다. 비록 아직 모든 의문의 답을 알아내지는 못했지만, 이 역설을 지나는 몇몇 길은 점점 뚜렷해지고 있다.

반추는 두 측면으로 나눌 수 있으며, 놀런혹스마는 이를 반성reflection과 **자책**brooding이라고 했다. 떠오르는 생각을 며칠째 계속 적으면서 자신의 생각을 분석하는 것은 반성의 사례다. 반성은 자신의 감정을 누그러뜨리기 위해 문제 해결에 집중함으로써, 의식적으로 내면으로 주의를 돌리는 것이다. 반면에 자책은 수동적인 상태를 반영한다. 자책은 생각하려고 하지 않았음에도 생각하는 데 빠져들고, 그 생각을 그만두려고 애쓸 때에도 계속 생각하고 있음을 알아차리는 것이다. 자책은 자신이 왜 침울한지를 수동적으로 생각하거나 현재의 상황을 어떠해야 한다고 생각하는 바와 비교하는 것이다.

놀런혹스마는 사람들의 사고 습관과 우울 증상에 관한 설문 자료를 모아서, 우울 상태와 자책과 반성의 관계를 살펴보았다.[1] 이 연구에서는 약 1년 간격으로 사람들을 두 차례 면담했다. 반추의 반성 측면은 면담 당시에 우울 상태인지 여부와 상관관계가 있었다. 그러나 첫 면담 때 반성을 보인 사람은 두 번째 면담 때 우울증이 덜한 경향을 보였다. 반면에 자책은 두 차례 면담 모두 그리고 두 번째 면담에서 더 심한 우울증과 관련이 있었다. 특히 여성이 남성보다 더 반추를 하는 경향이 있고, 우울증도 더 심했다. 여성은 남성보다 자책과 반성 양쪽 다 더 높은 빈도를 보였다. 이는 전반적으로 여성이 더 숙고한다는 것을 시사한다. 그러나 여성에게서 자책만이 더 심한 우울증과 관련이 있었다. 따라서 자책은 성별과 우울증의 연결 고리이기도 하다.

나는 자책과 반성의 이 미묘한 구분이 당사자가 해답을 찾는 쪽에 중점을 두는지 아니면 문제를 해결하는 쪽에 집중하는지를 반영하는 것이라고 본다. 해답을 추구하는 쪽이 문제를 해결하는 쪽보다 시간적으로 앞설지는 모르지만, 기분이 나아지려면 대개 해결 단계에 들어서야 한다. 때로 우리는 시도할 해결책을 정하는 것만으로도 기분이 나아진다. 설령 그 계획한 해결책이 궁극적으로 상황을 완전히 바로잡지 못한다고 해도 그렇다. 기분이 나아지려면 어느 시점에 답을 찾거나 반추하거나 걱정하는 일을 멈추어야 한다. 그러나 때로는 문제 해결조차도 우리를 반복 사고의 주기로 다시 끌어내리고 슬프거나 불안한 기분을 지속시킬 수 있다. 자신의 생각을 지속적으로 지켜보면서 필요할 때 경로를 바꿀 강력한 능력을 발휘하지 못한다면 그렇다. 이렇게 말하니 선禪의 대가가 하는 일처럼 들린다! 그러나 누구나 자신의 생각에 주의를 기울이는 능력을 향상시키고 자신의 생각이 도움이 되는지 여부를 판단할 수 있다. 인지행동치료Cognitive-behavioral therapy, CBT도 종종 이 능력을 함양하는 데 초점을 맞춘다. 그러나 비애의 강력한 감정에 사로잡힐 때, 특히 사별한 뒤에는 대개 그렇게 하기가 쉽지 않다.

비애 관련 반추

어머니가 돌아가신 뒤, 나는 많이 반추했다. 사실 어머니가 돌아가시기 전부터도 반추를 했지만, 돌아가신 뒤에는 비애에 젖어 있으면서 내가 왜 울적한지를 곱씹곤 했다. 나는 어머니가 우울증을 앓았기에 나도 우울증에 쉬 빠진 것인가 생각했다. 내가 어릴 때 어머니가 우울증을 앓지 않았다면, 다르지 않았을까 생각했다. 어머니는 기분을 관리할 도움을 받고자 내게 기댔고, 나는 어머니에게 도움을 주지 못할까봐 늘 두려워했다. 어머니가 듣고 싶어 하는 말을 하거나 원하는 것을 할 때 적어도 잠시나마 어머니의 기분이 나아지도록 돕는 데 성공한다는 것을 터득했다. 이는 내가 생각하거나 원하는 것을 무시해야 한다는 의미일 때가 많았다. 무슨 일이 있어도 어머니의 기분이 좋아지도록 도와야 한다는 믿음은 판에 박힌 습관이 되었다. 어머니가 돌아가신 뒤에도 이 습관은 되풀이되었다. 나는 만나는 사람들의 기분이 더 좋아지도록 돕기 위해 애쓴 반면, 내 자신의 감정은 계속 무시했다. 내 기분이 울적한 이유는 무수히 많았고, 나는 그것들을 하나하나 꼼꼼히 되짚었다. 그 울적한 상태는 계속 이어졌다. 내가 임상심리학 대학원 과정에 다녔다는 점도 아마 그런 습관에 한몫했을 것이다. 사람들의 기분을 살펴보고 그 감정의 원인을 알아내는 훈련을 받고 있었으니까. 다행히도 나는 많은 문제 해결 방법과 기분 개선 기술도 배웠기에, 줄곧 반추에 빠져 있지는 않았다.

마음은 현재의 울적한 상태와 행복하거나 흡족한 상태 사이의 불일치를 해소할 수 없을 때 반추를 한다. 비애에 젖어 있을 때, 자신의 끔찍한 기분의 원천은 덜 모호하다. 사랑하는 이가 막 세상을 떠났기에, 비애 관련 반추는 특히 죽음의 원인과 결과에 초점을 맞춘다. 대조적으로 어머니를 잃은 뒤 내가 겪었던 것처럼, 우울증에 빠질 때에는 반추가 그 어떤 것으로든 향할 수 있다. 급성 비애에 빠진 사람들에게 비애 관련 반추는 특히 사랑하는 이의 죽음, 즉 죽음이 개인에게 미치는 영향에 초점을 맞춘다. 앞서 살펴보았듯이 사랑하는 이의 죽음은 우리의 생각에 침투하며, 반추 성향은 우리 생각이 그 주제에 머무는 시간을 늘린다. 반추는 우울의 전조이며, 비애 관련 반추는 복합 비애의 전조다. 버내노의 애도 궤적에서 보았듯이, 사별

전부터 우울증을 앓던 사람은 사별 뒤에도 계속 침울한 상태로 있을 때가 많다. 한편 그 전에 반추나 우울증에 빠진 적이 없지만, 사별 뒤에 반복적인 생각을 시작하는 이들도 있다. 현재 심리학자들은 이런 비애 관련 반추를 멈출 수 없다는 것이 애도 때 전형적인 적응을 방해하는 합병증 중 하나일 수 있다고 생각한다.

스트로베와 슈트, 또 그들의 동료인 네덜란드 심리학자 파울 볼렌Paul Boelen과 마르턴 에이스마Maarten Eisma가 밝혀냈듯이 비애 관련 반추는 소수의 주제에 초점을 맞추는 경향이 있다.[2] 다음의 다섯 가지 주제다: ① 상실에 대한 자신의 부정적 감정 반응(반응), ② 죽음의 부당함(불공정), ③ 상실의 의미와 결과 (의미), ④ 자신의 비애에 대한 남들의 반응(관계), ⑤ 죽음으로 이어진 사건들에 관한 사후 가정 사고(~했다면).

몇 가지 사례를 들어보자. 종종 사람들은 사랑하는 이의 죽음에 자신이 보이는 반응을 우려하면서, 자기감정의 범위와 강도를 이해하고 그런 반응이 정상인지 여부를 알려고 애쓴다. 죽음이 불공정하다는 생각은 그 사람이 죽어서는 안 되었다는 감정과 왜 그 일이 다른 사람이 아닌 자신에게 일어났는지를 의아해하는 것을 포함한다. 죽음의 의미에 초점을 맞추는 것은 죽음이 자신에게 어떤 결과를 가져오는지, 상실 이후에 자신의 삶이 어떻게 바뀌었는지에 관한 생각을 포함한다. 친구 및 가족과의 관계는 비애와 상실에 영향을 받을 때가 많으며, 그들이 제대로 지지를 해줄지, 즉 자신이 바라는 지지를 해줄지 여부를 곱씹는다. ~했다면은 이 장의 첫머리에서 다룬 사후 가정 사고다.

영국, 네덜란드, 중국에서 사별한 이들을 조사했더니, 모두 이런 주제를 놓고 반추를 한다고 드러났다. 또 더 자주 반추할수록 비애 증후군은 더욱 악화되었다. 그러나 이 모든 주제가 똑같이 문제가 되는 것은 아니다. 비애 관련 반추 연구에서 첫 번째 주제(상실에 대한 자신의 부정적 감정 반응을 반추하는 것, 즉 반응)는 그 당시와 그 뒤로도 비애를 덜 약화시킨다는 것이 한 사례에서 드러났다. 반면에 자신의 비애에 남들이 어떻게 반응하는지(관계)와 불공정을 주로 반추하는 이들은 그 당시에도 더 심하게 비애에 젖어 있었을 뿐 아니라, 6개월 뒤에도 더 심하게 비애에 잠겨 있을 것으로 예측되었다.[3]

이 모든 반추 주제는 사실상 답할 수 없는 질문들이다. 그것이 바로 반추가 무한정 지속될 수 있는 이유다. 죽음이 불공평한가라는 질문에는 답이 없다. 불공평에는 다양한 측면이 있기 때문이다. 죽음이 삶에서 의미나 기쁨을 앗아가는 온갖 방식에 하나하나 답할 수도 없다. 사랑하는 이를 잃는 일은 무한히 많은 변화를 가져오기 때문이다. 반추의 숨겨진 문제는 반추를 할 때 마치 자신이 그 문제의 진실을 추구하는 양 느낀다는 것이다. 그런데 중요한 점은 그 생각이 참인지 여부가 아니라, 우리의 슬픔이나 짜증을 지속시킨다는 것이다.

아들의 자살이라는 비극적인 죽음에 충격을 받은 가족을 상상해 보자. 노라는 오빠의 죽음에 황망하다. 비애에 잠겨 있을 뿐 아니라, 식구들이 자신이 바라는 방식으로 움직이지 않는다는 사실 때문에 더욱 기분이 안 좋다. 그녀는 오빠가 얼마나 고통스러웠기에 그런 절망적인 결정을 할 수밖에 없었는지를 식구들이 인정하기를 바란다. 자신과 나이도 비슷했고 어릴 때부터 죽 함께 자란 자신이 더욱더 고통스럽다는 사실도 식구들이 인정하기를 바란다. 그런데 엄마는 오빠 이야기를 아예 꺼내지도 말라고 하고, 사촌들은 자신이 옆에 있으면 어색해하고 불편해 한다. 여기서 가족이 더 열린 마음으로 노라의 비애를 받아들이고 이해해야 하는지 여부는 요점이 아니다. 요점은 노라가 해소할 수 없고 자신에게 아무런 혜택도 없는, 끝없는 생각들의 흐름에 갇혀 있다고 느낀다는 것이다. 반추 그 자체는 상황을 개선하지 않는다. 그녀는 사촌들과 대화를 통해서 이 힘든 시기에 자신에게 도움이 될 만한 것이 있는지 알아보거나 엄마와 보내는 시간을 줄이고 더 속을 터놓고 대화를 나눌 수 있는 친구들을 찾는 등 문제 해결 모드로 전환해야 할 것이다. 즉 그런 생각들이 참인지 여부를 결정하는 것이 아니라, 도움이 되는지 여부를 판단하는 것이다.

우리는 왜 반추할까

어떤 일이 일어났는지, 왜 그토록 고통스러운지를 이해하기 위해서 반추하는 것이고, 그럼에도 반추가 사실상 장기적으로 우리가 적응하는 데 도움을 주는 것이 아니라면, 대체 반추를 왜 하는 것일까? 우리가 모든 인지 자원을 반추하는 데 쓰는 동안, 하지 않는 무언가에 답이 있을 수 있다. 우리가 어떤 활동에 몰두하는 데에는 우리가 할지도 모를 다른 무언가를 피한다는 잠재의식적인 동기일 때도 종종 있다. 그렇게 하는 편이 기분이 더 낫기 때문이다. 따라서 반추의 동기를 조사하고자 할 때, 반추하지 않는다면 어떤 느낌일지 물을 수도 있다. 반추하지 않을 때보다 반추할 때 기분이 더 나아지기 때문에 그렇게 하는 것이라면?

비애에 짓눌리는 경험을 좋아하는 사람은 흔치 않다. 우리 자신이 상황을 통제할 수 없는 것처럼 느낀다. 자신이 무너지도록 그냥 놔둔다면 결코 다시 심신을 추스르지 못할 것 같다. 고통스럽고 속이 뒤집힌다. 스트로베 연구진은 놀라운 가설을 내놓았다. 우리 마음이 같은 생각을 되풀이하도록 허용하는 것은 비애의 고통에서 딴 데로 신경을 돌리기 위함이라는 것이다. 그 상실과 상실의 결과를 생각하는 것이 사실 상실의 고통을 회피하는 수단일 수도 있다. 연구진은 이를 회피로서의 반추rumination as avoidance 가설이라고 한다.[4] 이 가설은 언뜻 들으면 꽤 억지스러운 듯하지만, 다행히도 이 꼼꼼한 연구진은 뒷받침할 경험 증거를 내놓았다. 살펴보기로 하자.

무언가를 측정하기가 아주 어려울 때, 과학자들은 그것을 측정할 특수한 기술을 개발한다. 현미경과 망원경도 그렇게 탄생했다. 회피는 측정하기 어렵다. 사람들에게 얼마나 많은 시간을 반추하면서 보내는지, 무엇을 반추하는지 물을 수 있다고 해도, 회피하기 위해서 반추하는 것이냐고 직설적으로 묻는 것은 무의미하다. 뇌의 회피 동기가 자신의 감정을 알아차리지 못하게 하기 위한 것이라면, 회피 과정이라는 사실 자체도 알아차리지 못할 것이기 때문이다. 그러나 심리학자들은 실험실에서 특수한 측정 기술을 써서 자율 반응을 연구할 수 있다. 자율 반응은 생각할 겨를 없이 아주 빨리 일어난다. 뇌가 아주 빨리 판단을 내림에 따라서 일어나는 반응이다. 반응 시간을 재는 방법과 시선 추적 방법이 있다. 시선 추적은 심장 박동과 비슷한 속도로 일어나는 반응이다.

회피로서의 반추 가설을 검증하기 위해서, 스트로베 연구진은 사별한 이들을 실험실로 초청해서 회피 반응을 측정했다. 그들은 내가 신경영상 연구를 할 때 썼던 사진과 단어의 조합이 자신들의 연구에도 유용할 것이라고 생각했다. 그래서 네덜란드 심리학자인 에이스마, 스트로베, 슈트로 이루어진 연구진은 내게 접촉했고, 나는 이 조합을 네 범주로 나누어서 구축하는 방법을 설명했다. 죽은 사람의 사진과 낯선 사람의 사진을 각각 비애 관련 단어나 중립적인 단어와 조합하는 방식이다. 반응 시간을 측정하기 위해서, 연구진은 사별한 이들에게 조이스틱을 밀거나 당겨서 화면에 뜬 사진/단어를 확대하거나 축소하라고 말했다. 그러면 사진이 가까워지거나 멀어지는 듯이 보이게 된다. 연구진은 그들이 조이스틱을 밀거나 당기는 데 걸리는 시간의 미세한 차이를 밀리초 단위까지 측정할 수 있었다. 뇌의 자동 회피는 사진을 당기는 시간보다 미는 시간이 몇 밀리초 더 빠르다. 참가자들은 이 실험을 하는 한편으로, 비애 관련 주제를 얼마나 자주 반추하는지도 적었다. 연구진은 반추를 더 많이 하는 이들이 반추를 덜 하는 이들보다 사망자/비애 단어 조합 사진을 더 빨리 밀었고, 낯선 사람이나 중립 단어 범주에 속한 사진보다 더 빨리 밀었다.[5] 이 연구 결과는 반추하는 시간이 길수록 더 강한 자동 비애 회피 반응을 일으킨다는 것을 시사한다.

연구진은 같은 참가자들에게 다른 실험도 했다. 참가자들이 화면에 뜬 사진을 보는 동안 시선 측정기로 눈의 미세한 움직임을 측정해서, 그들이 정확히 어디를 보고 있는지를 파악했다. 눈은 말 그대로 뇌신경의 연장이다. 뇌가 어디에 주의를 집중하는지를 보여주는 창이다. 이 연구에서는 두 사진을 화면에 함께 띄웠다. 반추 시간이 더 길다고 말한 이들은 화면에서 사망자/비애 단어 조합 사진보다 다른 사진을 보는 시간이 더 길었다.[6] 참가자에게 묻는 것만으로는 그 사람의 시각적 주의 초점이 어디로 향하는지 정확히 파악할 수 없었을 것이다. 그러나 실험 결과는 반추를 많이 하는지 여부가 사진을 밀어내거나 시선을 돌림으로써 상실을 떠올리게 하는 것들을 뇌가 회피하는 행동과 관련이 있음을 명확히 보여준다. 상실의 원인과 결과를 놓고 반추하는 측면들이 서로 다를지라도, 실험 참가자들은 사랑하는 이가 사망했다는 사실을 상기시키는 노골적인 조합물을 회피했다. 그 점에서 이 연구는 독창적이었다.

아마 우리는 알아차리지 못한 채, 회피로서의 반추를 경험했을 것이다. 상실을 이야기할 때마다 매번 똑같이 말하는 친구가 있는지? 그런 친구는 어떤 일이 일어났는지를 줄줄 읊은 뒤에, 얼마나 끔찍했는지를 말한다. 그럴 때 우리는 친구가 끔찍했다고 말하긴 하지만, 그 말을 할 때 그렇게 끔찍해 하지 않는 것 같다고 느낄지도 모른다. 친구는 아주 상세히 이야기를 할 것이며 그 상세함은 반추 과정, 즉 인지 과정이다. 때로 이 지적인 반추적인 방식으로 이야기를 함으로써 우리는 사랑하는 이가 세상을 떠났을 때 받은 느낌을 회피할 수 있다. 즉 회피로서의 반추다. 문제는 이런 식으로 그 이야기를 되풀이하는 것이 그 상실이 어떤 의미인지를 깨닫는 것과 같지 않다는 사실이다. 그보다는 그 사람의 상실이 우리에게 어떤 의미인지를 알아차리고 그 사람 없이 살아갈 방법을 배우는 편이 강한 감정을 불러일으키긴 해도, 애도하고 그 상실을 향후 삶에 끼워 넣는 데 도움이 될 것이다.

따라서 반추는 비록 의도적인 것은 아니지만, 회피 과정이다. 그런데 이렇게 바꿀 수 없는 상실이나 비애의 측면들로 반복해서 되돌아가는 행동은 고통스러운 현실을 장기적으로 견디는 법을 배우는 데 도움이 되지 않는다. 비애의 고통을 회피하려고 애쓰는 일을 그만두자 비애가 회피하고자 애쓸 때 드는 노력만큼 힘들지 않다는 사실을 깨달았다고 말하는 이들도 많았다.

뇌의 기능을 아직 과학적으로 제대로 이해하지 못한 부분이 많듯이, 우리는 더 많이 반추하는 사람들이 뇌 영역들 사이의 연결이 더 약하기 때문에 그러한지, 아니면 반추하기에 연결망이 더 약해지는 것인지를 아직 알지 못한다. 인간의 심리가 종종 그렇듯이, 형태와 기능 양쪽이 결합하여 하향 나선을 그리기 때문일 수도 있다. 그러나 하향 나선은 때로 우리에게 개입하여 상향 나선을 만들 여지를 준다. 심리치료를 통해 배우는 기술인 자기 생각에 주의를 기울여 그 주의를 외부 환경 쪽으로 옮기거나, 자신을 반추하는 기분에서 빠져나오도록 뒤흔드는 무언가를 하는 행동은 상향 나선을 만들 수 있다. 예를 들어, 커피 잔을 내던지고 방에서 뛰쳐나간 사별한 젊은 여성은 끈덕지게 반복되는 생각을 곱씹는 일을 그럭저럭 멈출 수 있었다. 그녀는 집에서 나옴으로써 자신이 곱씹고 있던 생각을 바꿀 효과적인 방법을 찾아낸 것이다.

함께하기

내 절친은 내가 부모님의 죽음에 대처하도록 돕는 것을 비롯해서, 내 삶의 모든 중요한 사건 때 늘 곁에 있으면서 내가 헤쳐 나올 수 있게 도왔다. 우리는 오랜 세월 서로 수많은 편지를 주고받았다. 고등학교를 졸업한 뒤로는 짧게 머무를 때를 제외하고는 같은 지역에서 산 적이 전혀 없다. 그렇게 떨어져 지냈기에 우리는 많은 편지를 주고받았고, 이윽고 편지는 전자우편으로, 더 뒤에는 시간이 덜 드는 휴대전화 통화로 바뀌었다. 내가 영국에서 공부할 당시에는 그런 편지가 점점 더 길어지고 점점 더 중요해졌다. 대학을 다니던 그 해에 나는 지독한 우울증에 빠졌고, 편지는 내가 생각하고 느끼는 모든 것을 토로할 기회를 제공했다. 우리는 최악의 순간이 닥쳤을 때 어떤 심정인지 서로에게 자세히 이야기할 수 있었다. 나는 내가 말하는 것을 친구가 이해할 수 있음을 알았고, 그는 내 삶과 양육 환경이 어떻게 내 감정에 영향을 미쳤는지를 나만큼 명확히 추측했다. 솔직히 나는 그 친구가 없었다면 어떻게 되었을지 전혀 모르겠다.

그러다가 미주리 대학교 심리학자 아만다 로즈Amanda Rose의 글을 읽고서야 비로소 이런 유형의 대화가 장점과 단점을 다 지닌다는 것을 깨달았다. 그녀는 이런 대화, 특히 소녀와 젊은 여성의 삶에서 이런 대화가 어떤 역할을 하는지 연구했다. 그녀는 두 가까운 친구 사이에 사적인 문제들을 반복적이고 폭넓게 논의하는 것, 부정적인 감정도 포함하여 친밀하면서 집중적으로 속 터놓고 하는 이야기를 공동반추co-rumination라고 했다. 내가 절친과 겪은 일의 뚜렷한 이점은 로즈의 연구에서도 드러났다. 친구들은 이런 대화를 서로 더 가까워진다는 느낌과 흡족한 우정이라는 형태로 경험했다.[7] 그런 한편으로 공동반추는 우울과 불안 증상을 심화시키기도 했다. 이런저런 문제를 폭넓게 이야기하는 것을 포함하여 서로를 늘 지지하는 태도는 긍정적인 영향보다 정서 조절에 부정적인 영향을 미치기도 한다. 역설적이게도 이는 악순환을 일으킨다. 우울함을 더 느낄수록, 친밀감과 지지를 얻기 위해 점점 더 이런 대화에 치중하게 된다.

이 연구 결과는 친밀한 우정을 맺거나 자신의 감정을 털어놓는 것이 나쁘다는 말이 아니다. 사실 로즈가 공동반추를 제외하고 살펴보았을 때, 이런 우정을 맺은 이들은 우울증이 덜

했다. 자기 내면의 삶을 드러내고 타인의 지지와 격려를 받을 기회를 얻는 것은 유익하다. 악마는 세부사항에 있다. 동일한 부정적 감정을 되풀이해서 수동적으로 논의하는 것은 문제 해결, 격려, 조언과 다르다. 자신이 어떻게 느끼는지를 이야기할 때 상대방도 같은 식으로 느꼈다는 것을 알면, 자신이 정상이라고 느낄 수 있다. 그러나 대화하는 주제가 주로 부정적 감정에 관한 것일 때, 또는 친구를 빼고 온 세상이 자신에게 적대적인 양 느껴질 때, 그들은 공동반추로 빠져들기 시작한다. 시간이 흐르면서 절친과 나는 동일한 직관적 수준에서 동일한 결론에 이르렀다. 친구는 우리끼리 특정한 상황을 세 번 논의할 때까지 바뀌는 것이 아무것도 없다면, 다시 논의하기 전에 새로운 것을 시도하자고 제안했다.

감수하기

이 책을 쓰고 있을 때, 나는 아주 운 좋게도 네덜란드 위트레흐트 대학교에서 안식년을 보내게 되었다. 위트레흐트는 옛 로마 도시로서, 많은 운하가 있고 그 가장자리에 피어난 아름다운 꽃들을 따라 자전거를 타는 사람들이 가득하다. 나는 스트로베와 슈트의 관대한 호의 덕분에 이 유서 깊은 대학에서 시간을 보낼 수 있었다. 다른 비애 연구자들과 함께 일하는 것은 내게 새로운 경험이었다. 거의 전적으로 이 주제에 매달린 과학자가 그리 많지 않기 때문이다. 게다가 다른 나라에서 지내다보니 온갖 예술, 역사, 문화에 흠뻑 취할 기회도 얻었다. 위트레흐트는 프로테스탄트 역사와 신학으로 유명하다. 어느 날 프로테스탄트 직업윤리를 생각하다가 나는 "애도 작업grief work"에서의 작업work이라는 단어를 골똘히 생각하기에 이르렀다. 스트로베와 슈트는 도움이 안 되는 반추와 유용한 애도 작업의 차이를 규명하려고 애써 왔다. 나는 반추와 애도 작업 양쪽의 반대말에 해당하는 것이 있으며, 그것이 감수하기accepting가 아닐까 하는 생각이 들었다. 나는 감수하기를 상황을 보는 관점의 영구 변화를 시사하는 수용acceptance이 아니라 일이 벌어지는 그 당시에 일어나는 반응을 가리키는 의미로 쓴다.

상실을 직시하기 대 감수하기라는 시나리오를 상상할 때, 필요한 노력의 양에 뚜렷한 차이가 있다는 생각이 문득 떠올랐다. 감수하기가 반드시 쉽지는 않기 때문이다. 그러나 감수하기가 일어날 때, 어느 정도는 평온함이 뒤따른다. 다시 들어올려야 할지도 모른다는 것을 잘 알고 있지만 무거운 것을 내려놓는 것과 같다. 그리고 비록 감수하기가 상실을 둘러싼 생각과 감정에 더 이상 소진되지 않음을 의미할지도 모르지만, 감수하기는 회피와도 다르다. 회피, 즉 죽음이 일어났다는 사실(지식)을 외면하려고 시도하는 태도는 노력을 요한다.

짓누르는 비애의 감정을 회피하기는 그런 감정이 몹시 싫다는 것이 동기가 되며 노력을 필요로 한다. 반면에 감수하기는 사랑하는 이가 사망했다는 사실을 싫어하는지 여부와 아무런 관계가 없다. 그저 현실을 인정하고 거기에 반응하는 것을 멈출 뿐이다. 반추도 문제 해결도 분노도 항의도 없다. 그냥 흘러가는 대로 받아들일 뿐이다.

여기서 명확히 해둘 것이 있는데, 누군가의 죽음을 감수하기와 그 죽음에 체념하기는 다르다. 감수하기는 그 사람이 떠났으며, 결코 돌아오지 않을 것이고, 그 사람의 생애에 일어난 일들에 관해 할 수 있는 일이 전혀 없으며, 후회와 작별이 과거의 일이 되었다는 사실을 아는 것이다. 감수하기는 세상을 떠난 이를 잊지 않으면서, 이제 그 사람이 없는 삶에 집중하는 것이다. 체념은 한 단계 더 나아가서 사랑하는 이가 세상을 떠났고, 자신이 다시는 행복하지 못할 것이라고 말한다. 그 죽음이 부정적인 결과만 빚어낼 뿐임을 의미한다. 감수하기는 그저 지금 이 순간의 현실이 의미 있거나 힘들거나 기쁘거나 도전적일 수 있다고 희망하면서, 현실을 인정하는 것이다. 희망은 인간 심리의 근본적인 부분이다. 지원과 시간이 충분히 주어질 때, 그렇다.

아버지가 세상을 떠난 지 며칠 뒤 나는 오래 전에 일정을 잡아놓았던 약 3주간의 독일 출장을 떠났다. 운 좋게도 그곳에서 비애의 첫 fMRI 연구를 한 이래로 20년 동안 동료이자 친구로 지낸 귄델과 함께 머물면서 연구를 했다. 그는 정신의학자이자 정신분석의였기에 비애와 애도에 젖은 사람들을 자주 접했다. 출장 기간에 나는 오후가 되면 종종 울고 싶은 심정에 빠지곤 했다. 그것이 내가 비애를 겪는 방식이었다. 노트북을 두드리다가 갑자기 눈물이 차오르면서 울음이 터져 나오곤 했다. 부모중 한 분을 잃는 것과 나머지 한 분까지 잃는 것은 질적으로 달랐다. 예상도 못한 방식이었다. 이제 내게는 부모가 없다는 의미였다. 이 세상에 더 이상 나를 돌봐줄 부모님은 없었다. 나는 고아라는 단어를 40대의 여성에게 적용할 수 있을지 잘 모르겠지만, 세상에 나 홀로 남았다고 느꼈다.

이렇게 눈물이 왈칵 쏟아질 때면 나는 학과에 있는 동료나 다른 사람들을 방해하지 않기 위해 밖으로 나가곤 했다. 여름의 남부 독일은 매우 아름다우며, 그해에도 예외는 아니었다.

병원 뒤쪽에 있는 작은 상록수림에 산책로가 나 있었고, 나는 그곳을 20분쯤 걷곤 했다. 이런 일은 매일 거의 같은 시간에 일어났다. 나는 이렇게 울컥 하는 순간이 몇몇 기후 지역에서 여름에 쏟아지는 오후 소나기 같다고 생각했다. 해가 따뜻하고 환하게 빛나다가 갑자기 소나기가 내린다. 그 뒤에 곧 해가 다시 나오면서 이제 젖은 잎과 자동차가 반짝거린다. 이런 여름 소나기는 꽤 예측 가능하다. 매일 내리는 것은 아니지만, 우산을 갖고 가야 한다거나 밖으로 나가기 전에 지평선을 내다볼 필요가 있다는 것을 떠올릴 만큼 자주 내린다. 이런 소나기에 욕을 퍼붓는 것, 축구 경기나 소풍을 즐기는 가운데 비가 내린다고 짜증을 내는 것은 무의미하다. 소나기는 그저 오갈 뿐이며, 그 시간에 당신이 무엇을 하든 전혀 개의치 않는다. 나는 오후에 울컥 쏟아지는 눈물도 같은 식으로 생각하기에 이르렀다. 오후에 다소 예측 가능한 양상으로 먹구름이 밀려들 때의 친숙한 느낌과 오래가지 않을 것이라는 지식처럼. 빙 둘러진 산책로를 돌아서 병원에 다다를 즈음에는 대개 눈물도 멈춰 있곤 했다. 내 뇌는 연구실에서 읽고 있던 논문의 그 대목을 생각하거나 저녁에 장 볼 목록을 생각하는 일로 돌아갔다.

감수하기의 핵심은 자신이 겪고 있는 일에 아예 신경을 쓰지 않는 것이다. 자신의 감정이 무슨 의미가 있는지, 얼마나 오래 지속될지 묻지 않는다. 감수하기는 그런 감정을 밀어내면서 견딜 수 없다고 말하는 것이 아니다. 아무도 부모님을 되살릴 수 없고 다른 부모님을 얻을 수도 없으므로, 자신이 이제 무너졌다고 믿는 문제가 아니다. 그 시점에 자신이 어떤 기분인지를 알아차리고, 눈물이 흐르도록 놔두고, 이어서 잦아들도록 놔두는 것이다. 비애가 밀려들 때 압도될 것임을 알고, 목이 메는 친숙한 느낌이 찾아오고, 잦아들 것임을 아는 것이다. 소나기처럼 말이다.

깨달음

나는 사람들에게 반추하는 주제가 무엇인지를 묻고, 반응 시간과 시선 추적 실험을 통해서 사고 과정을 측정하는 과학적 연구를 통해 방황하는 마음을 이해하려고 노력했다. 그 과정에서, 의미 있는 삶의 회복을 위해서는 과거를 곱씹는 데에서 현재와 미래를 생각하는 쪽으로 유연하게 주의를 옮기는 과정이 필요하다는 것을 깨달았다. 예전의 관계에서 현재의 관계와 앞으로 가능한 관계 쪽으로 생각을 옮기고, 거꾸로도 옮길 수 있을 것을 요구한다. 여전히 함께 살아가는 상상에 빠져

들곤 할지라도, 애도 궤적은 죽은 이를 잊는다는 의미는 분명히 아니다. 사실 함께 지낸 시간, 그리고 우리를 결속시켰던 경험들은 우리 뇌에 결코 잊지 못하게 할 신경 연결과 화학적 결과를 빚어냈다. 지금 자신이 신경을 쓰는 누군가를 생각하면서 시간을 보내는 쪽을 택한다고 해서 자신이 그토록 사랑했던 사람을 잊는다는 의미는 아니며, 그 사랑은 영원히 남아 있을 것이다. 감수하기는 현재에 관심을 기울이지 못할 만치 과거에 얽매여 있지 않고, 현재를 회피하기 위해서 시간 여행 능력을 사용하는 일을 하지 않는다는 의미다. 다음 장에서는 비애를 직시하면서 현재를 살아간다는 것이 어떤 의미인지 살펴보기로 하자.

9장

현재를 살아가기

현재 이 순간에만 기쁨을 느낄 수 있고
사랑을 표현할 수 있다

나는 사별한 사람들을 많이 면담했는데, 한번은 2년 전 아
내를 잃은 저명한 나이 지긋한 남성과 작은 탁자를 두고 마주
앉았다. 그는 함께한 세월을 담은 가슴 뭉클한 이야기를 들려
주었다. 고등학생 때 만나서 일찍 결혼했고, 멋진 집에서 자녀
두 명을 키웠고, 많이 행복했고, 아내를 무척 사랑했다는 이야
기였다. 아내가 말기 질환을 앓았고, 이윽고 임종할 때까지 마
지막 몇 주 동안 아내를 보살핀 이야기를 할 때는 울먹이기도

했다. 그런 뒤 최근에 아내와 모든 면에서 전혀 다른 여성을 만났다고 했다. 아내와는 관심사도 달랐고 더 사교적이었으며, 데이트를 할 때 좀 낯설다는 느낌도 받았지만 함께 있을 때면 활기가 샘솟는 양 느꼈다. 그는 잠시 말을 멈추고 생각에 잠기더니, 한마디 했다. "그 시절이 좋았어요." 잠시 뒤 덧붙였다. "지금도 좋아요."

갈망은 과거만을, 예전에 있었던 무언가만을 말하는 것이 아니다. 현재의 무언가가 마음에 들지 않는다는 의미이기도 하다. 갈망이 오로지 과거만을 말하는 것이라면, 우리는 그저 기억을 떠올리면서 얼마간 시간을 보낸 뒤에 주의의 초점을 현재 일어나는 일 쪽으로 옮길 것이다. 하지만 우리가 애도에 젖어 있다면 현재는 고통으로 가득할 수 있으며, 그럴 때에는 과거가 훨씬 더 나아 보인다. 현재가 말할 수 있는 것이 거의 없다면, 또는 주의를 옮길 수 없다고 느껴서 현재가 무엇을 제공할지조차도 알지 못한다면, 갈망은 더 오래 지속될 것이다. 슬픔과 분노와 단절의 감정을 넘어서, 비통함은 공황 상태로 점철될 수 있다.

공황 상태

C. S. 루이스는 아내와 사별한 뒤에 쓴 아름다운 책 『헤아려본 슬픔』에서 이렇게 적었다. "슬픔이 이토록 공포처럼 느껴진다는 말을 아무도 내게 해준 적이 없다." 나는 비애의 최악의 순간을 공황panic이라고 부르겠다. 아버지가 세상을 떠나자, 나는 자녀도 없고 이혼한 채 부모도 없는 상태에 놓였다. 그 뒤로 일 년 동안 나를 붙들어줄 통상적인 모든 애착 관계가 전혀 없었기에, 세상과 완전히 단절된 양 느꼈다. 현재 순간은 틈틈이 나를 습격하곤 했다. 저녁에 그럴 때가 특히 많았고, 내가 자동으로 보인 반응은 공황에 빠지는 것이었다. 심장과 마음이 마구 뜀박질을 했고, 나는 안절부절못하다가 의자에서 벌떡 일어나곤 했다. 공황에 빠졌을 때 내게 도움이 된 것은 왈칵 뿜어지는 아드레날린의 양에 맞추어서 신체 활동을 하는 것뿐이었기에, 나는 밖으로 나가서 동네를 빠른 걸음으로 걸었다. 대개 밤에 그랬다. 이윽고 몸도 지치고 마음도 지친 상태로 눈물을 흘리면서 집으로 돌아오곤 했다.

신경과학자 야크 판크세프Jaak Panksepp는 내 경험과 들어맞는 연구 결과를 내놓았다. 판크세프는 "정서신경과학affective neuroscience"분야를 개척했다. 감정의 신경 메커니즘을 연구하는 분야다. 그는 동물의 감정을 과학적으로나 경험적으로 연구할 수 있다고 주장했고, 뇌가 생성할 수 있는 다양한 감정들과 그런 감정의 기능을 포괄적으로 다루는 모형을 개발했다. 툭손의 따뜻한 기후가 지닌 한 가지 장점은 나이 지긋한 학자들이 이곳을 즐겨 찾는다는 것이다. 덕분에 운 좋게도 나는 판크세프가 2017년에 세상을 떠나기 얼마 전에 애리조나 대학교에서 그의 강연을 몇 차례 들을 수 있었다. 그런데 그가 비애의 신경생물학을 이해하는 데 기여했다는 점은 잘 알려져 있지 않다. 물론 그의 지식은 단지 학문적인 것만은 아니었다. 왜냐면 그의 딸이 십 대일 때 음주 운전 차량에 치어서 사망했기 때문이다.

판크세프는 각 감정을 담당하는 신경 회로에 기쁨JOY, 분노RAGE, 공포FEAR 라고 각각 이름을 붙였다. 상실 반응을 제어하는 신경 회로는 공황/비애PANIC/GRIEF라고 했다. 이름에서조차 둘이 겹친다는 점이 강조된다. 비애의 모든 측면이 공황처럼 느껴지는 것은 분명히 아니다. 판크세프는 ① 급성 비애, ② 종들 사이에 보존된 비애의 측면들, ③ 뇌의 더 고등한 피질 영역을 통해 정제되지 않은 비애를 가리키고 있었다. 그는 동물들이 분리되면, 대개 심장 박동과 호흡 증가, 코르티솔 같은 스트레스 호르몬 분비, 괴로워하는 소리 등이 일정 기간 증가하는 현상이 나타난다고 밝혔다. 판크세프는 이 중 주로 괴로워하는 소리에 연구의 초점을 맞추었다. 일부 종은 초음파로 울부짖기도 한다. 그는 전기로 자극했을 때 괴로워하는 소리를 일으키는 데 관여한 뇌 영역들을 찾아내어, 비애의 해부 구조라고 했다. 척수 바로 위쪽에 놓인 중간뇌의 수도관주위회색질periaqueductal gray, PAG도 그중 하나다. 내 두 번째 신경영상 연구에서 PAG 영역은 참가자들이 복합 비애에 젖어 있는지 여부를 떠나서, 낯선 사람의 사진이 아니라 죽은 가족이나 배우자의 사진을 볼 때 활성을 띠었다.

공황, 활동 증가, 괴로워하는 소리는 분리된 동물을 자기 종의 다른 개체들과 접촉하게 만들 것이다. 공황/비애의 기능이 영장류를 포함한 동물들에게 다른 개체들과 접촉하도록 동기를 부여하는 것이라고 상상할 수도 있다. 자기 종의 다른 개체들은 분명히 생존에 도움을 줄 수 있다. 설령 원래의 보호자와 다시 만날 수 없다고 해도 그렇다. 사회적 접촉은 괴로워하는 동물의 뇌에서 아편 유사제 분비를 촉진하며, 그럼으로써 긴장을 누그러뜨리고 가르치는 역할을 한다. 다른 개체들과의 접촉은 체내 아편 유사제의 분비라는 이 강력한 보상과 결합되고,

강력한 보상은 모든 선행하는 행동을 증가시키는 경향이 있다. 이 생리학적 지식을 독특한 약물 전달 방법으로 쓸 수 있다면 아주 좋을 것이다. 의사는 이렇게 권할 수도 있다. "스트레스를 잠시라도 줄이려면, 당신을 걱정하는 사람들과 대화를 나누세요. 포옹도 하면 더 좋고요. 그런 다음 아침에 다시 오세요."

나는 공황에 빠질 때면 대개 동생이나 절친에게 전화를 하거나, 연락이 안 될 때에는 다른 친한 친구에게 전화를 걸었다. 그러나 전화를 하기에 너무 늦었다는 판단이 들거나 그 정도로 상태가 심각하지 않다고 느끼거나 이미 사람들에게 너무 큰 폐를 끼쳤다고 여길 때도 있었다. 인간은 진화가 작동시킨 온갖 행동 양상을 뒤엎을 능력을 지닌다. 나는 운 좋게도 언제든 전화를 하고 대화할 수 있는 친구가 있다. 게다가 그들의 지지 덕분에 내가 제정신을 유지했을 가능성이 매우 높다. 실제로 전화를 걸지 않더라도, 전화를 걸 수 있다는 것만으로도 극도의 고통과 적당한 고통을 구별했다. 나는 내가 정말로 운이 좋은 사람임을 안다. 세상에는 그런 상황에서 전화 걸 만한 사람이 한 명도 없는 이들이 많기 때문이다.

부정적인 감정만을 회피할 수는 없다

현재가 공황과 비애만 제공한다면, 우리가 현재에 온전히 몰입하면서 시간을 보내야 할 이유가 과연 있을까? 먼저 누구나 현재의 고통스러운 현실을 잠깐 동안은 견딜 수 있다. 나는 이 분야의 한 존경 받는 연구자와 대화를 나눈 적이 있다. 그녀는 대학생 때 결혼을 하고 아기도 낳았다. 그런데 남편이 허망하게 사망하고 말았다. 졸지에 직장도 대학 졸업장도 없는 홀엄마가 된 그녀는 공황에 빠질 모든 조건을 갖춘 셈이었다. 그녀는 그런 현실을 도저히 감당할 수 없으리라는 것을 알았지만, 어차피 2초 이상은 그 상황을 생각하지 못할 테니 괜찮을 것이라고 스스로 다독였다. 다음 날 그녀는 그 시간의 두 배를 생각했어도 견딜 수 있었다. 그 다음 날에는 생각하는 시간이 다시 두 배로 더 늘었다. 그런 식으로 계속 이어졌고, 이윽고 그녀는 자신이 뭔가 할 수 있다는 판단을 내렸다. 결국 그녀는 아주 저명한 연구자가 되었고, 성인이 된 아들과도 잘 지낸다. 현재로부터 벗어나서 시간 여행을 할 수 있도록 정신에 유연성을 허용할 때, 우리는 고통으로부터, 특히 현실이 너무나 고통스러워서 견딜 수가 없을 때 그 고통으로부터 자신을 보호하려고 시도하는 것이다. 이런 식의 대처는 급성 비애 때 흔히 나타난다.

그러나 현재 순간은 우리에게 가능성도 제공한다. 한 예로, 다른 사람들을 만날 수 있게 해준다. 그리고 오직 현재에서만 우리는 기쁨이나 위안을 느낄 수 있다. 과거나 미래에서는 느낄 수 없다. 아니라고 여겨진다면, 이런 식으로 생각해보라. 우리는 기쁨이나 위안을 느낀 순간을 떠올릴 수 있지만, 실제로 그 감정은 현재 느끼는 것이다. 기억이나 미래 계획은 이런 감정을 떠올리게 자극할지는 몰라도, 그 감정은 지금, 여기에서 일어나는 것이다. 우리 몸은 지금 당장 코르티솔이나 아편 유사제를 만들고 있다. ~했다면이 참인 가상 세계, 즉 사랑하는 이가 살아 있거나 친구들이 자신의 비애를 더 잘 이해하는 세계에 계속 의식의 초점이 맞추어져 있다면, 한 가지 문제가 생긴다. 지금 당장 실제로 무슨 일이 일어나고 있는지 놓친다는 것이다. 지금 당장 벌어지고 있는 일의 많은 측면이 고통스러울지라도, 현재에는 놀라운 측면들도 있다.

인간은 불쾌한 감정만을 무시하는 쪽을 선택할 수가 없다. 지금 닥친 일에 무감각해지면, 좋은 것과 나쁜 것에 다 무감각해진다. 카페에서 바리스타가 커피를 건네면서 환하게 웃을 때 가슴이 따뜻해지거나 공원에 뛰노는 강아지의 모습을 보면서 흐뭇해지는 일도 없다. 주변에서 일어나고 있는 일을 의식적으로 외면함으로써 고통스러운 감정을 회피한다면, 결국 주변에서 어떤 일이 벌어지고 있는지를 아예 알아차리지 못한다. 부정적인 감정만을 회피하는 것은 불가능하다. 현재를 외면하면 새로운 방식으로 삶을 살아가는 데 필요한 것을 배우기가 어려워진다. 반면에 현재에 초점을 맞춘다면, 도파민, 아편 유사제, 옥시토신 피드백이 이루어짐으로써 의미 있는 삶으로 돌아가는 데 도움이 된다.

어느 해에 내 절친과 함께 휴가를 보내고 있을 때, 나는 그녀와 대화하는 한편으로 새로 사귄 남친과 메시지를 주고받느라 정신이 산만해졌다. 대화 도중에 그녀는 내게 새해에 결심한 것이 있는지 물었는데, 나는 올해에는 더 정신을 챙기면서 살고 싶다고 대답했다. 친구는 깔깔 웃었다. 친구가 아니라 손에 든 전화기를 쳐다보면서 그 말을 하고 있었으니까. 그가 깔깔 웃자 나는 기분이 좀 상했다. 그에게 주의를 기울이고 있지는 않았다고 해도, 하는 일에 주의를 집중하고 있었으니까. 여러 해가 지난 뒤에야 비로소 나는 마음 챙김이 단지 주의를 기울이는 차원의 문제가 아님을 이해하게 되었다. 현재에 존재한다는 것은 단지 주의를 집중하고 있는 대상을 넘어서 지금 그리고 여기에 누구와 함께 있고, 그 사람이 친구인지 점원인지 아이인지 지인인지 낯선 사람인지를 인식하는 것이다. 어느 면에서 마음 챙김은 자신의 주의를 여기, 지금, 가까이를 자각하도록 옮기는 것이다. 자신이 지금 하고 있는 일에 주의를 기울인다고 해도, 그것은 현재, 이 방의 여기에서 주변에 있는 사람과 함께 자신이 그 일을 하고 있음을 자각하는 것과는 다르다. 어느 면에서 보면, 나는 이 현재 순간의 자각이 온마음쏟기wholeheartedness라고 본다. 모든 면에서 현재 하고 있는 일에 몰입하는 것이다. 그럴 때 지금 일어나는 일을 경험하고, 세상이 제공하는 경이로운 것들을 알아차리고, 세상과 상호작용함으로써 무언가를 배울 기회가 가장 커진다.

공황 비애에 빠진 초기에 나는 자각의 초점을 바꾸는 법을 배우기는커녕, 넋이 나가서 무언가를 할 정신조차도 없었다. 사실 주방 찬장에 "요리해. 청소해. 일해. 놀아."라고 적힌 쪽지를 붙여놓고 있었다. 목적은 두 가지였다. 그 쪽지는 최소한으로 줄인 것처럼 보일지라도 하루에 실제로 내가 해낼 수 있다고 여긴 것들이 무엇인지를 담았다. 짓눌리거나 멍한 상태에 빠져 있음을 알아차릴 때, 나는 다음에 할 일이 무엇이라고 말하는 이 단순한 목록으로 눈을 돌릴 수 있었다. 잘했든 못했든 간에 이 네 가지 목표를 다 해낸 날이면, 그것으로 충분하다고

내게 상기시켰다. 좋은 날이었다고. 여기서 한 가지 명확히 해
두자면, 그것은 내가 겪은 정상적이고 전형적이고 평균적인 비
애였다. 복합 비애가 아니었다. 내 삶을 온전하게 꾸려갈 수 있
게 재편하기까지는 몇 달이 걸렸고, 어느 면에서 보자면 그 과
정은 지금도 진행 중이다. 장기적으로 보자면, 현재 순간에 더
많은 시간을 보내는 방법을 찾아낸 것이 삶이 무엇인지를 이해
하는 데 도움이 되었고, 현재를 살아가는 것이 정말로 어떤 느
낌인지를 알았을 때 나는 어떻게 시간을 보낼지를 선택할 수
있었다.

불면증

비애가 현재를 견딜 수 없을 만큼 심하지 않다고 해도, 비애
에 흔히 따라붙곤 하는 불면증은 분명히 도움이 되지 않는다.
사랑하는 이와 사별한 직후에는 수면을 제어하는 모든 체계
들을 혼란에 빠뜨리는 강력한 폭풍에 휩싸인다. 먼저 몸은 사
별의 스트레스에 반응하여 아드레닐린과 코르티솔을 계속 분
비하며, 그 결과 온종일 커피를 들이켠 양 계속 깨어 있게 된
다. 여기에 불면증 연구자들이 "차이트게버zeitgeber"라고 부르는
온갖 변화들이 겹쳐진다. 차이트게버는 "시간 제공자"라는 뜻

이다. 개인의 생체 리듬을 지구의 낮과 밤 24시간 주기에 맞추는 모든 환경 단서들을 가리킨다. 잠이 드는 것과 관련된 차이트게버에는 저녁 식사, 잠자러 가기 전 TV 시청이나 독서 같은 차분한 활동, 잠자리에 누웠을 때 짝의 온기와 냄새와 시각적 단서, 전등 끄기 같은 것들이 있다. 사랑하는 이의 부재는 이 모든 차이트게버를 교란할 가능성이 가장 높다. 그 하나하나는 비애의 단서, 사랑하는 이가 여기 없음을 상기시키는 것으로 바뀐다. 자신이 애도 과정에 있을 때, 차이트게버는 단지 없는 것이 아니라, 그 부재로 비애 관련 반추도 촉발된다. 그럼으로써 반복적인 사고와 생리적 각성 상태를 지속시킨다. 우리가 잠을 이루지 못하는 것도 놀랄 일이 아니다.

많은 의사들은 사랑하는 사람과 사별한 이들이 도저히 잠을 못 이루겠다고 좌절한 모습을 보이면 벤조디아제핀 같은 수면제를 처방할 것이다. 그런데 이런 약이 비애 극복에 도움이 되지 않으며 시간이 흐를수록 그들의 수면 상태를 더 악화시킨다는 경험 증거가 있다.[1] 설령 수면제를 먹은 밤에 잠을 더 잘 잔다고 해도, 결국 하루주기 리듬은 이런 약물 단서에 익숙해진다. 잠잘 준비에 해당하는 모든 것들에 그렇듯이 수면제가 주는 느낌에도 동조하게 된다. 그러다가 수면제를 끊으면, 다시 잠을 못 이루는 상태로 돌아가거나 수면의 질이 더 악화된다. 불면증은 재발하고, 이제 사랑하는 이의 부재에다가 몸이 습관적으로 기대하는 약물의 부재에도 대처해야 한다. 이는 세월이 아니라 경험이 시간이 흐르면서 치유하는 것임을 보여주는 또 다른 사례다. 이 경험을 제거한다면, 설령 그것이 불면증 경험이라고 해도, 자연적인 하루주기 수면 리듬을 뒷받침하는 삶을 회복하는 법을 배우기가 더 어려워진다. 시간이 흐르면서 수면을 정상화하는 데 도움을 주는 것을 찾기가 더 어려워진다.

불면증은 아주 중요한 문제이므로, 여기서 한 가지 명확히 짚고 넘어가고 싶다. 바로 의사들이 더할 나위 없이 좋은 의도로 수면제를 처방한다는 사실이다. 또 의사들을 연구하다가 우연히 발견한 것이 하나 있다. 그 연구진은 의사들이 모든 권장 지침에 반함에도 노인층에게 디아제팜(발륨)과 로라제팜(아티반) 같은 벤조디아제핀을 처방하는지 이유를 알고자 했다. 이 연구는 처방의 잠재적인 단서로서 사별을 조사하려던 것이 아니라, 의사들에게 이런 수면제를 처방하는 이유를 묻고자 했다. 그런데 뜻밖에도 의사의 절반 이상(33명 중 18명)이 특히 사별 후 극심한 고통을 호소할 때 벤조디아제핀을 처방했다고 말했다.[2] 당시 연구진은 그런 일이 얼마나 흔한지 몰라 사별과 수면제의 관계에 대해서는 아예 염두에 두지 않았다. 또 연구진은 의사들 외에 벤조디아제핀을 장기 복용하고 있는 노년층 50명을 면담하면서 처음에 수면제 처방을 받은 이유가 무엇인지도 물었다. 그러자 사별 때문에 처음 복용하기 시작했는데 끊지 못하게 되었다고 말한 사람이 20퍼센트나 되었다. 그들은 평균적으로 거의 9년째 이런 약물을 복용하고 있었다. 우리는 불면증 인지행동치료cognitive-behavioral therapy for insomnia, CBT-I가 부작용이 더 적고 더 효과적인 치료법임을 안다.

의사는 환자의 고통에 공감하고 무언가를 해주고 싶기에 약을 처방한다. 연구진이 면담한 한 의사는 이렇게 말했다. "사람들은 찾아와서 아들이 죽었다거나 남편이 죽었다고 말합니다 … 나는 곧바로 수면제를 처방하지요. 물론 한 달 분량인 15알이나 20알을요. 부족하면 다시 오라고 하면서요. 그쪽으로 아주 좋은 약이에요." 나는 이런 강력한 처방약을 쓸 이유가 전혀 없다고 말하는 것이 아니다. 환자를 온정적으로 대하기 위해서 그런 처방을 하는 것이 동기라고 해도 그 약이 수면이나 비애에 도움을 준다는 증거가 전혀 없다면, 그 동기와 처방 행동은 조화를 이루지 못한다고 주장하는 것이다.

우리는 스스로 억지로 비애에서 빠져나오지 못하는 것처럼, 스스로 억지로 잠을 잘 수는 없다. 우리가 할 수 있는 일은 우리 몸의 자연적인 체계들이 다시금 조절되도록 기회를 제공하는 것이다. 비록 시간이 걸릴지라도 말이다. 부서진 삶의 조각들을 서서히 다시 끼워 맞추고 새로운 습관, 새로운 차이트게버, 일어난 일에 관한 새로운 이해를 습득해야 한다. 자연스러운 수면 체계를 도울 수 있는 한 가지 방법은 규칙적인 리듬을 강화하는 것이다. 비록 억지로 잠을 자도록 강요할 수는 없지만, 우리는 매일 같은 시각에 일어나도록 강요할 수는 있다. 이 기상 습관은 가장 강력한 차이트게버다. 이 기상 시간은 하루 주기 리듬 전체를 재설정하며, 시간이 흐를수록 도움을 준다. 매일 같은 시각에 깨면 설령 낮에 피곤함을 느낀다고 해도, 잠을 아주 적게 자도 알람 소리에 억지로 일어나게 하는 데 도움을 준다. 사실 사별의 아픔을 겪고 있을 때, 우리 뇌는 영리하게도 수면의 각 단계들을 조금씩이라도 취함으로써 우리에게 절대적으로 필요한 것들을 제공한다. 깊은 수면에서 일부, 빠른 눈 운동 수면, 즉 렘수면에서 일부, 더 얕은 수면에서 일부 시간을 뺀다. 즉 전체적으로 잠을 덜 잔다고 해도, 필요로 하는 수면 단계들을 다 거친다는 뜻이다. 이는 우리가 알아차리지 못하는 수준에서도 뇌가 우리를 위해 일을 하고 있음을 보여주는 또 하나의 놀라운 사례다.

처방약뿐 아니라 기존에 없던 다른 단서들을 수면 과정에 집어넣는다는 것도 좋은 생각이 아니다. 유방암으로 아내를 잃은 한 노신사는 TV 앞에서 편안한 커다란 의자에 앉아 잠을 자기 시작했다고 말했다. 부부가 함께 쓰던 침대에서 깨어날 때의 슬픔을 견디지 못하겠다는 것이다. 밤늦게까지 깨어 있다가 저도 모르게 잠에 빠져드는 편이 나았다. 그러나 의자에서 잠이 드는 것은 해결책이 아니었다. 이윽고 그는 여전히 켜져 있는 TV 소리에 깨어나서 불안한 마음으로 침실로 걸어가야 했다. 하루를 마감할 때 찾아오는 자연스러운 수면 압력이 없었기에(의자에서 자는 동안 그 체내 생물학적 충동은 사라졌으므로), 그는 슬프고 외롭다는 기분에 휩싸인 채 침대에서 잠을 이루지 못한 채 뒤척이곤 했고, 그 결과 침대와 비애 사이의 연결은 더욱 강화되었다. 생물학적 수면 체계를 더 잘 이해한 뒤에 그는 10시 뉴스가 시작될 때 일어나서 잠잘 준비를 한다는 규칙을 세웠다. 첫 뉴스 제목이 뜰 때 잠이 들곤 했기 때문이다. 그는 첫 뉴스가 나오는 동안 이를 닦고 첫 중간 광고가 나올 때 잠자리에 들 준비를 했다. 비록 침실에서 계속 사별을 상기시키는 것들을 접하는 것이 싫었지만, 그는 누웠고 자연적인 수면 유도 요인들이 효과를 보이는 날이 더 많아졌다. 시간이 흐를수록 자러 가는 것이 덜 끔찍하게 느껴졌고, 잠을 청할 때마다 비애의 물결이 밀려드는 것은 아님을 확신하게 되었다.

사람들의 강

나는 로렌스 터나워Lawrence Tirnauer가 쓴 〈잠 못 드는 이들The Sleepless Ones〉이라는 시를 무척 좋아한다. 그는 그 시에서 잠이 안 와서 기분이 안 좋은 채, 이리저리 뒤척이는 상황을 표현했다. 그는 이런 괴로운 상태로 깨어 있는 사람들이 얼마나 많을지 궁금해 한다. 그들 모두가 당장 일어나서 집 밖으로 나와 거리를 걷는다면, 불면증을 통해 하나가 된 사람들이 강처럼 흐르지 않을까 상상했다. 아름다운 광경이 아닌지.

불면증이 그렇듯이, 비애도 그렇다. 여기서 이해하기가 어려운 부분은 이것이다. 비애는 이 세계에 있으며—자신의 세계에만 있는 것이 아니다—인간으로서 살아가려면 어느 시점에든 비애를 느낄 수밖에 없다. 그런 한편으로 바로 이 보편적인 법칙 때문에 우리는 비애를 느낄 때, 조상과 이웃에서부터 전혀 낯선 사람에 이르기까지 비애를 겪은 많은 사람들의 집단에 갑작스럽게 합류할 수 있다. 이 강을 이루는 사람들은 당신과 당신 개인의 비애를 이해할 수도 있고 그렇지 않을 수도 있지만, 나름 자신의 비애에 시달린다. 당신은 혼자가 아니다. 비애가 자신에게서 어떻게 표출되는지에 초점을 맞추자마자, 자기자신의 경험에 매몰되자마자, 우리는 주변 사람들과 단절된다. 반면에 단순히 비애가 존재하며, 우리가 거기에 속한다는 개념에 초점을 맞출 때에는 연결된다. 때때로 우리는 극심한 비애를 느낀다는 사실에 창피해하거나, 자신의 기분에 남들이 보이는 반응에 화가 나거나, 자신이 약하다거나 분별력을 잃었다거나 딱한 처지에 놓여 있다고 느낀다. 그러나 스스로를 판단하는 일을 그만둘 수 있다면, 우리가 인간이기 때문에 그리고 이인간의 삶에 비애가 수반되기 때문에 자기 자신에게 연민을 품을 수 있다면, 남들과 연결을 이루기가 더 쉽다는 것을 알아차릴 수 있다.

이는 뇌가 쓰는 차원 중 하나인 친밀함의 한 측면이다. 과거에서 현재로 마음을 옮길 수 있는 것처럼, 멀게 느끼는 것에서 가깝게 느끼는 것으로도 마음을 옮길 수 있을까? 자신이 아는 누군가와 자신이 얼마나 비슷한지 생각해보라. 둘 다 좌절하고 있다. 둘 다 행복을 소망한다. 둘 다 통증과 고통에 시달리는 몸에 얽매여 있다. 이런 유사점들의 내용은 다를 수도 있지만, 인간의 경험은 겹친다. 2장에서 말한 자아에 다른 사람이 포함된 정도라는 서로 겹치는 원을 생각해보라. 태양계 모형의 행성들처럼 두 원의 주위로 움직인다면, 보이는 모습은 달라질 것이다. 원둘레를 따라 움직인다면, 서로 닿지 않은 두 원도 관점이 바뀜에 따라서 어느 정도 공간을 공유함을 알 수 있다. 아마 당신과 상대방도 서로의 관점에서 볼 때 가깝다고 여길 것이다.

몇 년 전 나는 한낮에 일어나는 장엄한 일식을 보러 와이오밍으로 차를 몰았다. 달이 잠시 태양과 지구 사이의 공간을 가리는 것을 볼 수 있었다. 지구에 있는 내 관점에서 볼 때, 달의 원이 태양의 밝은 원으로 다가가 덮으면서 어두운 부분이 점점 커져갔다. 나는 모든 것들이 딱 맞는 위치에 늘어설 때, 행성들이 얼마나 가까운지를 볼 수 있다는 생각에 경외심을 느꼈다. 비애의 순간에 어떤 이들은 주변 사람들과의 친밀함이 일식만큼 드물다고 느낀다. 그러나 주의를 기울인다면 우리는 세계에 있는 다른 이들과 더 친밀함을 느낄 수 있게 관점을 바꾸는 것이 가능하다. 현재 순간에 계속 주의를 기울이거나, 친밀함을 인식하거나, 관점을 바꾼다면, 사랑한 이를 잃은 사람, 즉 비애에 잠겼던 사람과 공통점이 있음을 알 수 있다. 그리고 이건 거의 모든 사람에게 적용된다.

마주하기

신경심리학자는 특수한 검사법을 써서 뇌가 과제들 사이에 주의를 얼마나 잘 옮길 수 있는지를 판단한다. 점 잇기와 비슷한 이 검사를 받는 사람은 한 점에서 다른 점으로 순차적으로 선을 긋는다. 여기서 까다로운 부분은 숫자 순서와 문자 순서를 오가면서 선을 그려야 한다는 것이다. 즉 1에서 A로 갔다가 2로 갔다가 B로 가는 식이다. 종이 전체를 훑어서 한 숫자를 찾은 뒤, 이제 문자를 찾아야 한다는 사실을 재빨리 떠올리고 다음 문자를 찾는 일은 매우 어렵다. 이 과제를 하는 속도는 뇌의 집행 제어망의 통합성과 직접 관련이 있다. 특히 제어망을 구성하는 영역들의 뇌 활성 동조화 수준은 점 잇기 과제를 완성할 수 있는 속도와 관련이 있다. 달리 말하면, 뇌 제어망의 동조화 수준에 따라서 이쪽저쪽으로 얼마나 빨리 주의를 옮길 수 있는지가 달라진다.[3]

이 과제 전환 능력은 비애에 빠져 있다가 현재 순간을 생각하는 쪽으로 주의를 옮길 때 작동한다. 카네기멜론 대학교의 신경과학자 데이비드 크레스웰David Creswell은 다른 유형의 비애인 일자리 상실에 대처하는 사람들을 연구했다. 그는 일자리를 찾는 실업자들을 3일 동안 명상 센터로 보내어 다양한 명상법을 가르쳤다. 또 사흘 동안 명상을 하기 전과 후의 신경영상을 찍었다. 그중 절반에게는 자신이 경험하는 것에 유념하고, 그것에 이름을 붙이고, 그런 뒤 그 생각이 흘러가도록 놔두고, 돌아와서 현재 순간을 자각하는 방법을 가르쳤다. 이 실험군은 명상법을 배운 뒤에 집행 제어망과 기본상태망default mode network 사이에 동조화가 더 많이 이루어지는 것으로 나타났다.[4] 또 실험군은 대조군에 비해 3일 뒤에 뇌의 연결성이 상당히 더 증가했다. 대조군은 명상으로 스트레스 관리 방법을 배웠지만, 현재 순간을 자각하고 주의를 옮기는 방법은 배우지 않았다. 실험군 뇌의 연결성은 마음속으로 자기 자신에 관한 생각에 집중하는 기본 상태로부터 지금 당장 벌어지는 일에 초점을 맞추는 쪽으로 주의를 옮기는 능력이 향상되었음을 말해주는 신경 표지일 수 있다. 현재 일어나고 있는 일로부터 피드백을 받지 못한다면, 적응은 더 오래 걸릴 수 있다. 온전한 삶을 살기 위해, 사랑하는 이가 없이 살아가는 법을 배우는 데 더 오래 걸릴 수 있다.

C. S. 루이스는 이렇게 썼다. "하루하루 온종일 슬픔에 젖은 채 살아갈 뿐 아니라, 오늘도 슬픔에 젖어 사는구나 하는 생각을 매일 하면서 살아간다." 사랑하는 이가 없음으로써 우리의 마음, 뇌, 몸이 혼란에 빠져서 제 기능을 할 수 없기에, 애도 과정에 있는 많은 이들은 처음에는 그다지 생산적인 활동을 할 수가 없다. 그러나 시간이 흐르면서 우리는 현재의 매 순간에 어떻게 반응할지를 배울 기회를 얻는다. 과거를 향한 현재의 갈망에 빠져서 시간을 보내는 일의 장단점을 따지면서 자신에게 가장 바람직한 것이 무엇인지를 생각할 수도 있다. 지금 당장 보고 느끼고 맛볼 수 있는 것에 관심을 두지 않고, 현재 일어나는 일을 회피할 수도 있다. 아니면 무언가 주의를 끌기 전까지, 또는 집중을 필요로 하는 일을 하기 전까지 마음이 방황하도록 으레 놔둠으로써 마음이 어디에 가 있는지 알아차리지 못할 수도 있다. 주의를 옮기는 일은 언뜻 짐작하는 것보다 어렵다. 노력을 필요로 하며, 처음에는 더욱 그렇다. 뇌가 끊임없이 생각을 생성하기 때문에, 마음은 현재에 오래 머물러 있을 가능성이 낮다. 그러나 반복해서 해 본다면 뇌에 실제로 변화가 일어날 것이다. 명상을 배우는 것에서 심리치료를 받는 것에 이르기까지, 새로운 사고방식을 훈련할 때 뇌 활성 양상이

변한다는 신경영상 연구 결과들이 나와 있다. 우리 생각의 내용, 즉 우리가 주의를 어디에 쏟느냐에 따라서 뇌의 하드 드라이브, 즉 시냅스 배선에 변화가 일어난다는 개념은 놀랍기 그지없다. 이는 역동적 과정이다. 우리 신경 연결은 생각의 내용을 생성하며, 그와 동시에 생각의 내용을 인도함으로써 바로 그 신경 연결에 변화를 일으킨다.

여기서 안마사로 일하는 내 친구가 든 비유가 떠오른다. 친구는 자신의 일이 단순히 기계적으로 근육의 긴장을 푸는 것이 아니라고 했다. 자기 근육을 스스로 이완시키려면, 고객이 몸의 특정한 부위에 주의를 기울이는 것이 매우 중요하다. 친구의 역할은 주의를 인도하는 것이다. 실제로 변화는 고객이 내부적으로 일으키는 것이다. 주의를 현재로 돌리도록 상기시키려면 무엇을 어떻게 해야 할까?

생각이 죽은 이에게 쏠릴 때 그 주의를 현재 쪽으로 확실하게 돌릴 수 있는 한 가지 방법은 추도다. 추도는 한 차례의 행사일 수도 있지만, 많은 문화에는 매일 또는 매주 우리의 바깥 행동을 고인에 관한 내면의 생각과 연결 짓는 의례가 있다. 촛불을 켜는 것이 아주 흔한 사례다. 성냥불을 켜고 불꽃을 지켜보고, 연기와 초의 냄새를 맡고, 지금 하는 행동에 하나하나

의미를 부여하면서 가족이나 친구를 생각하는 것이다. 이 모든 행동은 우리가 현재에 있으면서 과거의 조각들을 늘 통합하고 있음을 상기시킨다.

눈에 덜 띄는 의례들도 있다. 여러 해 전에 우리 고양이가 죽었다. 내가 처음으로 오랜 관계를 맺은 동물로, 특수한 관계에 따르는 비애를 처음으로 겪은 사례였다. 고양이가 죽은 뒤 나는 꽃을 사기 시작했다. 고양이가 살아 있을 때에는 불가능한 일이었다. 고양이가 꽃을 보면 씹어대고 온 집 안에 흩뿌릴 테니까. 그런데 그 뒤로 오랫동안 계속 꽃을 샀고, 내가 왜 그것을 중요하게 여기는지 이해할 수 없었다. 꽃을 사려는 동기는 내 자신에게조차 기이해 보였다. 꽃을 지켜보고 있자면 좀 심란했다. 고양이가 없다는 사실이 떠오르기 때문이었다. 그렇긴 해도 나는 섬세한 꽃잎과 아름다운 향기를 지닌 꽃을 좋아했다. 나중에야 나는 고양이를 키우는 것을 무척 좋아하긴 했지만, 그것이 고양이가 살아 있는 동안 집에 꽃을 두고 싶어 하지 않았다는 의미는 아니었음을 알아차렸다. 이제 나는 고양이가 죽었음을 상기시킴에도 꽃을 두는 것을 좋아하게 되었다. 그것은 단순한 트레이드오프가 아니다. 즉 마치 둘이 선택지인 양 둘 사이에서 선택하게 된 것이 아니었다. 현재 순간의 현실을 깨달았을 뿐이었다. 세상만사에는 내가 좋아하는 측면과 그렇지 않은 측면이 늘 있기 마련이다. 내 귀여운 고양이가 살아 있을 때에만 좋았다는 척할 수는 없다. 꽃을 사는 것은 내가 지금 여기 있음을 상기시키는 한 방법이었고, 나는 꽃과 고양이의 기억과 그 모두를 통합함으로써 정말로 지금의 일부가 되고 싶다.

자신의 생각을 억누르면 그 생각은 다시 돌아온다

컬럼비아 대학교의 신경과학자 노엄 슈넥Noam Schneck은 2010년대 말에 뇌가 비애를 어떻게 처리하는지를 이해하는 어려운 문제에 매달린 끝에 몇 편의 논문을 내놓았다. 슈넥은 신경과학 분야의 신기술인 신경 해석neural decoding을 이용했다. 이 방법은 고도로 정교한 알고리듬을 써서 우리가 특정한 무언가를 생각할 때 나타나는 뇌 활성 양상에서 "지문"을 찾는다. 어떻게 하는 것인지 잠시 살펴보기로 하자. 슈넥은 실험 참가자에게 죽은 이를 떠올리라고 요청하고 뇌 영상을 찍는다. 사진과 이야기를 비롯하여 죽은 이를 떠올리게 하는 것들을 보여줌으로써 추억을 떠올리도록 돕는다. 이를 사진/이야기 과제라고 하자. 실험 참가자는 낯선 사람의 이야기와 사진도 본다. 우리가 앞서 다른 연구들에서 말한 바 있는 대조군에 해당한다. 나중에 촬영한 영상을 컴퓨터로 분석하여 낯선 사람을 생각할 때가 아니라 고인을 생각할 때에만 나타나는 뇌 활성 패턴, 고인과 관련된 생각의 지문을 파악한다. 이런 패턴을 컴퓨터를 써서 찾아내므로, 이 기법은 기계 학습machine learning의 일종이다. 더 구체적으로 말하자면, 기계 학습은 컴퓨터가 데이터에서 패턴을 찾아 생각 내용을 식별하는 법을 "학습하는" 것이다. 그런 뒤 컴퓨터는 다른 데이터에서 동일한 패턴이 동일한 생각 내용을 정확히 예측할 수 있는지 알아봄으로써 "검증한다". 슈넥은 뇌 활성 패턴, 즉 죽은 이와 관련된 생각의 신경 지문에, 앞서 우리가 비애 연구로 찾아낸 뇌 영역의 활성이 포함된다는 것을 알아냈다. 측좌핵 가까이에 있는 바닥핵basal ganglia도 그중 하나다.

이 기계 학습 과정의 놀라운 점은 죽은 이와 관련된 생각의 신경 지문을 일단 찾아내자, 참가자가 다른 신경영상 과제를 할 때 죽은 이에 관한 생각을 하는지 여부를 그 지문을 써서 알아낼 수 있었다는 것이다. 또 실험 참가자들은 주의 지속 과제sustained attention task도 받았다. 너무나 지루해서 대개 정신이 산만해지기 마련인 과제를 말한다. 실험 참가자들은 10분 동안 스캐너 안에 누운 채 숫자가 뜰 때마다 단추를 누른다. 3이 나올 때만 빼고서다. 짐작할 수 있겠지만, 그다지 몰입시키는 활동이 아니며, 연구자들이 기대한 대로 곧 참가자들은 딴 생각을 하게 된다. 연구진은 이 과제를 하는 참가자에게 약 30초마다 고인을 생각하고 있는지 물었다.

슈넥 연구진은 사진/이야기 과제에서 파악한 신경 지문이 참가자가 주의 지속 과제를 하면서 언제 고인을 떠올리는지를 정확히 예측할 수 있는지 알고 싶었다. 기계 학습 알고리듬이 첫 과제로부터 산출한 신경 표지는 참가자들이 두 번째 과제 때 고인을 생각하고 있다고 말한 시간을 단지 우연히 맞추었다고 볼 수 있는 수준보다 더 정확히 예측할 수 있었다.

이 점이 너무 오싹하다고 판단하기 전에, 즉 신경과학자들이 우리의 마음을 읽으려고 시도하고 있다고 판단하기 전에, 당사자의 허락이 없이는 생각의 신경 지문을 찾아낼 방법이 없다는 점을 떠올리자. 컴퓨터가 배울 수 있는 데이터를 얻으려면, 그 사람에게 특정한 생각을 할 때가 언제인지를 알려달라고 해야 한다. 즉 참가자의 자발적인 협력이 필요하다. 그리고 신경 해석이 인상적이긴 해도, 정확도는 100퍼센트에 근접하지 못한다. 생각은 의식 경험이며, 그런 생각의 신경 지문은 당사자로부터 많은 보고가 있어야만 컴퓨터가 학습할 수 있다. 참가자가 적극적으로 돕고자 하지 않는 한 누군가가 지금 하는 생각이 뇌 활성 지도를 작성하는 순간에 했던 생각과 일치하는지 여부를 어떤 연구자도 알아낼 수 없다.

그렇다면 사랑하는 이를 사별한 사람들은 현재 순간에 하고 있는 과제에 얼마나 자주 초점을 맞추었을까? 슈넥의 신경 영상 연구 결과는 주의 지속 과제를 할 때(사람들의 마음이 사실상 딴 데 가 있곤 할 때) 고인을 생각하는 시간이 30퍼센트임이 드러났다. 실제 삶에서는 비애의 초기에 어떤 과제를 하려고 애쓰다가 고인에 관한 침투적 사고에 방해를 받곤 한다. 이 연구의 가장 흥미로운 결과는 이것이다. 고인과 관련된 생각의 신경 지문이 뇌 활성에서 더 자주 나타날수록, 일상생활에서 고인과 사별의 슬픔에 관한 생각을 회피하는 일이 더 잦다는 것이다. 따라서 그 사람에 관한 생각을 회피하려고 애쓸수록, 정신이 산만할 때 그 사람에 관한 생각이 더 많이 떠올랐다. 이 연구는 인지 회피가 상실의 고통스럽고 잦은 생각을 줄이는 데 쓰는 전략이 될 수 있지만, 회피 횟수가 많을수록 침투적 사고의 횟수도 그만큼 늘어난다고 말한다. 역설적이게도 자신의 생각을 억누르면 그 생각은 다시 돌아온다. 우리는 사랑하는 사람을 사별한 이들이 현재 순간의 고통스러운 생각을 관리하도록 돕는 새로운 전략을 발견할 필요가 있다. 회피는 장기적으로 별 도움이 안 되기 때문이다.

상실의 무의식적 처리

슈넥은 첫 번째 연구에서 다른 무언가를 하는 와중에도 떠오르는 고인에 관한 의식적이면서 보고할 수 있는 생각에 초점을 맞추었다. 슈넥이 한 두 번째 연구는 더욱 흥미로웠다. 그는 상실의 무의식적 처리 과정을 더 많이 이해하고 싶었다. 의식적인 생각을 연구할 때에는 그저 참가자에게 지금 무슨 생각을 하는지 물으면 되었다. 무의식적 처리를 연구하려면, 참가자의 보고에 의지하지 않는 신경 지문을 살펴볼 방법을 찾아야 했다. 무의식적 처리는 우리가 1장에서 살펴본 것과 비슷하다. 바로 뇌가 시간이 흐르면서 새 세계를 접하고 이를 통해서 사랑하는 이가 없음을 학습한다는 것이다. 빨래를 한 뒤에 남편의 양말 서랍을 더 이상 여는 일이 없음을 깨닫는다고 해보자. 이 새로운 행동은 반복되는 경험을 뇌가 무의식 수준에서 계속 처리하기 때문에 발달한 것이다. 자신이 늘 애도 작업에 몰두하거나 의도적으로 상실에 초점을 맞출 필요는 없다. 뇌는 명시적으로 자각하지 않을 때에도 학습하고 적응하기 때문이다. 우리 연구실의 대학원생 새런 실리^{Saren Seeley}는 이를 화면에서 문서를 입력하고 있을 때 컴퓨터가 배경에서 프로그램을 작동시키는 방식에 비유한다. 이런 보이지 않는 배경 프로그램들은 당면한 과제를 수행할 수 있도록 돕는다. 그러나 컴퓨터가 이런 배경 프로그램에 할당할 수 있는 자원에는 한계가 있으며, 그 한계를 넘어서면 문서 입력이 멈출 것이다.

슈넥은 두 번째 연구에서는 참가자들이 죽은 이를 떠올리게 하는 것들에 정신이 팔려서 반응이 늦어지는 양상을 관찰하여, 상실의 무의식적 처리를 보여줄 신경 지문이 있는지 살펴보았다. 당신이 비애에 젖어 있을 때 주변의 많은 것들이 사랑한 이를 상기시키고, 당신도 그것에 정신을 빼앗기곤 한다. 슈넥의 신경 해석기는 반응 시간 과제에서 고인과 관련된 단어에 정신이 팔릴 때의 뇌 지문을 다른 단어를 볼 때의 더 빠른 처리와 비교했다. 컴퓨터는 참가자가 선택적 주의를 기울일 때 차이를 보이는 뇌 활성 패턴을 찾는 일에 나섰다. 이 두 번째 연구에서 컴퓨터는 알고리듬을 써서 고인에 관한 특정한 생각을 찾으려고 시도하는 대신에, 그저 뇌가 고인과 관련된 단어에 주의를 기울이고 있을 때 반응 시간이 느려지는 것을 찾으려고 했다. 여기서 핵심은 이것이다. 더 반응이 느려질 때, 즉 다른 과제를 하느라 상실을 더 무의식적으로 처리할 때, 참가자가 비애의 증상이 더 적고 더 약하다고 말했다는 것이다. 즉 잠복된 상태에서 무의식적으로 일어나는 신경 지문 활성이 증가하는 참가자일수록 더 잘 적응하는 것으로 나타났다. 우리가 무의식적 생각을 전혀 통제할 수 없음에도, 작동하는 방식이 이렇다니 흥미롭다! 요약하자면, 슈넥이 두 연구에서 발견한 것은 고인에 관한 침투적 사고를 더 많이 할수록 비애가 더 심하다는 것이다. 또 생각을 회피하려고 애쓸수록 생각이 더 자주 떠오른다는 것이다. 반면에 무의식적 처리가 많아질수록 비애는 더 약해졌다. 따라서 정신을 딴 데에 쏟으려는 의식적 생각은 도움이 안 되는 반면(비록 회피하는 것은 가능할지라도), 마음이 방황할 때의 무의식적 생각은 도움이 되는 듯하다.

회피를 하는 사별한 사람들은 고인에 대한 생각이 의식으로 떠오르는 것을 막기 위해서 무의식적 정신 과정을 걸러내는 듯하다. 슈넥은 이를 효과 없는 팝업 차단 프로그램을 쓰는 것에 비유한다. 떠오르는 생각을 걸러내는 것은 어느 정도는 작동하며, 처음에 팝업을 차단하는 것도 마찬가지다. 그러나 시간이 흐르면서 시스템에는 과부하가 걸리며, 궁극적으로 팝업은 다시 뜬다. 사별 과학이 비애의 의식적 처리와 무의식적 처리 사이의 관계를 제대로 이해하려면 아직 갈 길이 멀다. 회피와 반추가 지속 비애 장애로 이어지거나 그 장애를 지속시키는 방식을 이해하려면 더 많은 연구가 이루어져야 한다. 그러나 명석한 젊은 신경과학자들이 비애의 신경생물학 분야로 진출하고 있어, 많은 발견이 이루어질 것이라고 믿는다.

사랑

사랑하는 이는 세상을 떠난 뒤에는 분명히 더 이상 물질세계에 우리와 함께 있지 않다. 삶은 매일 우리에게 그렇다는 것을 증명한다. 그런 한편으로 그 사람은 사라지지 않는다. 우리의 뇌와 마음속에서는 계속 우리와 함께 있기 때문이다. 그 사람과 함께하면서 우리 뇌의 물질적 조성, 즉 우리 신경세포의 구조는 바뀌어왔다. 이런 의미에서 우리는 그 사람의 일부가 물질적으로 살아 있다고 말할 수도 있다. 그 일부란 우리 머리뼈로 보호되고 있는 신경 연결이며, 이 신경 연결은 사랑하는 이의 사후에도 물질 형태로 살아남는다. 따라서 그 사람은 완전히 "저 바깥에" 있는 것이 아니며, 완전히 "이 안에" 있는 것도 아니다. 또 당신은 한 사람도 아니고, 두 사람도 아니다. 두 사람 사이의 사랑, 명백하면서도 대개 형언할 수 없는 특성이 두 사람 사이에 출현하기 때문이다. 일단 사랑을 알게 되면, 우리는 그것을 우리의 자의식으로 끌어들일 수 있고, 그것이 우리 안에서 꽃을 피우고 향기를 발산하는 것을 느낄 수 있다. 이 경험은 이 세속적인 평면에서 우리가 전에 알던 사람의 육체에 대한 사랑을 초월한다. 이제 사랑은 누구와 함께하든, 어떤 보답을 받든 간에 우리의 속성이 된다. 초월적인 경험, 아무런 보답을 필요로 하지 않은 채 사랑한다는 느낌에 휩싸인다. 함께하는 최고의 순간에 우리는 사랑하고 사랑받는 법을 배운다. 이 결속된 경험 덕분에, 사랑한 이와 그 사랑은 지금 우리의 일부가 되며, 우리는 그 속성을 불러내어 현재와 미래에 끼워 맞출 수 있다.

10장

미래 탐색

우리의 뇌는 미래를 무한히 상상할 수 있는
놀라운 능력을 가진다

2002년의 어느 금요일, 두 살인 벤은 엄마 지넷 마레, 형, 친구와 함께 집에 있었다. 벤의 기도가 부어올라서 막혔고, 온갖 노력을 다했음에도 그 금요일은 너무나도 이르게 벤의 생애 마지막 날이 되었다. 지넷은 자신과 가족이 새로운 현실과 맞닥뜨리면서 그 고통은 이루 말할 수 없었다고 했다. 그들은 그 고통에 대처하기 위해 점토로 작업하기 시작했고, 이윽고 친구들과 함께 차고에 도자기 종을 수백 개 만들어 쌓았다. 벤의 기일에 그들은 감사 인사와 함께 하나씩 가져가시라는 쪽지를 붙여서 종을 툭손 여기저기에 매달았다.

지넷은 지역 사회와 고마운 친구들 덕분에 그 슬픔을 극복할 수 있었음을 깨달았다. 그녀는 그 호의에 감사를 표하고, 도움이 필요한 이들을 도울 방법을 찾고 싶었다. 이 비극적인 상황으로부터 벤의 종Ben's Bells이 탄생했다. "개인과 공동체에 앞장서서 베푸는 친절이 미치는 긍정적인 효과를 알리고 친절을 생활 습관처럼 실천하도록 도모한다"는 것을 목표로 한 비영리 단체였다. 벤의 종은 현재 유치원에서 대학에 이르기까지 먼저 베푸는 친절의 중요성을 가르친다. 효과는 뚜렷했다. 툭손에서는 어느 학교 앞을 지나든 간에 "친절하세요"라고 적힌 녹색 타일 벽화를 볼 수 있다. 도시 전역에서 꽃 모양 그림의 한가운데에 "친절하세요"라고 적힌 녹색 스티커를 붙인 차도 많이 보인다. 사람들은 감사하는 마음을 담아서 도자기 꽃이 달린 수제 종을 주고받기도 한다.

벤의 종은 애도하는 가운데 깨달은 진정한 진리에서 나온 것이기에 그토록 강력한 영향을 미쳐 왔다. 사람들이 지넷에게 한 말이 다 친절하거나 도움이 된 것은 아니었다. 지극히 선의로 하는 말이 가슴을 아프게 할 때도 있었다. 나는 비애를 생각하면서 평생을 보내고 있지만, 슬픔에 잠긴 사람에게 내가 했던 말들을 돌이켜볼 때면 여전히 움찔한다. 무슨 말을 해야 할지 알기 어려울 때가 많고 그렇기에 우리는 잘못 말할 때가 많다.

지넷은 의사소통 분야를 전공했고, 그 배경 지식은 친절하고자 할 때 어떻게 말해야 하는지를 아는 데 도움이 되었다. 사별의 슬픔에 잠긴 사람에게 "친절하다"는 느낌을 주려면 비애가 무엇인지 얼마간 짐작할 수 있어야 한다. 지넷은 비애가 어떤 느낌인지를 솔직하게 설명하는 것을 비롯해서 힘든 대화를 하는 데 주저하지 않는다. 애도하는 사람은 슬퍼하거나 분노할 수 있으며, 그것은 상실에 대한 자연스러운 반응이다. 그 주변 사람들에게는 그 사람의 기운을 북돋아주는 것이 목표가 아니다. 함께 있는 것이 목표다. 지넷은 말 자체보다도 말이 전달하는 것이 더 중요하다는 점도 깨달았다. 그는 사람들이 사별한 이가 어떤 감정을 느끼고 그날 어디에 있는지에 진정으로 귀를 기울이는 것이 중요하다는 점을 이해하도록 돕고 싶었다. 뭐라고 말해야 할지 모르지만 사랑하며 그러므로 함께 있을 것이라고 말하는 것조차도 여린 사람에게 감동을 준다. 종 같은 선물을 주는 행위는 준다는 것, 함께한다는 것, 친절하다는 것의 의미를 되새길 기회를 마련한다. 지넷의 비애 경험과 자신의 경험에 대한 솔직함 덕분에, 그는 자신이 겪은 고통스러운 한편으로 지지를 받았던 경험을 벤의 생애로부터, 물론 벤을 알지 못한다 하더라도, 우리 모두가 혜택을 볼 수 있는 사업으로 전환했다. 벤의 생애는 아주 많은 이들에게 감명을 주어왔다. 지넷이 상상했던 삶은 아니지만, 그는 회복된 삶을 살고 있다.

비애와 애도

서문에서 말했듯이, 비애는 애도와 다르다. 비애는 되풀이해서 자연적으로 출현했다가 사라지는 고통스러운 감정 상태다. 사람들은 그 물결이 밀려드는 횟수가 줄어들거나 약해질 때 비애가 "끝났다"고 상상할 수도 있다. 한 가지 의미에서는 그 말도 맞다. 비애의 고통을 겪는 횟수를 줄이거나 약화시키는 것이 목표라면, 이 감소는 시간이 흐르면서 자연스럽게 이루어질 가능성이 높다. 반면에 사별한 사람이 시간이 흐르면서 비애의 빈도와 강도가 줄어들 것이라고 예상했는데 그렇지 못하다면, 상실뿐 아니라 그 상실에 대한 반응을 반추하기 시작하곤 한다. 그러면서 이런 의문을 품기 시작할 것이다. "내 비애가 정상적일까?" 남들은 내게 "나아지기를" 기대하고 있는데 나는 "나아졌다"는 느낌을 받지 못하고 있다. 그렇다면 나는 계속 이렇게 힘들어 할까? 그러다 보면 비애를 계속 마음의 전면에 두는 불행한 효과가 나타난다. 시간이 흐르면서 비애 반응을 고조시키고 연장시킬 수 있다.

반면에 대부분의 사별한 사람들이 시간이 흐르면서 비애가 "끝났다"고 생각할 때 사실은 비통함의 강도와 빈도가 그저 줄어드는 차원을 넘어서 그 이상의 무엇을 기대한다고 본다. 그러니 비애의 끝이 아니라 충족된 삶의 회복이 더 나은 정의일 것이다. 그것은 적응을 가리키며, 비애가 "끝났다"고 생각하는 것보다 그 편이 더 정확할 거다. 그리고 의미 있는 삶은 단순히 잦고 강렬한 비애 고통의 끝을 의미하는 것 이상의 많은 일을 수반한다. 의미 있는 삶을 회복하는 방법이 오로지 죽은 이와 함께하는 것뿐이라고 믿는다면, 그 목표는 결코 도달할 수 없다. 의미 있는 삶이라는 목표를 달성하려면 그 방법을 포기하고 다른 방식을 고안해야 한다. 현실을 직시하자. 그저 힘들 뿐이라고 여기자.

삶을 의미 있게 만들 방법이 많다고 스스로 생각한다면, 그 목표에 다다를 기회가 더 많다. 여기에는 크나큰 용기와 유연성이 필요하다. 자신이 실제로 의미 있다고 여기는 것에 주의를 기울이고 현재 순간에 만족하면서 새로운 것을 뇌가 배우도록 해야 한다. 이 전환은 예전과는 다른 삶이긴 해도, 마찬가지로 사랑, 자유, 만족의 삶으로 이어질 것이다. 애도 과정은 사랑한 고인을 통해 애착 욕구를 충족시켰던 것에서 다른 방식으로 일관되게 애착 욕구를 충족시키는 쪽으로 넘어가는 것이다. 이 말이 반드시 다른 사람을 통해 충족된다는 의미는 아니다. 의미 있는 삶을 살아간다는 말은 재혼하거나 다시 아이를 갖는 다는 말과 다르다. 사실 새로운 관계가 당신이 목표에 도달하는 데 방해가 된다면, 의미 있는 삶을 추구하는 일에도 지장을 줄 것이다.

게다가 최근에 죽음을 아주 가까이에서 접했기에, 의미 있는 삶의 구성 요소도 달라졌을 가능성이 매우 높다. 죽음은 우리에게 무엇이 의미 있는지를 명확히 제시하는 야만적인 방식이다. 이 명확성은 일상 활동이 우리가 가치 있다고 여기던 것과 전혀 무관하다는 발견으로 이어질 수 있다. 그런 깨달음은 좌절과 우울을 일으키며, 새롭게 깨달은 가치를 추구하는 쪽으로 일상생활을 바꾸려고 한다면 큰 격변으로 이어질 수 있다. 자기 삶의 애환을 털어놓는 동료의 말이 허위이고 무의미하다고 느껴져 그다지 귀를 기울이고 싶지 않을 수도 있다. 가족 행사에서도 적절한 예절에 신경 쓰지 않을 수도 있다. 우리가 가치를 부여하는 것들과 일상생활에서 접하는 사소한 것들이 이렇게 어긋남을 발견한다면, 자신이 처한 상황에 화가 날 수도 있고, 노골적으로 강한 감정을 표출하거나 거침없이 새로운 목표를 추구할 수도 있다. 그러나 우리는 진공 속에서 사는 것이 아니다. 지금 당신을 사랑하는 이들은 당신의 이런 감정이나 변화에 맞추기가 쉽지 않을 것이며, 당신의 새로운 자각과 변화한 우선순위는 그들과 마찰을 가져올 수도 있다. 사별한 이들 중에는 주소록이 모두 바뀐 사람도 있다. 애도 과정을 겪으면서 뇌가 세상을 새롭게 배우고 마음에 들거나 가치 있다고 여기는 것이 달라짐에 따라서, 우리는 자신의 정체성을 재정의하곤 한다. 우리의 정체성이 더 이상 존재하지 않는 누군가와 겹쳐진 원이라면, 그 꾸준했던 영향이 사라졌기에 우리가 바뀌거나 우리가 추구하는 바와 환경을 재정의하고 갱신할 필요가 있다는 것이 그리 놀랄 일도 아닐 것이다.

계획이란 무엇일까

미래, 사랑하는 이가 더 이상 없는 미지의 새로운 미래를 상상하는 능력은 과거를 떠올릴 때와 비슷한 뇌 연결망을 쓰는 듯하다. 이 말이 좀 이상하게 들릴지도 모르지만, 캐나다 인지신경과학자 에드워드 털빙Edward Tulving은 과거와 미래 양쪽으로 시간 여행 하는 우리 능력은 몇몇 중요한 공통 특징을 지닌다는 것을 보여주었다. 앞장에서 논의했듯이, 기억은 우리 뇌가 원래의 사건 때 생성된 신경 활성을 재생할 때 일어나는 것이다. 그럴 때 그 사건의 지각 즉 기억이 현재 떠올리고 있다는 지식과 함께 생성된다. 미래를 상상하는 일도 한 일화를 구성했을 조각들을 미래에 일어날 수도 있다는 지식과 함께 재조합하는 것이다. 가상으로 미래로 투영하는 것이 설득력이 있도록, 뇌는 자신이 이미 겪었고 다시 겪을 수 있는 것들에 의지하면서 그것들을 새로운 방식으로 조합한다.

얼마 전 친구의 50세 생일을 축하하기 위해 라스베이거스로 갔다. 나는 호텔방이 어떠했는지 기억하며, 창문에서부터 침대를 지나 커다란 욕실까지 걸어가는 모습도 상상할 수 있다. 내가 마신 밀크셰이크의 놀라운 맛과 함께 본 〈태양의 서커스〉의 장관도 기억한다. 생일 만찬에 무엇을 입었는지, 호텔방에서 그 옷을 펼쳐놓은 광경도 떠오른다. 이런 기억은 미래에 내가 취할 가능성이 높은 휴가를 상상하는 데 도움을 준다. 나는 크기가 얼마만한 호텔방을 예약하고 싶은지, 창이 도심을 향해 있는지 여부를 고려할 수도 있다. 크림이 잔뜩 올려진 셰이크가 나오는 식당을 예약할지도 모른다. 어떤 공연을 보고 싶은지도 생각하고, 친구들이 라운지에서 노래하는 가수가 아니라 현란한 공연을 보고 싶어 할 것이라고도 예상한다. 짐을 꾸릴 계획을 짤 때, 나는 마음속으로 옷 몇 벌을 입은 모습을 떠올리면서 기후, 계절, 활동에 어떤 옷이 맞을지 생각한다. 이런 식으로 생각할 때, 우리는 기억을 회상하는 과정과 미래의 사건을 상상하는 과정이 유사점을 지닌다는 것을 알아차릴 수 있다.

신경과학자들은 회상과 예상이 공통의 신경 기구를 쓴다는 견해를 뒷받침하는 강력한 증거를 두 가지 발견했다. 첫째, 사람들이 과거를 떠올리거나 미래를 상상할 때 뇌를 촬영하면, 이 두 정신 기능에 쓰이는 뇌 영역들이 상당히 겹친다. 둘째, 과거에 일어났던 사건을 잘 떠올리지 못하는 사람은 미래를 상상하면서 자신이 무엇을 할지를 상상하는 데에도 어려움을 겪는 경향이 있다.

과학자는 주요 영역이 온전하지 않은 뇌가 어떻게 작동하는지를 이해함으로써 정상적인 기억 능력을 지닌 사람의 뇌가 어떻게 작동하는지를 알아낼 수 있다. 털빙은 K. C.라는 유명한 환자를 연구했다. 그는 자전적 과거 기억과 미래 생각 양쪽 다 결함이 있는 사람이었다. K.C.는 모터사이클 사고로 머리를 다쳐 정신 기능에 매우 특이한 결과가 빚어졌다. 그는 지능, 주의를 옮기는 능력, 언어 능력은 간직했다. 단기 기억, 즉 최근에 본 것을 기억할 수 있는 능력도 정상이었다. 세계에 관한 일반 지식, 즉 의미론적 지식도 양호했다. 자신이 소유한 차, 어릴 때 살던 집, 집안사람도 다 알아볼 수 있었다. 그러나 이런 물품이나 사람과 관련된 경험은 전혀 떠올릴 수 없었다. 그는 그 물품들이 자신의 것임을 알았지만, 관련된 기억을 전혀 떠올릴 수 없었다. 털빙은 K. C.의 미래를 생각하는 능력도 조사했다. K. C.에게 내일 무엇을 할지를 물으면, 그는 대답을 할 수 없었다. 그는 모르겠다고 말하면서, 과거에 일어난 사건을 생각하려고 할 때 머릿속이 텅 빈 것 같다고 했다. 자신의 과거를 떠올리고 미래를 상상하는 일은 동일한 신경 기구를 쓰며, K. C.는 뇌의 그 부위가 손상되자 양쪽 능력에 다 결함이 생겼다.

과거의 일부, 미래의 일부

복합 비애에 젖은 사람들은 과거를 떠올리고 미래를 상상하는 능력에서 특이한 양상을 보인다. 하버드 대학교 심리학자 돈 로비노와 리처드 맥널리Richard McNally는 사별한 이들의 사적인 기억 회상 능력을 검사한 끝에, 비애에 가장 심하게 빠진 이들이 자신의 과거를 구체적으로 떠올리는 데에도 어려움을 겪는다는 것을 알았다. 사랑한 고인과 관련된 기억을 제외하고 그렇다. 마찬가지로 미래의 사건을 구체적으로 상상하는 데에도 어려움을 겪었다. 마치 이미 죽은 사람이 아직 살아 있는 양 사건을 상상하는 반사실적인 미래를 상상할 때만 제외하고서다.

이 점을 규명하기 위해서, 로비노와 맥널리는 회복하면서 적응하는 집단과 복합 비애 집단에게 네 가지 상황을 가능한 한 상세히 떠올려보라고 했다. 그들은 실험 참가자들이 일반적인 사건과 구체적인 자전적 일화를 떠올릴 때 차이가 나타난다는 것을 알았다. 일반적인 사건에는 고등학교 졸업 후 여름처럼 장기간에 걸쳐 일어난 사건, 고등학교 생물학 수업처럼 규칙적으로 일어나는 사건, 고등학교 이름처럼 과거에 관한 일반 지식 등이 포함된다. 구체적인 일화 기억은 자신의 고등학교 졸업식 같은 특정한 사건의 세부 사항을 포함한다. 이런 다양한 유형의 기억은 뇌에 서로 다르게 저장된다. 각 참가자는 성공하거나 행복하거나 아프게 하거나 유감스러운 감정을 일으킨 단서에 관해 어떤 사건을 기억하거나 상상하라는 요청을 받았다. 절반은 죽은 사람과 관련된 것이고 절반은 그렇지 않은 것이었다. 회복하면서 적응하던 사람들은 죽은 이와 관련이 있든 없든 상관없이 과거의 구체적인 기억을 떠올리거나 미래의 사건을 상상하는 능력에 아무런 차이가 없었다. 그러나 복합 비애에 젖은 이들은 사랑한 고인이 포함되지 않은 사건 쪽으로는 구체적으로 떠올리거나 상상하기가 더 어려웠다.

로비노와 맥널리는 참가자들의 작업 기억도 검사했다. 무언가를 머릿속에 간직할 수 있는 이 능력은 기억하고 상상하는 데 다 필요하다. 복합 비애에 젖은 이들은 죽은 이와 관련된 특정한 사건을 떠올릴 가능성이 더 높다. 지금은 없는 그를 자주 떠올리고 있었다면, 그 사람에 관한 사건을 질문받았을 때 금방 기억이 떠오를 것이다. 그 사람이 없는 사건을 떠올려보라고 물었을 때에는 떠올리는 데 많은 노력이 필요할 것이다. 실제로 작업 기억을 검사하니 그렇다는 것이 드러났다. 복합 비애를 겪고 있고 작업 기억 능력이 더 떨어지는 이들은 죽은 이가 없는 사건의 기억을 가장 적게 떠올렸다. 죽은 이를 포함하지 않는 기억을 떠올리는 데 더 노력이 필요하기 때문일 것이다.

복합 비애에 젖은 이들이 왜 죽은 이의 기억을 더 많이 지니고, 더 기이하게도 그와 관련된 미래 사건을 더 쉽게 상상하는 것일까? 가능한 이유가 적어도 두 가지 있다. 하나는 우리가 사망한 이를 자주 반추한다면, 기억을 구성하는 요소들은 그를 포함할 가능성이 더 높고, 따라서 떠올리라고 질문을 받았을 때 더 쉽게 접근할 수 있다. 또 다른 이유는 자신을 "아내"라고 생각하는 것처럼, 자신의 정체성이 죽은 이의 정체성과 겹친다면, 과거나 미래의 자기 자신을 상상할 때 죽은 이도 함께 등장할 가능성이 더 높다는 것이다. 자아의 본질 자체가 우리가 남편/아내를 지닌다는 것을 의미한다면, 미래의 자신을 상상할 때 자동적으로 남편/아내도 떠오른다. 그리고 각자의 정체성이 "아내/남편"을 "자아"의 일부로 통합하고 있다면, 남편/아내와 사별한 뒤 자아의 일부가 사라진 양 느끼는 이유도 쉽게 알 수 있다. 반면에 자신의 정체성이 "자매"나 "상사"처럼 죽은 이와 무관한 다양한 측면을 지닌다면, 마음에 떠오르는 사건에 그들이 포함되지 않을 가능성이 높다.

회복

의미 있는 삶의 회복은 사별에 대처하는 이중 과정 모형의 절반에 해당한다. 의미 있는 삶을 회복하려면 그 삶을 상상할 수 있어야 한다. 가능한 미래 사건을 상상할 수 없다는 것이야 말로 절망의 핵심에 해당한다. 우리는 적어도 계획을 세울 수 있을 만치 미래를 상상할 수 있어야 한다. 설령 다음 주말을 상상한다고 해도 마찬가지다. 배우자를 잃은 노인들은 저녁과 주말이 최악의 시간이라고 말하곤 한다. 다른 시간에는 할 일이 있고 만나는 사람들이 있는 반면, 그 시간에는 가장 외로움을 느끼기 때문이다.

애도가 학습의 일종이라면, 예전 토요일과 일요일에 주말 계획을 얼마나 잘 세웠는지를 배울 수 있다는 의미다. 우리는 실제로 계획을 즐겼는지, 계획이 의미가 있었는지, 그 뒤에 생산적인 한 주를 보냈는지를 평가할 수 있다. 사별을 겪은 뒤에 이런 계획은 시행착오 과정으로 변한다. 우리는 계획을 세우지만, 그것이 어떻게 될지를 온전하게 상상할 수는 없다. 배우자나 부모를 잃었고 주변 사람들로부터 소외되었다는 느낌을 받기 때문이다. 다행히도 우리는 인생 경험이 있고 어느 정도 직관을 갖고 있다. 나의 경우, 자정이 넘어서까지 록 콘서트에 있고 싶지 않다. 주말에 누군가를 만날 필요가 있다고 느끼고, 그렇지 않으면 아주 외롭고 우울한 기분이 들 것이다. 그러나 그것이 지인을 만나러 장거리 여행하는 것을 의미할까? 아니면 친구와 커피를 마시면서 시간을 보내는 것을 뜻할까? 이런 선택 사항들은 더 모호할 수 있다. 그렇긴 해도 계획을 세우고 불확실함에도 그 계획을 수행한다면, 우리는 피드백을 받는다. 애도에 젖어 있을 때, 나는 토요일 아침에 맨 먼저 마트에 가는 편이 낫다는 것을 깨달았다. 대개 그렇게 할 동기가 거의 없었고 식욕도 거의 없었지만, 그 일을 나중으로 미룬다면 한 주 내내 시리얼만 먹을 테니까.

다가올 휴가를 상상할 때면 회복이 더욱 중요하다. 휴가는 애도하는 사람들에게 힘든 시기임이 잘 알려져 있다. 휴가 일정의 의례적 특성은 기억을 떠올리게 하고, 사회적 특성은 함께 휴가를 즐겼던 사람의 부재를 더욱 생각나게 하기 때문이다. 휴가 계획을 짠다는 것은 사랑하는 이가 없는 자신을 상상해야 한다는 의미이며, 애도하는 많은 이들은 휴가 계획을 짤 생각조차 회피한다. 내 어머니는 12월 31일에 돌아가셨는데, 시부모님은 다음 크리스마스에 동생과 아버지와 함께 텍사스로 와서 지내는 편이 어떻겠냐고 물었다. 우리는 그 편이 나을지 여부를 도저히 짐작조차 할 수 없었지만, 적어도 첫 기일에는 슬픔을 더 적게 떠올리게 하는 곳에서 지내고 싶다고 생각했다. (특히 첫 기일을 맞이할 때는 시행착오를 많이 겪기 마련이니까.) 시댁으로 가는 것은 우리 가족에게 좋은 선택이었다.

여기서 핵심은 그렇게 경험을 하면서 무엇이 효과가 있고 없는지를 파악하는 것이다. 그리고 이 지식은 다음 휴가 때 적용할 수 있다. 또 그 다음과 더 뒤의 휴가 기간에도. 휴가란 해마다 계속 되풀이될 테니까. 물론 애도 기간의 첫해에 자신과 식구들이 하는 것이 다음해에 할 것과 다를 수도 있고, 같은 규칙이 적용되지 않을 수 있다는 점도 명심해야 한다. 좋은 소식은 우리가 현재에 주의를 기울이고 지난해를 떠올리고 의식적으로 계획을 짠다면, 의미 있는 휴가를 보내고 새로운 경험을 접할 가능성을 높일 수 있다는 것이다. 반드시 즐겁다고는 말할 수 없겠지만, 적어도 의미 있는 휴가가 될 것이다. 설령 바라는 것보다 덜 즐겁다는 것이 드러날지라도, 자신이 한 일에는 의도가, 이유가 있다. 바로 노력을 한다는 것이다. 당신은 세상으로 나가서 다른 사람의 내면으로 들어가는 법을 배우며, 자기 머릿속에서 들리는 목소리만이 아니라 남들의 목소리에 귀를 기울이는 법을 배우고, 새로운 경험(그리고 살아가기)으로 자신을 시험하면서 새로운 기억을 쌓아갈 수 있다.

우리 관계의 미래

우리는 매일 바뀌는 미래를 살며, 우리가 살아가고 이윽고 사별 경험을 안고서도 잘 살아가면서 우리 정체성은 바뀐다. 그렇다면 고인이 된 사랑한 이와의 관계도 바뀔까? 나는 어머니를 잃은 뒤로 십여 년 동안, 어머니와의 관계가 거의 변함없이 유지되었다고 말하곤 했다. 매일 더 나은 딸이 되지 못하고 어머니의 기분이 더 좋아지도록 돕지 않았다고 극심한 죄책감을 느끼다가, 어머니가 나를 키운 방식에 화를 내다가, 그 모든 일이 내 삶에 미칠 의미를 생각하면서 우울해지곤 했다. 내 자신이 어머니의 유전자, 통제적인 양육 방식, 모든 사람의 고통을 없애겠다는 내 자신의 거침없는 욕구의 산물이라고 생각했다. 강한 감정 반응에 자주 휩싸인다면 그만큼 그 감정을 다스릴 뛰어난 관리 기술이 필요하지만, 나는 20대와 30대에 그런 기술을 가지지 못했다. 그 뒤로 오랜 기간에 걸쳐서 그 감정은 서서히 약해졌다. 비록 그 감정이 내가 세계를 보는 방식에 계속 영향을 미치고 있었지만 말이다.

나는 친구들이 40대에 이르고, 각자 직장인이 되고 엄마나 아빠가 되고, 인생 경험이 쌓임에 따라 생존한 어머니와의 관계가 바뀌는 과정을 지켜보았다. 자기 어머니의 기분과 성격이나 습관을 더 너그럽게 받아들이는 쪽으로 변해 가는 양상을 지켜보았다. 또 어머니가 교육, 자존감, 안정적인 가정을 제공하기 위해서 한 희생에 더 감사하는 마음을 갖는 것도 보았다. 그러면서 나는 처음으로 새로운 방식으로 비애를 경험하게 되었다. 나와 어머니의 관계에서는 그런 변화가 일어날 수 없었기 때문이다. 우리는 결코 변화한 관계를 접할 수가 없었다. 두 성인 여성으로서의 관계 말이다. 어머니의 삶이 끝나면서 그 기회도 사라졌다. 내가 20대 중반에는 결코 예견할 수 없었던 잠재적인 관계를 잃었다. 어머니의 사망으로 나는 한 순간 안도감을 느꼈다. 어머니가 내 삶에 안겨준 어려운 상호관계에 더 이상 대처할 필요가 없어졌기 때문이다. 그러나 그 안도감은 하지 못했던 것들에 관한 비애로 대체되었다.

친구들 덕분에 나는 비애를 새롭게 느끼는 동시에, 어머니가 내게 주었던 것에 더 감사하는 마음도 새록새록 들었다. 점점 더 노력해야 장기적으로 향상이 이루어진다며 매일 피아노를 연습시키던 어머니의 규율이 없었다면, 나는 결코 학계에서 살아남지 못했을 것이다. 감사 인사를 하는 법, 상황에 맞게 신발을 신는 법, 대화를 꺼내는 법 등 문화적 표준 형태를 훈련받을 때 나는 경멸했지만, 그런 훈련을 받지 않았다면 지금처럼 사회적 활동을 제대로 할 수 없었을 것이다. 어머니가 내게 이 세계에서 장점이 될 기술을 습득시키려 애썼고, 내가 제대로 배울 수 있도록 어떤 희생도 무릅썼음을 깨달았다. 언니와 내게 마음먹기만 하면 무엇이든 이룰 수 있다는 개념을 주입한, 어머니의 페미니스트 원칙들에 관해서도 더 생각했다. 우리에게 전적으로 주의를 기울이는 모습, 다른 부모들이 언제나 같은 수준의 관심을 보이지 않았을 때에도 아이인 우리를 호기심이 많고 지적인 존재로 대하면서 이야기를 나누던 어머니의 능력을 생각했다. 몸으로 애정을 표현하던 오랫동안 잊고 있던 기억들도 갑작스럽게 다정한 느낌과 함께 떠올랐다. 십대와 청년기에는 그런 상호작용을 거부했지만 말이다.

그런 생각을 하다 보니, 어머니가 이 세속적 평면에서 사람의 형상이라는 제약을 떨쳐낸다면, 언제나 가장 좋은 모습으로 남아 있을 것이라고 믿게 되었다. 어느 시점에는 어머니의 그런 최고의 측면들을 내 삶에 받아들여서 펼칠 수 있을 것처럼 여겨졌다. 내가 전에 애도하지 않았기 때문이 아니었다. 예전에 내가 부정했던 감정이 이제야 튀어나오고 있던 것이 아니었다. 그저 나이를 먹으면서 사별에 대처하는 이중 과정 모형에 계속 적응해왔기 때문이다. 내 삶의 이 새로운 부분에서 어머니의 부재에 슬픔을 느끼는 한편으로, 어머니의 죽음에 계속 적응했고, 의미 있는 삶을 회복하는 방법을 계속 배웠다. 현재와 과거의 어머니와의 관계는 어머니가 내게 해주고 싶어 했던 온갖 좋은 것들에 내가 초점을 맞추면서 변모했다. 우리 관계에서 내내 어려움을 겪었음에도 그렇다.

자기 자신에 관한 이해는 경험을 통해 지혜를 얻으면서 바뀐다. 생존한 사랑하는 이와의 관계는 나이를 먹으면서 더 너그러워지고 공감하는 쪽으로 발전할 수 있다. 설령 우리 마음속에서만일지언정, 고인이 된 사랑한 이와의 상호작용 또한 성장하고 변하도록 허용할 수 있다. 이 관계의 변화는 현재 온전히 살아가고, 의미 있는 미래를 위한 열망을 창출하는 능력에 영향을 미칠 수 있다. 또 그 사람과, 그 사람의 가장 좋은 면과 더 연결되어 있다고 느끼도록 도울 수도 있다. 또 그가 살아 있다면 보고 싶어 했을 최고의 딸, 아들, 친구, 배우자, 부모가 되도록 자기 자신에게 허용할 것이다. 그 사람을 향한 애정은 여전히 남아 있지만, 그것을 표현할 다른 방법, 다른 출구를 찾아야 한다. 비록 그의 친절과 관심의 혜택을 더 이상 직접적으로 얻을 수 없지만, 물질세계에 없다고 해서, 그 사람과 자신의 관계가 가치가 없어지는 건 아니다.

새로운 역할, 새로운 관계

의미 있는 삶의 회복은 종종 자기 자신이 이미 아는 누군가와의 애착을 강화하거나 새로운 관계를 발전시킴을 의미한다. 자신의 삶에 새로 누군가를 들일 때 갑자기 슬픔이 북받칠 수도 있다. 비교적 잔잔한 시기를 거친 뒤에도 그럴 수 있다. 새관계를 누릴 때, 새로운 사람의 존재 자체는 이 세상을 떠난 이의 부재를 떠올리게 할 수도 있다. 이 문제가 해소되려면 시간과 차분한 대처, 현재 사랑하는 새로운 사람이 전에 사랑했던 사람과 같지 않다는 점을 떠올리는 것이 필요하다. 사랑하고 지지하는 관계를 새로 맺는다고 해서 예전의 관계를 잊거나 거부한다는 의미는 아니다. 새 관계는 새로운 것들을 배워감에 따라서 성숙하며, 현재의 관계에 집중하고 이전 관계의 가상세계에 살지 않으려면 많은 조정이 이루어져야 한다. 주위에서는 언제 새로운 관계를 발전시키는 것이 "정상"인지 여부를 판단하지 않은 채 상대의 말에 귀를 기울이고 북돋아주는 것이 진정으로 도움이 된다.

우리가 새 관계에 의문을 가지는 한 가지 이유는 그 관계가 우리에게 좋은지, 만족하는지, 즐거운지 여부와 무관하다. 심리학자 아모스 트버스키Amos Tversky와 대니얼 카너먼Daniel

Kahneman(2002년 노벨 경제학상 수상자)은 사람이 이익보다 손실을 두 배 더 강하게 느낀다고 했다. 이를 손실 회피 성향loss aversion이라고 하며, 비록 사별이라는 맥락에서 적용된 사례를 본 적이 없지만, 그 개념이 새로운 관계에 불안해하는 흔한 경험을 이해하는 데 도움이 될 것이다. 예를 들어, 최근에 사귄 친구와 데이트를 하거나 여행을 하기로 마음먹는다면, 새 사람과 보내는 시간은 그다지 흡족하지 않을 수도 있다. 아니 더 정확히 말하자면, 지금은 없는 그와 보내는 시간에 비해 덜 흡족할 수도 있다. 바랐던 것만큼 좋지 않았다고 느낄 수도 있다. 우리는 새로운 관계를 모색하고 있기에 기분이 좋을 것이라고 기대하며, 새로운 관계가 재미있고 흥분될 것이라고 짐작한다. 비애가 약해질 것이라고 예상할 것이다. 애도 기간을 거친 뒤, 삶에서 새로운 무언가를 하기로 마음먹었기 때문이다. 그러나 이두 기댓값이 상당히 높은 기준을 요구한다는 점을 유념하자. 손실이 이익보다 심리적으로 두 배나 강하게 느껴진다면, 이전의 관계에 느낀 것과 같은 수준의 행복을 느끼려면 새 관계에서 두 배로 더 좋은 기분을 느껴야 할 것이다. 새 관계를 얻는다고 해서 기존에 있던 구멍이 그냥 메워지는 것은 아니다. 여기서 핵심은 이것이다—새로운 역할과 새로운 관계의 요점은 구멍을 메우는 것이 아니다. 그렇게 기대하다가는 실망할 수밖에 없다.

　요점은 우리가 현재를 살고 있다면 우리를 사랑하고 우리에게 관심을 가진 누군가가 필요할 것이고, 마찬가지로 우리가 사랑하고 관심을 기울일 누군가도 필요하다. 그러나 앞으로 관계를 즐길 유일한 방법은 현재에 관계를 시작하는 것밖에 없다. 우리가 사랑받는 미래를 상상할 수 있다면, 관계를 시작해야 하며 그 관계가 이윽고 이전 관계와 다른 방식이지만 보상과 유지를 주면서 중요해질 것이다. 이것이 바로 애착 관계, 우리의 사랑하는 이와의 관계가 다른 사회적 관계와 구별되는 이유다. 직장에서 상사가 그만둔다면, 수업이 끝난 뒤 교사를 더 이상 볼 수 없다면, 다른 사람이 그 자리를 채울 수 있다. 반면에 우리는 자신의 배우자, 자녀, 부모, 절친과 서로 깊이 헌신한다. 애착의 상대를 잃는다면, 오랜 세월에 걸쳐서 그리고 함께한 많은 모험을 통해서 그 사람에게 쏟았던 엄청난 신뢰도 사라진다. 그 역할을 쉽게 메울 수 있는 다른 사람은 없다. 엄청난 투자가 다시 이루어져야 한다. 또 다른 강한 결속이 형성되려면, 오랜 시간 함께 경험을 하면서 엄청난 신뢰가 쌓여야 한다. 그러나 지금 시작한다면, 그렇게 될 것이다.

보금자리 떠나기

사별 이후 적응의 재애착 측면은 우리 삶에서 정상적으로 일어나는 한 중요한 관계에서 다른 중요한 관계로 옮겨가는 시기와 비교할 수 있다. 청년기가 되면, 부모에 대한 의존을 줄이고, 세상으로 나아가서 새로운 관계를 추구하는 법을 배워야 한다. 삶의 중심이 될 짝, 애착 욕구를 충족시킬 사람을 찾는다. 비록 이것이 정상적이면서 필수적인 과정이긴 해도 대다수의 사람들은 보금자리를 떠나는 일이 극도의 스트레스를 일으킨다고 인정한다. 사람마다 보금자리를 성공적으로 떠나는 데 걸리는 시간은 제각각이며, 이 기간은 위험과 좌절로 가득할 수 있다. 스트레스로 가득한 과정이긴 하지만 정상적이며, 우울증, 약물 남용, 불안, 심지어 자살 같은 정신 건강 문제도 함께 나타날 수 있다. 집을 떠나는 것과 마찬가지로, 사별도 어려운 정상적인 과정이며, 정신 건강 문제가 생기기도 해 전문가의 도움을 필요로 할 수도 있다. 여러 면에서 양육하는 부모로부터 연애 상대로 넘어가는 것이 사별한 사람이 배우자의 죽음 이후에 새로운 연애 상대나 새 절친을 찾을 때 일어나는 재애착과 비슷하다고 본다.

물론 몇 가지 핵심적인 차이가 있다. 내가 집을 떠날 때 대다수의 또래도 이 동일한 전이 과정을 거칠 것이고, 따라서 우리는 대개 자동적으로 친구들의 지지를 받는다. 또 집 떠나기는 일어나는 시기가 대부분 예측 가능하다. 대학생 기숙사에서 군대에서의 기초 군사 훈련, 몇몇 종교에서 하는 선교사 기간에 기르기까지, 이 전이를 돕는 사회 제도도 많이 있다. 대조적으로 배우자의 죽음은 몇몇 사람들에게만 일어나며, 생애 중 어느 때든 일어날 수 있다. 성년이 되고 집을 떠나는 이 특정한 전이 단계에 우리 몸에서도 동시에 변화가 일어난다. 우리에게 위험을 무릅쓰고, 세계를 탐사하고, 성교를 할 동기를 부여하는 호르몬이 온전한 효과를 발휘하기 시작한다. 사별은 더 나이를 먹은 뒤에 일어나곤 하므로, 우리는 정상적인 성장 과정에서 분출하는 동기 부여 호르몬의 혜택 같은 건 없는 채로 새로운 관계와 새로운 역할을 추구해야 한다.

마지막 차이점은 집을 떠나는 것이 부모가 삶에서 사라진다는 의미는 아니라는 것이다. 부모는 그 뒤에도 여전히 한 가지 중요한 역할을 한다. 이를 때로 애착 계층구조attachment hierarchy라는 관점에서 보기도 한다. 이 계층구조에서 이윽고 배우자는 사랑하는 이들의 피라미드 꼭대기에 놓이는 가장 중심인물이 되지만, 부모는 여전히 존재하며 때로 계층구조의 더 낮은 수준에서 우리에게 중요한 위안의 원천이 되곤 한다. 사랑하는 이가 세상을 떠났을 때 피라미드에 생긴 구멍을 생각하기보다, 사별을 개념화하는 다른 방법은 고인의 정신적 표상, 즉 지속되는 결속이 계층구조에서 여전히 출현할 수 있다는 것이다. 그러나 떠난 사람이 현실의 애착 욕구를 충족시킬 수 없기 때문에 다른 사람 또는 사람들과의 관계가 더 중요해진다. 새로운 사람이 중요해지기를 허용하는 것은 좋으면서 건전하며, 고인과의 정신적 또는 영적 결속을 유지하는 일은 피라미드의 다른 수준에서도 계속될 수 있다.

애착 인물이 누구인지를 설명할 때, 나는 두 가지 질문을 한다. 첫째, 이 세상의 다른 사람들에 비해 이 사람이 내가 특별하다고 생각하고, 나도 이 사람이 특별하다고 생각한다면? 둘째, 내가 이 사람을 필요로 할 때 이 사람이 거기에 있을 것이라고 신뢰할 수 있고, 이 사람이 나를 필요로 한다면 내가 그 자리에 있으려고 노력을 할 것이라고 믿는다면? 그 사람의 사회적 역할이 무엇이든 상관없이 어떤 관계가 그 두 가지 질문을 충족시킨다면, 애착 욕구가 충족될 가능성이 높다. 상대방은 이웃, 형제자매, 비서, 배우자, 더 나아가 반려동물일 수도 있다. 사회가 그 사람을 필요로 하는 것보다 그 사람이 당신

삶에서 하는 역할이 훨씬 더 중요하다.

언제 그 사람을 사랑하기 시작했나

사랑한 이가 우리 곁에 없는 것은 우리 곁에 있는 것의 연속선상에 있다. 날숨이 들숨의 연속선상에 있는 것처럼 말이다. 그들이 현실에서 우리에게, 우리 삶에, 우리 결정에, 우리 가치에 영향을 미치지 않는다는 것은 우리에게 영향을 미친다는 것 못지않게 사실이다. 숨을 참는 것은 결코 숨을 쉬지 않는 것과 다르다. 따라서 사랑한 이가 세상을 떠난 뒤 그 부재 속에서 살아가는 것은 그 사람이 산 적이 없다는 것과 다르다. 나는 때때로 묻곤 한다. 관계가 언제 시작되었나요? 혼인할 때였나요? 첫 키스를 했을 때였나요? 첫 만남 때였나요? 같은 맥락에서, 언제 자신의 일부가 되기를 멈추었나요? 언제 보이지 않게 되었나요? 세상을 떠났을 때? 매장했을 때? 다른 사람을 사랑하게 되었을 때? 함께했던 집을 떠나 이사했을 때? 이런 사건들은 모두 그 사람을 알고, 그 사람에게 영향을 받고, 그 사람을 사랑하는 과정의 일부를 이루고, 그 과정은 결코 끝나지 않는다.

상실 뒤 삶에 적응하는 데 큰 어려움을 겪는 이들을 연구하는 것도 중요하지만, 지독한 상실 뒤에 아름답고 의미 있고 사랑하는 삶을 이룬 이들을 연구한다면 그만큼 많은 것을 얻을 수 있을 것이다. 비록 이 회복력은 신경과학의 연구 주제가 아니었지만, 심리학에서는 외상후 성장post-traumatic growth이라고 한다. 엄청난 성장을 경험한 이들은 우리에게 가르칠 것이 많다. 그리고 그들의 뇌는 사랑하는 이를 상기시키는 것을 처리하는 방식부터 사랑하고 연민을 품고 현재의 삶을 충실하게 살아갈 방법을 계발하는 것에 이르기까지 중요한 일을 해냈을 것이다.

애도는 학습이다

자신이 배운 것을 가르치다

이제 당신은 애도가 학습의 한 형태임을 안다. 급성 비애는 우리가 새로운 습관을 배우기를 고집한다. 기존 습관은 떠나간 이를 자동적으로 떠올리게 하기 때문이다. 그 사람이 세상을 떠난 뒤로 매일 우리의 뇌는 새 현실을 접하면서 변한다. 파란 레고 탑을 상자에서 제거했을 때 설치류의 신경세포가 발화를 멈추는 법을 배워야 하는 것과 마찬가지다. 우리의 작은 회백색 컴퓨터는 예측을 갱신해야 한다. 그가 6시에 퇴근해서 집에 온다거나 소식을 전하기 위해 휴대전화를 집어 드는 일을 더 이상 기대할 수 없기 때문이다. 그가 우리의 기대와 달리 여기, 지금, 가까이라는 삼차원에 더 이상 존재하지 않는다는 것을 배운다. 우리는 친밀함의 표현 방식을 바꿈으로써 지속되는 결속을 표현할 새로운 방법을 찾아야 한다. 그는 우리 DNA의 후성유전체와 우리의 기억에 남아 있지만, 물질세계에서 그 사람을 향한 관심을 표현하거나 위로하는 접촉을 더 이상 추구할 수가 없기 때문이다.

우리는 여전히 그 사람에게 말을 하고 그 사람이 뿌듯해할 방식으로 살아갈지도 모르지만, 현재 순간에 있음을 인식해야 한다. ~했다면이라는 대안 현실을 상상하는 대신에, 현재 순간에 굳게 발을 딛고서 그 사람과 연결되는 법을 배워야 한다. 이 변화한 관계는 모든 사랑하는 관계가 몇 달 몇 년에 걸쳐서 계속 변화하듯이 역동적으로 계속해서 변화한다. 고인과의 관계는 우리가 애도를 통해 습득한 경험과 더 나아가 지혜를 통해 지금 우리가 누구인지를 반영해야 한다. 우리는 의미 있는 삶을 회복하는 법을 배워야 한다.

나는 비애를 학습의 일종이라고 말할 때, 쉬운 것을 익힌다는 의미로 말한 것이 아니다. 자전거 타는 걸 배우듯이 균형을 잡고 브레이크를 잡는 법 같은 특정한 기술을 숙달하는 것과 다르다. 이런 유형의 학습은 외계 행성으로 가서 늘 산소마스크를 끼고 있어야 함을 배우는 것과 같다. 또는 자신의 몸이 하루가 24시간인 양 계속 작동하고 있다고 해도, 그곳의 하루가 32시간임을 배우는 것과 같다. 비애는 게임의 규칙 즉 자신이 안다고 생각했고 그때까지 죽 써 왔던 규칙을 바꾼다.

뇌는 학습하도록 진화해 왔다. 뇌의 관점에서 비애를 생각하면 비애가 어떻게 왜 일어나는지를 이해하는 데 도움이 될 것이다. 뇌는 의식으로 떠올릴 수 있는 많은 정보 흐름을 지닌다. 우리는 사랑한 이를 향한 갈망, 그 사람을 찾으려는 욕망, 그 사람이 돌아올 것이라는 믿음을 경험할 수 있다. 이는 진화, 후성유전, 함께 사는 습관을 통해서 우리에게 각인된다. 또 세상을 떠난 사람의 기억, 그 죽음이나 사망 소식을 들은 기억, 첫 기일이 되기까지의 모든 사건들의 기억, 사랑한 이가 없는 상태에서 각각의 일을 처음으로 했던 기억도 지닌다. 그런 기억들을 떠올릴 수도 있다. 마지막으로 현재 순간으로 주의를 옮길 수 있다. 이 순간은 아주 생생하고 가능성으로 가득하다. 우리는 바로 이 순간, 그저 여기에서 쉴 수 있다. 달리 아무것도 하지 않고서. 자기 자신에게 쉴 순간과 우리 뇌에 단순히 주변에 관심을 갖는 것이 어떤 느낌인지를 연습할 기회를 제공할 때, 특정한 마음 상태나 신경 연결 패턴은 언제든 어디에서든 접근할 수 있다. 이 마음챙김 상태는 좋아하는 기억의 백일몽이나 결속의 사례를 떠올리는 갈망 상태와 그리 다르지 않다. 그러나 한 순간에 불과할지라도 휴식이 필요할 때 노련하게 옮기는 능력은 견딜 수 없는 상실의 현실을 견디는 데 도움을 줄 수 있다. 우리 자신에게 이 순간을 제공한다면, 설령 거의 기대를 하지 않을지라도 현재에서 기회를 찾을 수도 있다. 현재를 인식하고, 그 가치를 인정할 수 있다면, 우리는 알아차리지 못한 채 연결이나 기쁨의 기회를 흘려보내지 않게 될 것이다.

과학이 학습에 관해 알아낸 것

수십 년에 걸친 심리학 연구를 통해서 우리는 뇌가 어떻게 배우는지를 꽤 많이 밝혀냈고, 그 지식을 애도 과정에 적용할 수 있다. 심리학자들은 학습을 "세계와 상호작용하는 경험의 결과로 행동의 변화가 일어나는 과정"이라고 정의한다.[1] 학습 능력과 인지 기능은 정상 집단 내에서도 아주 다양한 능력을 포괄하는 개념이긴 하지만, 가장 넓은 의미로 보자면 학습은 우리의 적응 능력을 향상시킨다. 학습의 탁월한 점은 그것이 능력이며, 우리가 그 능력을 증진시킬 수 있다는 것이다. 뇌는 가소성이 있어서, 우리는 학습을 잘 하도록 뇌를 훈련시킬 수 있다. 심리학자 캐럴 드웩Carol Dweck은 이를 성장 마음자세 growth mindset라고 했다.[2] 우리는 저마다 인지 능력이 다르지만, 모두 학습할 기회가 있다. 누구나 사전 지식이 거의 없이 새 정보나 비애 교육에 노출될 수 있다. 비애 장애를 지닌 이들은 심리 치료를 받으면서 반추와 회피가 학습 능력에 어떻게 영향을 미치는지 피드백을 받을 수 있다. 사별한 이의 가까운 친구와 가족은 그에게 새로운 생활방식을 연습하고 새로운 깨달음을 얻는 데 필요한 기회, 공간, 친절, 격려를 제공할 수 있다.

성장 마음자세의 한 가지 핵심은 꼼짝도 못하겠다고 느낄 때, 상실을 겪으면서 아무것도 배우고 있지 않다고 느낄 때 새로운 전략을 시도하는 것이다. 처음 급성 비애를 겪을 때 우리는 그저 넘어지지 않으려고 하면서 한 발을 앞으로 내밀려고 애쓰면서, 신발을 짝이 맞게 신고 있기를 바라는 것과 비슷한 상황에 처한다. 더 시간이 흐르면, 꼼짝도 못하는 상황에서 그저 아무 생각 없이 그냥 하던 대로 하고 있을 뿐인 양 느껴지곤 한다. 꼼짝도 못한다는 것은 창의적인 생각도 못하고 사랑을 느끼지도 못하고 남을 도울 수도 없다는 의미다. 애도 기간의 나중 시기에 쓸 새로운 학습 전략들은 비애의 고통에 짓눌리거나 새롭고 스트레스를 주는 현실에 압도당한다고 느낄 때 시도할 도구들을 담은 연장통, 즉 목록을 지니는 것을 의미한다. 우리는 앞서 그 과정을 겪었던 이들로부터 이런 도구들을 찾아볼 수 있다.

애도는 인간관계만큼 오래되었고, 그 보편성은 우리를 조상 및 현재의 지역 사회와 연결한다. 드웩이 쓴 말을 확대 추정하자면, 자신이 "상실 이후의 삶에 적응할 수 없어"라고 말한다면, 그 문장의 끝에 "하지만"을 덧붙이려고 애쓰는 것이다. 새로운 세계에 관해 학습하려다가 겪는 좌절, 결코 회복된 삶을 창조하지 못할 것이라는 절망은 뇌가 성장하고 변화할 때 생기는 감정이다. 우리 뇌는 무엇이 작동하고 작동하지 않는지를 분류한다. 자신이 마치 물에 빠져서 가라앉지 않으려고 발버둥을 치고 있다고 느낀다면, 자신의 기억, 정서, 관계에 새로운 접근법을 시도할 때가 되었다는 뜻이다. 다른 이들이 의미 있는 삶을 어떻게 회복했는지를 배운다면, 시도할 새로운 것들을 얻을 수 있다. 목사, 할머니, 좋아하는 소설가나 블로그 작가, 심리학자 등 아직 당신의 비애 경험을 털어놓지 않은 이들의 조언을 구해보자. 또 애도를 겪은 이들을 만나보자. 어떻게 대처했는지 물어라. 아니 여전히 어떻게 대처하고 있을 가능성이 높지만. 이런 새 접근법을 시도하고, 설령 어리석다는 느낌이 들지라도 그들이 한 일을 시도해보고, 무엇이 효과가 있는지 주의를 기울이자. 현재 순간에 실제로 기분을 더 나아지게 하는 것에 말이다. 설령 그런 착상 중 어느 것도 작동하지 않는다고 해도, 적어도 누군가와 더 연결되었다는 느낌을 받을 것이다. 그리고 연결은 비애에 젖은 삶에서 빠진 일부이므로, 연결을 이룬다면 새로운 기회를 얻을 수 있다.

비애 입문 수업을 열다

나는 비애에 관해 알아낸 것을 대학교 3-4학년이 듣는 〈죽음과 상실의 심리학〉이라는 과목에서 가르친다. 나는 이 강의를 무척 좋아하며, 듣는 학생들도 좋아한다. 이 말에 놀랄 이도 있을 것이다. 죽음과 상실은 젊은이가 16주 동안 생각하고 말하고 읽고 쓰면서 시간을 보낼 만한 주제가 아닌 것처럼 느껴지기 때문이다. 이런 과목을 가르치는데 "아주 행복해 보인다"고 내게 의아하다는 듯이 말한 학생도 있었다. 아마 학생들은 내가 우울해 보이거나 늘 검은 옷을 입고 다닐 것이라고 예상했다가, 내가 강단에서 편안하게 죽음을 이야기하는 모습에 좀 충격을 받는 듯하다. 나는 전달하고자 하는 내용을 꾸미지 않으며, 아이의 죽음이나 집단 학살을 이야기하다가 눈물이 그렁그렁 맺힌 적도 여러 번 있다. 이 강의를 듣는 학생들은 아마 죽음과 임종이라는 단어를 한 학기에 대학 생활 내내 듣는 것보다 더 많이 들을 것이다.

그러나 학생들과 이야기를 나누다보면 삶의 현실로 더 깊이 빠져들게 마련이며, 학생들은 답을 찾고자 닥친 문제들을 이야기하려고 애쓴다. 150석의 강의실로 들어갈 때, 나는 대화가 어디로 흘러갈 지 감조차 잡기 어렵다. 대화를 나누다보면 학생들이 이미 많은 삶과 죽음을 접했다는 사실을 알고 놀라곤 한다. 자살한 친구를 둔 학생도 안타까울 만치 많다. 고령의 친척을 돌본 적이 있거나 집에서 임종을 맞이하는 식구를 지켜본 학생도 많다. 유족이 장례를 치르느라 바쁠 때 자원해서 아이들을 돌본 학생도, 응급 구조사 훈련을 받은 학생도 있다.

강의에서는 자신이 갑자기 사별을 겪으면 어떤 기분일지도 다룬다. 가족이 죽음을 맞이했을 때 아버지가 우는 모습을 처음 보았다고 말한 학생도 한두 명이 아니었다. 아이가 성장하면서 인지력이 발달함에 따라 죽음의 추상적 특성을 이해하는 양상이 어떻게 달라지는지도 다룬다. 나는 자살을 생각하는 듯한 친구와 대화하는 법, 친구가 자살을 한다면 어떻게 해야 할지도 가르친다. 추수 감사절 휴가 때에는 학생들에게 부모나 조부모와 함께, 또는 스스로 유언장을 작성해보는 숙제를 내고, 임종을 앞두고 있다면 무엇을 중요하다고 여길지 식구들에게 물어보는 연습도 한다.

2017년 라스베이거스의 한 공연장에서 총격 사건이 벌어졌을 때, 한 학생이 수업 시간에 그 문제를 다룰 수 있는지 물었다. 공포에 질려 있었기에 강의 시간에 불쑥 내뱉은 말이었다. 학생들 중 몇 명은 친구가 그 공연장에 갔다고 했고, 나는 그날 휴강을 할 필요가 있다고 생각했다. 하지만 대신에 우리는 그들의 경험을 이야기했다. 학생들은 현대 세계에서 죽음의 공포가 어떠한 것인지를 느꼈고, 믿어지지 않는 영웅적 행동을 한 사람들에게 초점을 맞춤으로써 어느 정도는 공포를 극복할 수 있었다는 말도 했다.

내가 즐겨하는 토론 중 하나는 강의 마지막 날에 하는 사고 실험이다. 먼저 나는 의학계가 영원히 살 수 있게 해줄 알약을 마침내 개발했다는 소식을 들려준다. 그런 뒤 영생한다면 자신에게 어떤 변화가 일어날지 묻는다. 자신의 삶이 어떻게 달라질까? 우리는 온갖 상황을 상정하면서 토론을 한다. 그래도 사람들은 여전히 병에 걸릴까? 또는 늙을까? 그러나 이런 상황들은 그저 세부적인 측면일 뿐이다. 더 중요한 답은 영생이 학생들의 계획에 어떤 변화를 가져올 것인가다. 일부 학생은 학교를 떠날 것이라고 말한다. 학위를 언제든 딸 수 있을 테니까. 여러 학위를 딸 것이라고 말하는 학생도 있다. 시간도 있고 관심사도 많아서다. 자녀를 더 낳을지 덜 낳을지를 둘러싸고서는 대개 열띤 토론이 벌어진다. 우리는 세상의 모든 사람을 만나고 싶어 할까? 시간이 충분하니까? 정부, 평화 협정, 해외 원조는 어떻게 달라질까?

꽤 열띤 대화가 잦아든 뒤에 나는 학생들에게 그런 논의들에 놀라운 의미가 함축되어 있다는 점을 지적한다. 우리가 살아가면서 하는 일들이 죽음과 밀접하게 연결되어 있다는 것이다. 우리 삶의 유한한 특성은 우리가 무엇을 하고, 무엇에 가치를 부여하고, 어떻게 행동하는지에 영향을 미친다. 우리는 결정과 선택을 할 때 인생에 시간제한이 있고 그 길이를 알 수 없다는 점을 결코 명시적으로 전제하지는 않는다. 그러나 그 현실이 바뀐다면 우리가 할 일에 어떤 변화가 일어나는지를 살펴본 이런 사고 실험은 죽음이 우리의 일상생활에 영향을 미치고 있다는 사실을 고스란히 보여준다. 죽음은 삶에 의미를 덧붙인다. 삶은 제약이 있는 선물이기 때문이다. 나는 일본 도겐 선사道元禪師의 말을 인용하는 것으로 강의를 끝낸다. "삶과 죽음은 대단히 중요하다. 세월은 금방 지나가고 기회는 사라진다. 우리 모두는 깨어 있으려 힘써야 한다! 깨어 있으라! 삶을 헛되이 낭비하지 마라."

비애 개론

그러나 내가 가르치는 것은 무엇을 하라는 조언이 아니다. 나는 슬픔에 빠진 사람에게 남들이 조언을 할 수 있다고 생각하지도 않는다. 임상심리학자가 이런 말을 하다니, 놀랄지도 모르겠다. 그러나 깨달음은 그런 식으로 작용하는 것이 아니다. 비애가 자신에게 어떤 식으로 닥칠지 남들은 결코 알려줄 수 없다. 사실 나는 비애를 겪는 사람과 그들을 돕고 싶어 하는 이를 서먹하게 만드는 것이 바로 조언이라고 본다. 사람은 누구나 자신의 비애, 자신의 삶, 자신의 인간관계에 관해서 전문가다. 과학자로서의 나는 평균적으로 따질 때 비애 전반에 관한 전문가다. 사람들을 비애에 관한 다양한 사고방식에 노출시킨다. 비록 우리가 오랫동안 비애가 여러 단계를 순서대로 거친다고 생각했지만, 현재 우리는 비애가 전혀 그런 식으로 작용하는 것이 아님을 보여주는 과학적 증거를 제시한다. 또 장애 수준으로 비애를 겪고 있는, 빠져나오지 못한 채 계속 상실과 비애를 반추하는 이들을 심리치료로 안내하는 개념들을 보여준다. 비애가 어떻게 학습과 비슷한지를 보여주고 학습 능력을 돕거나 방해하는 것이 무엇인지 설명한다. 동료 인간으로서 나는 비애에 짓눌렸던 때, 또는 비애에 전혀 짓눌리지 않았고 그 사실 때문에 낙인이 찍힐까봐 겁이 났던 때 내가 무엇을 했는지 개인적인 이야기도 들려준다. 심리치료가 하는 일 중 상당수는 사람들에게 기회, 용기, 자신의 감정과 관계와 내면의 생각을 예전과 다른 식으로 경험할 가능성을 제시하는 것이다.

나는 어떤 가치와 믿음을 갖고 삶을 살아가야 한다는 식의 말을 사람들에게 할 수 없다. 각자는 사랑과 비애와 고통과 지혜로 가득한 새롭게 회복된 삶을 이미 살고 있다. 내가 할 수 있는 일은 그저 현재에 머물면서 매일 어떤 일이 일어나는지를 배우려 하고, 그럼으로써 어느 것이 자신에게 맞는지를 알아내도록 애쓰라고 격려하는 것뿐이다. 나는 각자가 황망한 상실을 겪은 뒤에 자신의 문제를 해결하고 의미 있는 삶을 살아갈 능력을 지닌다고 믿는다.

내가 배운 것

어머니가 세상을 떠났을 때 일어난 일들을 다시 떠올릴 때면 나는 고향의 그 낡은 병원으로 돌아간다. 정말 끔찍이도 타고 싶지 않았던 비행기를 타고 몬태나로 가서, 곧장 그 병원으로 향했다. 그 뒤로 여러 해에 걸쳐서 어머니의 죽음을 생각할 때면, 그 병실의 기억, 어머니가 임종하기 전 몇 달 동안 나누었던 죄책감이 밴 대화, 어머니의 고통, 불안, 우울증 같은 고통스러운 생각들이 절로 떠오른다. 내 생각은 인내심을 갖고 어머니를 이해하려고 더 애쓰지 않았다는 사실을 후회하는 쪽으로 곧장 향한 뒤 오래 이어지곤 했다. 어머니와 충분한 시간을 보내지 않았다는 죄책감에 빠져들곤 했다. 그러나 최근 들어서는 어머니의 임종을 생각할 때면, 병실로 들어가서 어머니가 혼수상태에 빠진 모습을 보는 순간이 떠오른다. 나는 누워 있는 어머니를 내려다본다. 너무나도 친숙했던 어머니의 얼굴은 밀랍 같고 누렇게 떠 있었다. 여러 해에 걸친 화학요법과 간 기능 상실의 합작품이었다. 하지만 당시에 눈에 확 띈 것, 내 주의를 사로잡은 것, 내 생각을 현재로 되돌린 것은 어머니의 이마에 주름이 하나도 없었다는 것이다. 내면의 혼란을 알리는 양 평생 지니고 있던 깊게 파인 주름이 사라지고 완전히 매끈했다. 세상에서 보낸 마지막 몇 시간 동안 어머니는 평온을 찾은 듯이 보였다. 결국 평온을 얻는 데에는 내가 필요하지 않았다.

사랑하는 이를 잃으며 죽음을 접할 때 우리는 압도된다. 두려움이 꽉 차오르고, 우리의 세계관, 삶, 관계를 재평가하게 될 것이다. 죽음은 우리를 바꾸며, 예전과 같은 방식으로 살아갈 수가 없다. 사랑하는 사람이 영구히 사라질 수 있다는 것을 진정으로 깊이 이해한다면, 어떻게 사랑하고 무엇을 믿고 무엇을 중시할지도 바뀐다. 이런 재평가는 학습의 일종이다. 크나큰 고통을 접할 때, 사랑하는 이가 예전처럼 지금도 여기에 있기를 너무나도 절실히 원하는 처절한 심경을 겪고 더 이상 그럴 수 없다는 현실 앞에서 고통을 느낄 때 우리는 짓눌린다. 이런 경험은 태어나고 살아가는 과정의 본질적인 부분이다. 우리는 죽음, 이혼, 오해, 의도하지 않은 소홀함 등 크고 작은 온갖 방식으로 사랑하는 이와 결별한다. 이런 고통스러운 사건을 헤쳐 나가면서 하나가 될 것이다. 깊은 애도를 일단 겪으면, 다른 식으로는 결코 이해하지도 공감하지도 못했을 사람들이 있는 사회로 나 있는 문을 지나게 된다. 아마 스스로 선택하는 것이라면, 이 문을 고르지 않을 것이다. 그러나 이제 당신은 문 너머에 와 있다. 새로운 세계를 구축하고 탐색하는 데 쓸 수 있는 경이로운 뇌와 자기 자신에 관한 지식을 갖고서.

책을 내는 쪽으로, 나는 완전 새내기였다. 그런 나를 격려하고 요령을 알려준 많은 분들에게 감사해 마지않는다. 우선 내게 출판 기회를 제공하고, 내 끝없는 질문에 답하고, 첫 책을 쓰는 불안해하는 저술가를 빨리 안심시키곤 한 저작권 대리인 로리 앱커메이어에게 깊은 감사를 드린다. 그녀와 디피오레앤컴퍼니 출판사의 모든 사람들은 학자가 저술가로 나아갈 때 어떤 문제에 직면하는지를 잘 알았을 뿐 아니라, 누구에게 영향을 미치고 어떤 책을 낼지를 따질 때 사회적 정의의 기본 문제들을 꼼꼼하게 따졌다. 나는 그 점에 깊은 인상을 받았다. 담당 편집자 섀넌 웰치에게도 깊은 감사를 드린다. 진정으로 핵심을 꿰뚫고 사려 깊은 논평과 제안을 통해 세세한 부분까지 짚어준 편집자를 만난 것이 정말로 행운이었다. 두 번째 편집자 미키 모들린에게도 고맙다는 말을 전한다. 에이든 마호니, 챈틀 톰을 비롯한 하퍼원의 모든 직원에게도 감사드린다. 켄트 데이비스에게도 고맙다는 말을 하고 싶다. 처음에 그가 격려하지 않았다면 저작권 대행사에 이 책을 쓰겠다는 제안을 결코 하지 못했을 것이다. 시간을 내어 초고를 끝까지 읽고서 어디가 좋고 개선이 필요한 부분이 무엇인지 친절하게 평을 해준 애나 비처, 앤디 스태덤, 데이브 스바라, 새런 실리에게도 감사한다. 자신의 연구를 언급한 대목을 읽고서 관대하게도 평을 해준 학계 동료들께도 감사한다. 네덜란드에 처음 온 낯선 내게 따뜻한 우정과 아침에 글을 쓸 공간을 제공해준 위트레흐트 노엔 카페의 타냐에게도 감사한다. 또 목요일 밤과 일요일 오후에 함께 어울려준 친구들에게도 감사한다. 〈비애, 상실, 사회적 스트레스Grief, Loss, and Social Stress, GLASS〉 연구실의 모든 학생들에게도 감사한다. 덕분에 수많은 중요한 연구 과제를 하면서도 글을 쓸 수 있었다. 내 인생의 모든 사건들의 모든 단계에 늘 함께 있었고 밤이나 낮이나 전화를 걸면 받아주는 언니 캐롤라인 오코너와 절친 애나 비처에게도 깊은 감사를 드린다. 또 기나긴 세월을 함께 해준 젠에게도 감사한다. 내가 글을 쓰는 동안 함께 다닌 릭에게도 가장 깊은 감사를 드린다. 늘 나를 믿고 삶과 죽음의 아름다운 과정을 보여주신 부모님께도 감사드린다. 마지막으로 여러 해 동안 내게 자신의 이야기를 들려준 사별한 이들에게도 감사를 표하고 싶다. 크나큰 상실 앞에서 보인 인내심과 자신의 마음, 뇌, 영혼을 들여다볼 렌즈가 되는 과학적 과정에 기꺼이 참여한 분들이다.

$$\sim\!\!\!\sim 주 \sim\!\!\!\sim$$

들어가는 말

1 H. Gündel, M. F. O'Connor, L. Littrell, C. Fort, and R. Lane (2003), "Functional neuroanatomy of grief: An fMRI study," *American Journal of Psychiatry* 160: 1946–53.

2 G. A. Bonanno (2009), *The Other Side of Sadness: What the New Science of Bereavement Tells Us about Life after Loss* (New York: Basic Books).

1장 — 어둠 속을 걷다

1 A. Tsao, M. B. Moser, and E. I. Moser (2013), "Traces of experience in the lateral entorhinal cortex," *Current Biology* 23/5: 399–405.

2 J. O'Keefe and L. Nadel (1978), *The Hippocampus as a Cognitive Map* (New York: Oxford University Press).

3 *Meerkat Manor*, Season one, Discovery Communications, *Animal Planet*, produced by Oxford Scientific Films for Animal Planet, International Southern Star Entertainment UK PLC, producers Chris Barker and Lucinda Axelsson.

4 J. Bowlby (1982), Attachment (2nd ed.), vol. 1: *Attachment and Loss* (New York: Basic Books).

2장 — 부재, 정서적 경고를 보내다

1   A. Aron, T. McLaughlin-Volpe, D. Mashek, G. Lewandowski, S. C. Wright, and E. N. Aron (2004), "Including others in the self," *European Review of Social Psychology*, 15/1: 101–32, https://doi.org/10.1080/10463280440000008.

2   Y. Trope and N. Liberman (2010), "Construal level theory of psychological distance," *Psychological Review* 117: 440, doi: 10.1037/a0018963.

3   C. Parkinson, S. Liu, and T. Wheatley (2014), "A common cortical metric for spatial, temporal, and social distance," *Journal of Neuroscience* 34/5: 1979–87.

4   R. M. Tavares, A. Mendelsohn, Y. Grossman, C. H. Williams, M. Shapiro, Y. Trope, and D. Schiller (2015), "A map for social navigation in the human brain," *Neuron* 87: 231–43.

5   M. K. Shear (2016), "Grief is a form of love," in R. A. Neimeyer, ed., *Techniques of grief therapy: Assessment and intervention*, 14–18 (Abingdon: Routledge/Taylor & Francis Group).

6   K. L. Collins et al. (2018), "A review of current theories and treatments for phantom limb pain," *Journal of Clinical Investigation* 128/6: 2168.

7   G. Rizzolatti and C. Sinigaglia (2016), "The mirror mechanism: A basic principle of brain function," *Nature Reviews Neuroscience* 17: 757–65.

8   N. A. Harrison, C. E. Wilson, and H. D. Critchley (2007), "Processing of observed pupil size modulates perception of sadnss and predicts empathy," *Emotion* 7/4: 724–29, https://doi.org/10.1037/1528-3542.7.4.724.

3장 — 마법 같은 일이 일어날 것이라 믿다

1   https://www.nytimes.com/2004/02/07/arts/love-that-dare-not-squeak-

its-name.html.

2 K. Cronin, E. J. C. van Leeuwen, I. C. Mulenga, and M. D. Bodamer (2011), "Behavioral response of a chimpanzee mother toward her dead infant," *American Journal of Primatology* 73: 415–21.

3 D. Tranel and A. R. Damasio (1993), "The covert learning of affective valence does not require structures in hippocampal system or amygdala," *Journal of Cognitive Neuroscience* 5/1 (Winter): 79–88, https://doi.org/10.1162/jocn.1993.5.1.79.

4 Ibid.

4장 — 시간을 가로질러 적응하다

1 "Elisabeth Kübler-Ross" (2004), *BMJ* 2004; 329:627, doi: https://doi.org/10.1136/bmj.329.7466.627.

2 J. M. Holland and R. A. Neimeyer (2010), "An examination of stage theory of grief among individuals bereaved by natural and violent causes: A meaning-oriented contribution," *Omega* 61/2: 103–20.

5장 — 비애는 혼자 오지 않는다

1 I. R. Galatzer-Levy and G. A. Bonanno (2012), "Beyond normality in the study of bereavement: Heterogeneity in depression outcomes following loss in older adults," *Social Science & Medicine* 74/12: 1987–94.

2 S. Freud (1917), *Mourning and Melancholia*, vol. XIV in The Standard Edition of the Complete Psychological Works of Sigmund Freud (1914–1916): *On the History of the Psycho-Analytic Movement, Papers on Metapsychology and Other Works*, pp. 237–58, https://www.pep-web.org/document.php?id=se.014.0237a.

3   H. G. Prigerson, M. K. Shear, S. C. Jacobs, C. F. Reynolds, P. K. Macie-jewski, P. A. Pilkonis, C. M. Wortman, J. B. W. Williams, T. A. Widiger, J. Davidson, E. Frank, D. J. Kupfer, and S. Zisook (1999), "Consensus criteria for traumatic grief: A preliminary empirical test," *British Journal of Psychiatry*, 174: 67–73.

4   H. C. Saavedra Pérez, M. A. Ikram, N. Direk, H. G. Prigerson, R. Freak-Poli, B. F. J. Verhaaren, et al. (2015), "Cognition, structural brain changes and complicated grief: A population-based study," *Psychological Medicine* 45/7: 1389–99, https://doi.org/10.1017/S0033291714002499.

5   H. C. Saavedra Pérez, M. A. Ikram, N. Direk, and H. Tiemeier (2018), "Prolonged grief and cognitive decline: A prospective population-based study in middle-aged and older persons," *American Journal of Geriatric Psychiatry* 26/4: 451–60, https://doi.org/10.1016/j.jagp.2017.12.003.

6   F. Maccallum and R. A. Bryant (2011), "Autobiographical memory following cognitive behaviour therapy for complicated grief," *Journal of Behavior Therapy and Experimental Psychiatry* 42: 26–31.

7   M. K. Shear, Y. Wang, N. Skritskaya, N. Duan, C. Mauro, and A. Ghesquiere (2014), "Treatment of complicated grief in elderly persons: A randomized clinical trial," *JAMA Psychiatry* 71/11: 1287–95, doi:10.1001/jamapsychiatry.2014.1242.

8   P. A. Boelen, J. de Keijser, M. A. van den Hout, and J. van den Bout (2007), "Treatment of complicated grief: A comparison between cognitive-behavioral therapy and supportive counseling," *Journal of Consulting and Clinical Psychology* 75: 277–84.

6장 — 사랑하는 이를 갈망하다

1   M. Moscovitch, G. Winocur, and M. Behrmann (1997), "What is special about face recognition? Nineteen experiments on a person with visual object agnosia and dyslexia but normal face recognition," *Journal of Cognitive Neuroscience* 9/5: 555–604.

2   H. Wang, F. Duclot, Y. Liu, Z. Wang, and M. Kabbaj (2013), "Histone deacetylase inhibitors facilitate partner preference formation in female prairie voles," *Nature Neuroscience*, http://dx.doi.org/10.1038/nn.3420.

3   J. Holt-Lunstad, T. B. Smith, and J. B. Layton (2010), "Social relationships and mortality risk: A meta-analytic review," *PLoS Medicine* 7(7): e1000316, doi:10.1371/journal.pmed.1000316.

4   M. F. O'Connor, D. K. Wellisch, A. L. Stanton, N. I. Eisenberger, M. R. Irwin, and M. D. Lieberman (2008), "Craving love? Complicated grief activates brain's reward center," *NeuroImage* 42: 969–72.

5   B. Costa, S. Pini, P. Gabelloni, M. Abelli, L. Lari, A. Cardini, M. Muti, C. Gesi, S. Landi, S. Galderisi, A. Mucci, A. Lucacchini, G. B. Cassano, and C. Martini (2009), "Oxytocin receptor polymorphisms and adult at-tachment style in patients with depression," *Psychoneuroendocrinology* 34/10 (Nov.): 1506–14, doi: 10.1016/j.psyneuen.2009.05.006.

6   K. Tomizawa, N. Iga, Y. F. Lu, A. Moriwaki, M. Matsushita, S. T. Li, O. Miyamoto, T. Itano, and H. Matsui (2003), "Oxytocin improves long-lasting spatial memory during motherhood through MAP kinase cascade," *Nature Neuroscience* 6/4 (Apr.): 384–90.

7장 — 차이를 아는 지혜를 만나다

1   M. F. O'Connor and T. Sussman (2014), "Developing the Yearning in

Situations of Loss scale: Convergent and discriminant validity for bereavement, romantic breakup and homesickness," *Death Studies* 38: 450–58, doi: 10.1080/07481187.2013.782928.

2   D. J. Robinaugh, C. Mauro, E. Bui, L. Stone, R. Shah, Y. Wang, N. A. Skritskaya, C. F. Reynolds, S. Zisook, M. F. O'Connor, K. Shear, and N. M. Simon (2016), "Yearning and its measurement in complicated grief," *Journal of Loss and Trauma* 21/5: 410–20, doi: 10.1080/15325024.2015.1110447.

3   D. C. Rubin, M. F. Dennis, and J. C. Beckham (2011), "Autobiographical memory for stressful events: The role of autobiographical memory in posttraumatic stress disorder," *Consciousness and Cognition* 20: 840–56.

4   S. A. Hall, D. C. Rubin, A. Miles, S. W. Davis, E. A. Wing, R. Cabeza, and D. Berntsen (2014), "The neural basis of involuntary episodic memories," *Journal of Cognitive Neuroscience* 26: 2385–99, doi: 10.1162/jocn_a_00633.

5   G. A. Bonanno and D. Keltner (1997), "Facial expressions of emotion and the course of conjugal bereavement," *Journal of Abnormal Psychology* 106/1 (Feb.): 126–37, doi: 10.1037//0021-843x.106.1.126.

6   D. Kahneman and R. H. Thaler (2006), "Utility maximization and experienced utility," *Journal of Economic Perspectives* 20/1: 221–34, doi:10.1257/089533006776526076.

7   P. K. Maciejewski, B. Zhang, S. D. Block, H. G. Prigerson (2007), "An empirical examination of the stage theory of grief," *Journal of the American Medical Association* 297(7): 716–23, erratum in JAMA 297/20: 2200, PubMed PMID: 17312291.

1 W. Treynor, R. Gonzalez, and S. Nolen-Hoeksema (2003), "Rumination reconsidered: A psychometric analysis," *Cognitive Therapy and Research* 27/3 (June): 247–59.

2 M. C. Eisma, M. S. Stroebe, H. A. W. Schut, J. van den Bout, P. A. Boelen, and W. Stroebe (2014), "Development and psychometric evaluation of the Utrecht Grief Rumination Scale," *Journal of Psychopathology and Behavioral Assessment* 36:165–76, doi: 10.1007/s10862–013–9377-y.

3 M. C. Eisma, H. A. Schut, M. S. Stroebe, P. A. Boelen, J. Bout, and W. Stroebe (2015), "Adaptive and maladaptive rumination after loss: A three-wave longitudinal study," *British Journal of Clinical Psychology* 54:163–80, https://doi.org/10.1111/bjc.12067.

4 M. S. Stroebe et al. (2007), "Ruminative coping as avoidance: A reinterpretation of its function in adjustment to bereavement," *European Archives of Psychiatry and Clinical Neuroscience* 257: 462–72, doi: 10.1007/s00406–007–0746-y.

5 M. C. Eisma, M. Rinck, M. S. Stroebe, H. A. Schut, P. A. Boelen, W. Stroebe, and J. van den Bout (2015), "Rumination and implicit avoidance following bereavement: an approach avoidance task investigation," *Journal of Behavior Therapy and Experimental Psychiatry* 47 (Jun): 84–91, doi: 10.1016/j .jbtep.2014.11.010.

6 M. C. Eisma, H. A. W. Schut, M. S. Stroebe, J. van den Bout, W. Stroebe, and P. A. Boelen (2014), "Is rumination after bereavement linked with loss avoidance? Evidence from eye-tracking," *PLoS One* 9, e104980, http://dx.doi.org/10.1371/journal.pone.0104980.

7 A. J. Rose, W. Carlson, and E. M. Waller (2007): "Prospective associations of co-rumination with friendship and emotional adjustment: Considering the socioemotional trade-offs of co-rumination," *Develop-*

mental Psychology 43/4: 1019–31, doi: 10.1037/0012–1649.43.4.1019.

9장 — 현재를 살아가기

1   J. Warner, C. Metcalfe, and M. King (2001), "Evaluating the use of ben-zodiazepines following recent bereavement," *British Journal of Psychi-atry* 178/1: 36–41.

2   J. M. Cook, T. Biyanova, and R. Marshall (2007), "Medicating grief with benzodiazepines: Physician and patient perspectives," *Archives of In-ternal Medicine* 167/18 (Oct. 8), doi:10.1001/archinte.167.18.2006.

3   W. W. Seeley, V. Menon, A. F. Schatzberg, J. Keller, G. H. Glover, H. Kenna, et al. (2007), "Dissociable intrinsic connectivity networks for salience processing and executive control, *Journal of Neuroscience* 27: 2349–56.

4   J. D. Creswell, A. A. Taren, E. K. Lindsay, C. M. Greco, P. J. Gianaros, A. Fairgrieve, A. L. Marsland et al. (2016), "Alterations in resting-state functional connectivity link mindfulness meditation with reduced in-terleukin-6: A randomized controlled trial," *Biological Psychiatry* 80: 53–61, http://dx.doi.org/10.1016/j .biopsych.2016.01.008.

11장 — 애도는 학습이다

1   S. J. E. Bruijniks, R. J. DeRubeis, S. D. Hollon, and M. J. H. Huibers (2019), "The potential role of learning capacity in cognitive behavior therapy for depression: A systematic review of the evidence and future directions for improving therapeutic learning," *Clinical Psychological Science* 7/4: 668–92, https://doi.org/10.1177/2167702619830391.

2   C. S. Dweck (2006), *Mindset* (New York: Random House).

사랑과 상실의 뇌과학

사랑하는 이를 잃었을 때, 뇌에선 무슨 일이 일어날까

초판 발행 2023년 7월 10일
2쇄 발행 2023년 12월 1일

지은이 메리-프랜시스 오코너
옮긴이 이한음
펴낸이 박해진
펴낸곳 도서출판 학고재
등록 2013년 6월 18일 제2013-000189호
주소 서울시 영등포구 경인로 775 에이스하이테크시티 2-804
전화 02-745-1722(편집) 070-7404-2791(마케팅)
팩스 02-3210-2775
전자우편 hakgojae@gmail.com
페이스북 www.facebook.com/hakgojae

ISBN 978-89-5625-455-5 (03180)
값 17,000원